凤凰师轩
FENGHUANG SHIXUAN

行知工程
创新教学探索系列

向着自主进发

自主教育的创新实施智慧

朱亚红 著

江蘇鳳凰教育出版社
Phoenix Education Publishing, Ltd

图书在版编目（CIP）数据

向着自主进发：自主教育的创新实施智慧/朱亚红著.
—南京：江苏凤凰教育出版社，2014.6
ISBN 978-7-5499-3883-4

Ⅰ.①向…　Ⅱ.①朱…　Ⅲ.①中学教育—教育理论—研究　Ⅳ.①G630

中国版本图书馆 CIP 数据核字（2014）第 041416 号

书　　名　向着自主进发——自主教育的创新实施智慧
作　　者　朱亚红
责任编辑　午新生　雷利军　闫丽春
出版发行　凤凰出版传媒股份有限公司
　　　　　　江苏凤凰教育出版社（南京市湖南路 1 号 A 楼　邮编 210009）
苏教网址　http://www.1088.com.cn
照　　排　润星之源文化有限公司
印　　刷　九洲财鑫印刷有限公司
厂　　址　河北省三河市灵山大口
开　　本　787 毫米×1092 毫米　1/16
印　　张　16.25
字　　数　250 千字
版　　次　2014 年 6 月第 1 版　2014 年 6 月第 1 次印刷
书　　号　ISBN 978-7-5499-3883-4
定　　价　30.00 元
网店地址　http://jsfhjycbs.tmall.com
邮购电话　025-85406265，85400774　短信　02585420909
E - mail　jsep@vip.163.com
盗版举报　025-83658579

序

说到自主教育，会很自然地想到苏霍姆林斯基。苏霍姆林斯基对教育与自我教育的概念有过精彩、深刻的论述，他说："我深信，只有能够激发学生去进行自我教育的教育，才是真正的教育。"他还举了常见的例子：教给学生自我教育要比安排他怎样度过星期天困难得多，要比抓住他的手不放，直到他走出校门，一下子被摆脱了各种校规和限制的自由空气陶醉得不知所措，那要困难和复杂得多。尽管自我教育与自主教育还有差异，但其在本质上是一致的。

说到自主教育，会很自然地想到课程改革。新课程改革倡导自主、合作和探究性学习，这是课程改革的六大具体目标之一。其实，自主学习不只是一种学习方式，更是我们所追求的教育理念和境界：自主教育。然而，自主教育可以从学会自主学习开始，自主学习是自主教育的具体体现。

值得注意的是，对于自主教育我们还没有进行过系统、深入的研究，还没有真正的突破。正因如此，当我们看到张家港市云盘小学朱亚红校长带领教师进行自主教育的研究与实施时，觉得特别高兴，对于朱亚红校长的研究成果《向着自主进发——自主教育的创新实施智慧》我们都特别重视，希望从中能发现什么。

我是有所发现的。发现在朱亚红的领导下，云盘小学的自主教育已经形成一个较为完整的框架，从自主教育的概述到自主教育的构想，从课程的开发探索到课堂教学改革，从自主教育问题研究到自主教育评价，从教师专业成长到自主教育的管理。这个框架是比较清晰的，尤其是它有一个主题：创新与智慧。所谓创新，既指自主教育的实施需要创新，更指通过自主教育要为培养学生的创新精神打好基础；所谓智慧，既指自主教育的实施需要智慧，更指自主教育能生成教师和学生的智慧。总之，自主教育应当是一种创新教育和智慧教育。

旨在创新与智慧，在书稿中我们看到，这样的追求正在逐步被落实。自主教育需师生的协同，因此要构建师生之间的和谐关系，这是自主教育生态的创造。这样和谐的生态环境，才能生长起“自主力量”。而没有师生关系的和谐，没有良好的生态，不可能有真正意义上的自主教育。朱亚红认为，自主力量源自体验学习的快乐，源自感受成长的愉悦。她用文学化的语言描述了自主力量，即带一份终身伴“礼”，绘一片明丽天空，拥一身阳光雨露，上一个多彩展台。说到底，自主教育要解放学生，要坚持以学生发展为本。

可贵之处还在于，作为校长的朱亚红，始终没有忘记自己是一名语文教师。在她看来，语文教师只有在语文教学的实践和研究中，才能体会到教师的专业尊严，而专业尊严又来自专业价值的凸显。朱亚红把自主教育落实在语文教学改革中，通过语文的自主教育来探索自主教育的特质，探寻自主教育的一般规律。自主教育与语文自主课堂的教学研究的结合，进一步提升了朱亚红语文教育的核心理念，彰显了朱亚红语文教学的特色。

朱亚红语文教学的核心理念是尊重。对此，她提出了以下几点：尊重学生，尤其要尊重、顺应学生的学习基础和个性特点；尊重课程，明晰语文课程的性质、特点、目标、独特任务；尊重规律，遵循学生的认知规律，遵循学生语文学习的规律。尊重，犹如一道阳光，照亮了教师的眼睛，开阔了他们的胸怀；照亮了学生的心灵，唤醒了他们内部的智慧和力量；照亮了语文，语文的独当之任在阳光下格外眩目、格外诱人。

朱亚红在语文教学中特别重视语言文字的训练。她认为，“训练，是语文实践的基本形式”。只有通过科学、有效的训练，语文教学的功能才能充分体现出来，因而，语文教学要从“语文知识的教学”走向“语文功能的教学”，从“内容分析的教学”走向“策略指导的教学”，“在言意兼得的基础上‘得法’‘得用’，即掌握学习语言和运用语言的方法，从而实现叶老所说的‘自能阅读’‘自能作文’”。

广大教师对朱亚红的语文教学评价都很好，认为她求实，即她的语文课真实、朴实、扎实。这种求实的课，反映了她对语文教学本质的认识，也说明了她有一颗平常心，不刻意、不浮躁，拒绝功利。所有这些自然会促使朱亚红教学风格的形成。

用苏霍姆林斯基的话说，朱亚红也对我们，对小学教育，对小学语文教育提出了很好的建议。这建议将会启发大家，也会引领大家不断向前。

目录
Contents

第一章　自主学习概述 …… 1

第一节　自主学习现状 …… 3

一、问卷调查 …… 4

二、现象剖析 …… 6

三、问题归因 …… 8

第二节　自主教育探寻 …… 10

一、自主教育的发展历史 …… 10

二、自主教育的理论检索 …… 12

三、自主教育的规律求索 …… 13

第二章　自主教育构想 …… 19

第一节　评价标准 …… 21

第二节　课堂基调 …… 23

一、信任指引：奠定自主学习的基石 …… 23

二、习惯培养：播下自主学习的种子 …… 25

三、方法指导：展现自主学习的力量 …… 25

第三节　课程探索 …… 27

一、强化课程意识，在学习与研究中得到提升 …… 28

二、丰富课程资源，在开放与开发中体现多元 …… 29

三、尊重学生主体，在实践与思考中寻求发展 …… 30

四、促进自主发展，在坚守与创新中实现超越 …… 33

第三章　自主课堂策略 …… 35

第一节　自主课堂中主体的凸显 …… 38
一、尊重：生本语文的行走密码 …… 38
二、生本课堂：真实、扎实、朴实 …… 44
三、四个“学会”给力自主学习 …… 48
四、体验，让语文教学情满课堂 …… 52
五、在口语交际中享受生活的乐趣 …… 56
六、构建自主课堂　提升语文素养 …… 59
第二节　自主课堂中师生的协同 …… 64
一、和谐课堂　让教育走向生本 …… 64
二、互动对话　让学生主动发展 …… 67
三、守望成长　让学习自由呼吸 …… 70
第三节　自主课堂中问题的研究 …… 74
一、让课堂成为享受美的乐园 …… 75
二、在开放式作业中点燃创新的火花 …… 76
三、让语文素养“读”出来 …… 78
四、透视“小组合作”的有形无实 …… 83
五、也谈语文课堂教学评价之“变” …… 86
六、等待，与精彩相约 …… 90

第四章　自主课堂实例 …… 95

第一节　《九色鹿》教学实录与反思 …… 97
第二节　《酸的和甜的》教学实录与反思 …… 101
第三节　《夹竹桃》教学实录与反思 …… 110
第四节　《黄果树瀑布》教学实录与反思 …… 116
第五节　《七颗钻石》教学实录与反思 …… 123
第六节　《诚实和信任》教学实录与反思 …… 131
第七节　《姥姥的剪纸》教学评析 …… 135
第八节　《陆游诗五首》教学评析 …… 141

第九节 《枫桥夜泊》教学评析 …… 146
第十节 《蒲公英》教学实录与反思 …… 149
第十一节 《伊索寓言》教学实录与反思 …… 154

第五章 自主力量体现 …… 161

第一节 自主力量在课堂教学中的体现 …… 164
一、自主学习 准备开始 …… 165
二、共建课堂 有效参与 …… 169
三、注重习得 提升能力 …… 173
四、牵手文道 以文化人 …… 178
五、一课一文 各美其美 …… 181
六、点击智慧 数码生辉 …… 185
第二节 自主力量在教育活动中的体现 …… 188
一、带一份终生伴"礼" …… 189
二、绘一片明丽天空 …… 193
三、拥一身阳光雨露 …… 196
四、上一个多彩展台 …… 199
第三节 自主力量在学校管理中的体现 …… 205
一、向着自主出发 …… 206
二、推动个性发展 …… 208
三、共享科研成果 …… 214
四、精神引领成长 …… 217
五、责任促进提升 …… 220
六、文化铸就品牌 …… 222
七、每个都是风景 …… 226

附：自主教育的课题研究 …… 230

第一章

自主学习概述

现代教育理论认为，教师和学生是教育活动的两个基本要素。教育的目的是为了“不教育”，教育的实质就是教育学生具有自主性，学会自主。联合国教科文组织国际教育发展委员会编著的《学会生存》中指出：“未来的学校必须把教育的对象变成自己教育自己的主体，受教育的人必须成为教育自己的人，别人的教育必须成为这个人自己的教育。”显然，自主教育立足于学生的内部因素——自觉能动性，强调了学生的内部因素在教育活动中的作用。自主教育必须突出学生的主体地位和作用。

放眼当前，我们的课堂不乏这样的现象：教师唱主角，学生跑龙套；教师讲得口干舌燥，学生听得味同嚼蜡；教师教得非常辛苦，学生学得异常痛苦。在这种情况下，教学效率势必低下。为什么教师和学生花了大量的时间和精力，却达不到预期的效果？为什么学习再也不是乐事，而成为了苦役？……

为了提高课堂教学的效率，我们仍将目光投向于学习方法的变革。在不加重学生负担的情况下，怎样提高课堂教学效益？怎样让学生学得愉快、学得主动？怎样让学生真正经历知识的探索过程？这些问题，都直接指向学生学习方式的变革。从“要我学”到“我要学”，虽然表面上只是语序的变化，但学生这种自主学习的意识和能力，却是提高学习效率的根本所在。

第一节　自主学习现状

现如今，在小学高年级的课堂上，学生的自学状况究竟呈现出怎样的态势？广大师生对自学的认可度又有多高？怎样构建一个真实而有效的自学环境……带着这些问题，我们开始重新审视当前的课堂教学。

一、问卷调查

1. 学生问卷

在自然状态下，我们对张家港市云盘小学五、六年级学生的自学现状进行了问卷调查，共收到有效问卷377份。以下是对学生问卷的情况汇总。

题目	选项	所占比率
1. 早上8点40分，老师准时走进了课堂。这个时候你会想(　　)。	① 这节课老师要教我们什么新的知识?	45.6%
	② 这节课我能学到什么新的知识?	54.4%
2. A老师上课时总是在不停地讲解，给大家分析新的知识点；B老师每节课总会要求大家自学新知识，甚至要求大家展开讨论。这两个老师的教法，你更喜欢(　　)。	① A老师的教法。	29.7%
	② B老师的教法。	70.3%
3. 老师要求同学们指出新知识和原先学习的相关知识有什么不同？假如思考片刻以后，你还是没有看出其中的差别。这时你很希望(　　)。	① 老师讲解。	45.9%
	② 听其他同学的回答。	13.8%
	③ 和周围的同学讨论一下。	40.3%
4. 看到大多数同学没有思考出结果，老师让大家阅读课本，这个时候你会(　　)。	① 反复看今天的这道例题。	12.5%
	② 对两道例题进行对比，寻找它们的不同之处。	85.4%
	③ 希望趁机和同学说几句闲话。	2.1%
5. 过了一会儿，老师要求大家停止看书，这个时候，你觉得(　　)。	① 课堂上，老师给我们自学的时间总是不太够。	15.1%
	② 在老师给定的时间里，我一般都能完成自学任务。	77.5%
	③ 这段时间是我最放松的时候。	4.2%
	④ 没有必要看书，老师直接讲解更好。	3.2%

续表

题目	选项	所占比率
6. 正在我思考的时候，老师表扬了一个女同学，因为她正确地回答了问题。我觉得（　　）。	① 有些书上的知识，通过自学就能学懂。	61.5%
	② 她很聪明。	38.5%
7. 这位女同学每次做完作业，都要再检查一遍，而我（　　）。	① 做完作业也会进行检查。	74.0%
	② 不太愿意检查已经做完的作业。	26.0%

2. 教师问卷

在自然状态下，我们对张家港市五个城区小学的数学教师指导自学的现状进行了问卷调查，共收到 97 份有效问卷。以下是对教师问卷情况的汇总。

题目	选项	所占比率
1. 您在设计教学的时候，是否会考虑安排学生自学的环节？	① 会考虑	24.2%
	② 偶尔考虑	58.9%
	③ 基本不考虑	16.9%
2. 您在教学中安排学生自学的环节，是基于怎样的考虑？	① 培养学生学习能力	49.4%
	② 因为本课内容比较简单	46.4%
	③ 因为有人听课	4.2%
3. 结束授课以后，您会要求学生重温本课的内容吗？	① 会	42.1%
	② 有时会	42.1%
	③ 从不会	15.8%
4. 回顾您的教学，您是否对学生的自学做过方法上的指导？	① 做过专门的指导	25.3%
	② 有，但比较偶然	69.5%
	③ 几乎没有	5.2%
5. 学生在课堂上开展自学活动，您对此持怎样的观点？	① 学会学习是教学的根本目标	69.5%
	② 学生的自学大多流于形式	26.3%
	③ 学生的自学影响教学效率	4.2%

续表

题目	选项	所占比率
6. 您对学生的预习会提怎样的要求？	① 只要求学生浏览教材内容	16.8%
	② 要求学生基本理解并能提出问题	64.2%
	③ 要求学生按照教师的预习提纲完成任务	19.0%
7. 在实际衡量一节课的教学情况时，“培养学生的自学能力”这一指标是否得到了重视？	① 重视	14.7%
	② 有，但体现不够	82.1%
	③ 完全忽略	3.2%
8. 您对当前学生的自学能力有怎样的评价？	① 学生的自学能力越来越强	11.6%
	② 学生的自学能力没有得到充分培养	83.2%
	③ 学生的自学意识被抑制着	5.2%
9. 您觉得在当前学生自学能力培养方面，最缺乏的是什么？	① 自学的方法	26.3%
	② 自学的意愿	25.3%
	③ 自学的习惯	47.4%
	④ 其他	1.0%

二、现象剖析

通过对问卷和座谈情况的整理和分析，以及日常进行的课堂观察，我们发现，当前课堂教学中关于对学生自学能力的培养存在着一些共性的问题。为了便于进行更深入的研究，现将问题梳理如下。

1. 学生层面

(1) 自学心向的缺失

学生问卷的第 1 题旨在检测学生对自学的意向。只有 54.4%的学生有积极的自学心向，他们已经开始思考：这节课我能学到什么新的知识？另外 45.6%的学生关注的仅仅是这节课老师要教我们什么新的知识？显然，有相当多的学生还不具备主动的自学欲求。

(2) 自学经验的欠缺

学生问卷的第 6 题，主要是检测学生对自学的归因。对于一个有自学成功经验的人，应该选第一项，而没有自学体验的人，会觉得聪明是首位的原因。检测中，有 38.5%的学生将同学回答问题的正确归因于她的聪明。这说明部分学生还是比较欠缺自学的体验的。

(3) 自学方法的匮乏

从学生问卷的第 3 题可以看出：当思考遭遇阻碍时，45.9%的学生希望教师直接讲解，还有 13.8%的学生希望听别的同学讲解，这些都是被动获取答案的方式。显然，这部分学生还不善于通过自身的努力，譬如用跟同学讨论等方式获得答案。这也表明，有相当多的学生还没有掌握比较系统的自学方法。

(4) 自学习惯的弱化

在要求学生阅读数学材料时，因为事先并没有作出任何自学要求，结果竟无一人在材料纸上留下任何自学的痕迹。另外，在教师问卷中，当被问及："您觉得在当前学生自学能力培养方面，最缺乏的是什么?"时，有 47.4%的教师认为学生最缺乏自学习惯。这些都说明，在培养学生的自学习惯这方面，仍然存在较大的上升空间。

2. 教师层面

(1) 对自学效用的认可不够

面对"您在教学中安排学生自学的环节，是基于怎样的考虑?"这一问题时，有 46.4%的教师选择了"因为本课内容比较简单"。显然，这部分教师已习惯于把一些浅显甚至不需要动脑筋的内容让学生自学，而这样的自学，只是立足于记忆或简单地获得结论。当面对稍有思维难度的内容时，教师就不敢让学生自学了。这说明教师并不认可自学，或者说，这些教师误解了自学的价值和意义。事实上，因为内容简单而让学生自学，就已将知识的难度控制在了学生的能力范围之内，对培养学生的自学能力没有任何帮助。

(2) 对自学方法的指导欠缺

当被问及"回顾您的教学，您是否对学生的自学做过方法上的指导?"时，只有 25.3%的教师承认"做过专门的指导"，竟有 69.5%的教师坦言

“有，但比较偶然”，另有5.2％的教师甚至表示“几乎没有”。可见，在实际教学中，很多教师虽然已认识到了自学的重要性，但由于种种原因，他们并没有对学生进行系统的自学方法的指导。

（3）对自学习惯的督促不足

对于“您在设计教学的时候，是否会考虑安排学生自学的环节?”这一问题，仅有24.2％的教师选择“会考虑”，58.9％的教师选择了“偶尔考虑”，还有16.9％的教师坦言“基本不考虑”。从以上数据中我们不难发现，在日常教学中，大多数教师都不太注重设计自学环节，当然，也更谈不上对学生培养自学习惯的督促了。

三、问题归因

1．学生层面

（1）传统文化的消极影响

由于受传统文化的影响，很多学生会形成这样的错觉：好学生就应该认真听讲、认真完成教师布置的各项作业。无疑，这些学生不恰当地夸大了教师的作用，一旦学习受挫，他们的首选就是依赖于教师的讲解。由教师给出答案，在他们看来，是天经地义的。

（2）缺乏合适的自我概念

所谓自我概念，即一个人对自身存在的一种体验。它包括一个人通过经验、反省和他人的反馈，逐步加深对自身的了解。自我概念是一个有机的认知结构，由态度、情感、信仰和价值观等组成，贯穿人的整个经验和行动，并把个体表现出来的各种特定习惯、能力、思想、观点等组织起来。小学生还没有形成清晰的自我概念，他们对自己的学习潜能缺乏足够的了解，甚至可以说，有些学生从不曾意识到自己还有主动学习的能力。

（3）急功近利的学习心态

在学习过程中，由于应试、升学的压力，有些学生只想通过捷径换取高分数、好评价，他们生吞活剥地吸收着知识，根本无暇考虑这些知识来自何处。当然，这些学生也不会去关注学习的方式方法。在快餐式的学习中，学生淹没于纷繁的知识中，离自主创造越来越远。

2. 教师层面

（1）教育理念的保守性

在很多教师看来，“教学，教学，我教你学”，教师只有讲得清清楚楚、明明白白，才能放心让学生去做练习。教师讲，学生听，这种观点的根源就在于不信任学生。一些教师还不能树立正确的教学观和学生观，他们甚至认为，上课前，学生什么都不会，教师必须从头讲起，讲深讲透，学生才能学会，这是造成课堂费时且低效的根本原因。

（2）教学行为的惯常性

部分教师在从教一段时间后，积累了一定的经验，教学起来也比较得心应手。一般来说，这些教师都自我感觉良好，他们很少去思考类似于“怎样提高课堂教学的效益”“怎样解放自己和学生”这一类的问题，他们往往依照惯性行事，按部就班地进行教学，不愿意作出丝毫改变。

（3）职业道德的片面性

在一些教师看来，对学生认真负责，就意味着为他们包揽一切。因此，在教学中，事无巨细，喜欢包办代替。这些教师往往出于好心把知识“嚼烂了”喂给学生，他们一味地代替学生思考、代替学生发言。事实上，这类教师的好意最终却害了学生，因为这样的“篡权”，已经剥夺了学生主动学习的权利。

3. 学校层面

当前，一些学校在评价教师的工作成就时，往往“以分数论英雄”，考试成绩成了考核和评价的主要依据。这种导向，迫使教师更多地关注学生知识的快速累积，而无暇顾及对其学习方法的指导，当然，也就更谈不上培养学生的创造能力了。这样的快餐式学习方式，从表面上看来，能让学生的成绩得到一定的提高，但实质上，却是一种低级的机械模仿。学生会解答题目，却未必能真正理解概念。可以毫不夸张地说，这种生搬硬套式的学习，是以牺牲学生的学习兴趣和创造能力为代价的。

第二节 自主教育探寻

主体性教育是中国近20年来广为流行的声势浩大的教育改革运动。这场改革运动是伴随着中国改革开放而展开的。它既是思想的，也是实践的。作为思想改革运动，主体性教育主张人本教育，反对物本教育；主张把人培养成为主体，反对把人培养成为工具。这是一场史无前例的教育思想启蒙。

一、自主教育的发展历史

第一阶段：探索与争鸣（20世纪80年代）。这个阶段普遍流行的观点大致有以下几种。一是"三体论"，由著名经济学家于光远先生提出。他认为在教育中存在着教师、学生和环境"三体"关系的变动，教师和学生互为主客体，环境则是二者共同的客体。这一观点的提出对长期把师生关系看作主客体关系的教育界来说无疑具有很大的挑战性，引起了人们对教育过程中到底谁是主体谁是客体的讨论。二是学生主客体论。顾明远先生在1982年撰文，认为学生既是教育的主体，也是教育的客体。三是"主导主体论"。强调在教学过程中教师起主导作用，而学生则是教学过程中的主体。这一观点是由王策三先生提出的，虽然受到一些质疑，但仍得到了广泛的认同。四是"双主体论"。在上述观点的启发下，不少人认为在教学过程中教师与学生的关系是主体与主体的关系。还有其他的一些观点，如成有信先生认为，师生在教学中都具有主客体的双重性，教师与学生是互为主客体的，在教的过程中教师为主体，学生为客体；在学的过程中学生为主体而教师为客体。

第二阶段：理论研究的深化阶段（20世纪90年代）。这一时期有影响的观点主要有以下四种。一是孙喜亭先生从教育功能的角度，把教育的功能分为本体功能和社会功能，强调教育的本体功能就是把人作为主体对待，把人本身的发展作为教育的目的，把教育变为人的教育，而不是工具的教育。人的教育所追求的价值是使人得到完善和发展，以便使人在社会生活中以主体的身份出现，充分发挥人的主体能动性，全面推动社会的进步。二是王道俊、郭文安两位先生从教育过程的角度，认为“学生是教育的主体或受教育者是教育的主体”，同时也认为，发展学生的主体性，教育过程和教育管理本身要有主体性。王策三先生进一步提出了建立“教育主体哲学”的构想。三是鲁洁先生从马克思主义实践论的角度认为：“教育虽然存在着一种外部施加影响的过程，但是其主题却应是促进、改善受教育者主体自我建构、自我改建的实践活动的过程。”四是从教育的本质意义出发，把教育看作“人的主体发展的过程”，认为“主体性教育就是有目的地增强和发展人的现代性、有效性、能动性、创造性和自主性的过程”。

第三阶段：从理论到实践阶段（1993 年—至今）。随着主体性教育理论的不断发展和传播，主体性教育开始进入实践领域。以主体性教育思想为基础或直接以主体性教育命名的教育实验犹如雨后春笋般在全国各地竞相破土而出，比如愉快教育、和谐教育、成功教育、主体性教育、创新教育等。这些改革对基础教育起到了重要的推动作用。其中需要特别提到的是北京师范大学裴娣娜教授主持的原国家教委“八五”人文社会科学研究规划博士点学科项目“少年儿童主体性发展实验研究”。这项研究于 1992 年开始启动，选择了河南安阳市人民大道小学作为实验基地和合作伙伴，之后在天津以及其他省市的一些中小学进行广泛实验，取得了良好的教育效果和社会效果。华中师范大学主持的湖北荆门象山小学的“小学生主体素质构建实验”、北京市“提高中学生学习质量联合革新计划”即 JIP 主体教育实验研究等都产生了较大的影响。新世纪伊始，面对信息化和全球化的挑战，创新教育在中小学校开始流行，创新教育着力培养的是人的创新精神和创新能力，所以创新教育依然是主体性教育的应有之义。华南师范大学郭思乐教授提出了“生本教育”的理论，其核心理念是高度尊重学生，全面依靠学生，把以往教学中主要依靠教师的教，转变为主要依靠学生的学。自 1999 年开始，郭教授就致力于“生本教育”的实验，在十几年的研究过程中，生本教育共同体越来越壮大，已由最初的 15 所实验学校发展到现在的 200 余所，遍及广东、北京、辽宁、湖北、贵州等地，并取得了一定的实践成果。

二、自主教育的理论检索

古今中外，许多思想家和教育家都从不同角度、不同意义上提出过自主教育的主张。在国外，古希腊大哲学家柏拉图曾说过：“教只能给予推动，使学生自己去找到必需认识的东西。”卢梭主张要“培养自然人”，自然人的特点就是自爱、自主和自立。苏霍姆林斯基指出：“能促使自我教育的教育，才是真正的教育。”在我国，早在两千多年前，大教育家孔子就提出了“因材施教、启发诱导和学习结合”的自主教育思想。叶圣陶也认为：“教是为了不教”。此外，还有几种比较典型的理论代表，列举如下。

1. 杜威的儿童中心教育思想。杜威所倡导的“儿童中心说”，强调要把儿童作为教育的起点、中心和目的，这一学说引发了教学改革的浪潮。杜威提出“儿童是教育行动的中心，他的个体性、人格可能性应受到尊重和培养”“教育的天然的基础是儿童的本能，而本能又是一切学习和训练的依据。利用儿童的自动能力发展他们原有的天性，才是新教育的宗旨”等教育理念。在杜威看来，教育不是强迫儿童去吸收外面的东西，而是使人类与生俱来的能力得以自然生长。

2. 建构主义教育理论。当代建构主义者主张，世界是客观存在的，但对于世界的理解和所赋予的意义却是由每个人自己决定的。儿童是以自己的经验为基础来建构现实的，由于儿童的经验以及对经验的信念不同，导致他们对外部世界的理解也有迥异之处。所以，学习不是由教师把知识简单地传递给儿童，而是让儿童自己建构知识的过程。儿童不是简单、被动地接收信息，而是主动地建构知识的意义，这种建构是他人无法代替的。

3. 陶行知的儿童教育思想。儿童教育思想的根本在于正确地看待儿童。儿童的发展潜力是巨大的，他们“不但有力量而且有创造性”，陶行知先生疾呼对儿童实行“六大解放”，强调教育与生活的密切结合，在生活过程中进行教育，通过教育促进人和社会的发展，倡导“教的法子要根据学的法子，学的法子要根据做的法子”。

4. 郭思乐的生本教育思想。华南师范大学郭思乐教授在《教育走向生本》一书中写道：“我们面对的是自己生长的生命……学习的发生之处是学生。任何时候，都要坚定地相信学生、依靠学生。”“良好的教学生态的一个显著特征，是儿童的自主性，而儿童的自主性，本质上构筑他们自由奔放的思维空间，以利于不断创造。”这些话都凸显了师生共同建构课堂的本质内涵。

5. 新课程改革纲要的基本理念。《基础教育课程改革指导纲要》把“以人为本，促进个体的和谐发展”作为新课程改革的基本理念，提出“要改变过于强调接受学习、死记硬背、机械训练的现状，倡导学生主动参与、乐于研究、勤于动手”。在以学为主导的课堂中，教师便能真正做到：以学生为主体，以课标为主线，以学习为主导。显然，新课程改革纲要也充分体现出了师生共同建构课堂的理念。

可见，自主教育的理念在国内外影响都较深远，它是世界教育思想史上的宝贵遗产。

三、自主教育的规律求索

回首一次次教学改革，如果忽视甚至无视以学生学习为核心的教学改革，所有的努力终将被证明是事倍功半，难以取得预期的成效。教学的根本性变革应来自对教学本质的、核心的正确认识。以语文教学为例，学生自主学习、自由学习、自能学习是语文教学的核心价值，学生自动学习、自创学习、自在学习是语文教学的理想追求。《国家中长期教育改革和发展规划纲要（2010—2020年）》中强调：“要尊重教育规律和学生身心发展规律，为每个学生提供适合的教育。”这为我们进一步深化教育改革和推进素质教育指明了方向。小学语文教学必须直面和经历对语文本真的回归、探寻和自觉。要确立“学生是学习和发展的主体”的基本理念，建构以学生学习为核心的课堂，践行学习是课堂的中心，学生是课堂的主角，课堂是学习的基地的教学，彻底改变“讲语文”为“学语文”，真正实现学生自主地学习语文，从而培养学生的学习能力、实践能力和创新能力。

1. 立足学习基础。以学生学习为主，应始自学生的“最近发展区”。建构主义学习理论告诉我们：学习的过程是学生自己主动建构知识的过程，是学生自我生存的过程。这种建构是他人无法取代的，是由内向外的生长，而不是由外向内的灌输，其基础是他们原有的知识与经验。苏联心理学家维果茨基认为，儿童发展有两种水平，第一种水平是现有发展水平，表现为儿童能够独立解决智力任务；第二种水平则被称为最近发展区，指向那些尚处在形成状态的表现。其实“教学与其说是依靠已经成熟的机能，不如说是依靠那些正在成熟的机能，才能推动发展前进。教学创造最近发展区，然后最近发展区则转化到现有发展水平的范围之中”（赞科夫语）。“学习为主”，教学始于学生学习语文的最近发展区，即学生已经达到的认知水平和最近的将来可能达到的发展水平之间存在一段距离，从学生语文学习的基础出发，给学生提供有一定难度的学习内容，调动起学生学习的积极性，挖掘学生学习的潜能，使学生在现有基础上“跳一跳摘到果子”，促进学生顺利地得到发展。

立足学习基础，语文教学要自觉地以《义务教育语文课程标准（2011年版）》（以下简称“新课标”）为依据，明确语文教学的总目标，把准阶段目标，达到既不越位，也不滞后。如对于识字教学，低年级要落实以识字、写字为重点，打牢基础，教给方法，培养能力，养成良好的习惯；中年级要继续培养识字写字能力，由扶到放，重视词语的理解、辨析、积累和运用；高年级要培养独立识字、学词的能力，能理解词句的含义，体会表达效果。对于阅读教学，低年级侧重于理解与运用字词句，读好课文，积累语言；中年级侧重于理解与运用句段，初步掌握文章的主要内容，体会表达的思想感情，揣摩写作方法；高年级侧重理解与运用段篇，能整体把握课文内容，了解文章的表达顺序，体会作者的思想感情，初步领悟文章的基本表达方法，掌握阅读不同文体作品的基本方法。

2. 顺应学习天赋。以学生学习为主，应顺应学生学习的天赋，即儿童天生的学习态度、学习行为、学习能力、学习习惯和学习发展。杜威曾说：“教育的第一应该注重之点是儿童在没有教育之前，有一种先天生成的本能、情性和冲动。教育就应该以这些东西为依据、为基础，不然就没有教育可施。”儿童是一个具有天生的无限潜力的学习者，具有与生俱来的语言、思维、学习、创造等能力。正如一颗渺小的树种里面包含着长成一棵参天大树的全部营养。儿童学习的天性主要表现：好问，喜欢动脑筋，喜欢提出问题；好动，喜欢游戏和实践活动，喜欢亲身参与和体验；好奇，总会对未知的事物觉得新奇而产生兴趣，乐于探求；好强，总是时时处处想胜过他人，展现自我，不甘落后。在《学会生存——教育世界的今天与明天》报告中明确指出："教育的目的在于使人成为他自己，变成他自己。"教育就应当顺势而为，因势利导，最大限度地发挥儿童内在的自然的学习天性，借助儿童本能力量的调动，形成新的学习能力和发展机制，促进学生获得自然的、个性化的发展。

顺应学习天赋，语文教学要实践发现式学习，李政道曾说："求学问，得学问，只学答，非学问"。探索源自问题，问题引发探究。我们要尊重和培养学生的问题意识和批判精神，鼓励学生自主地发现问题，自由地分析问题，自能地解决问题，自动地总结问题，着力培养学生的批判意识，开发创造潜能，提高实践能力。实践自由式学习，要努力创设民主、平等、宽松、开放的教学氛围，最大限度地给予学生学习的自由，加强学生自主的学习活动，开放学生学习的时空。中高年级学习目标的确定、学习内容的选择、学习方式的运用、学习伙伴的组成、学习成果的交流、学习评价的表述、学习练习的编制等都可以尝试让学生自己作主，自己确定，自己选择。如果没有学习的自由，没有思想的自由，没有表达的自由就没有个性的发展，就没有创造的生发，而"自由应该是一个能使自己变得更好的机会"。实践体验式学习，要努力通过语言描绘、情感激发、角色转换、实物演示、图景设置、生活链接、想象展开、音乐渲染等手段创设生动形象的学习场景，激起学生学习的兴趣，全身心地投入到独立、互动、合作、竞赛、游戏、演示、操作、对话、练习等的丰富多彩的听说读写学习活动中，锻炼能力、展示才智、陶冶情操，享受学习语文的快乐，发展阅读个性。正如美国教育家布卢姆所说："一个带着积极情感学习课程的学生，比那些缺乏热情的、乐趣的和兴趣的学生，或者比那些对学习材料感到焦虑、恐惧的学生，学习得更轻松、迅速。"

3. 尊重学习规律。以学生学习为主，应遵循教与学的基本规律，循序渐进，因材施教，为学生提供适合的教学。法国启蒙思想家卢梭说过："大自然希望儿童在成人之前就要像儿童的样子，如果我们打乱这个秩序，我们就会造成一些早熟的果实，它们既不丰满也不甜美，而且很快会腐烂。"新课标建议："学生生理、心理以及语言能力的发展具有阶段性特征，不同内容的教学也有各自的规律，应根据不同学段学生的特点和不同教学内容，采取合适的教学策略。""采取合适的教学策略"的前提是要深入地研究学生，把握其学习的基本规律。心理学原理告诉我们，小学生的感知与记忆以笼统的、整体的感知为主，机械识记逐步地走向意义识记，但仍然以具体事物为主；思维与想象，以具体的形象思维为主，抽象思维不断发展，但仍带有很大的具体形象性；语言获得，是在儿童个体与环境相互作用中，在与人的语言交流中，在认知发展的基础上发展起来的；情感与性格，精力旺盛，活泼好动，求知欲强烈，充满好奇。泰戈尔说得好："一切教育都是从我们对儿童天性的理解开始的。"这样的教育，才能促进学生和谐地、全面地发展。

4. 发展学习能力。以学生学习为主，应致力于学习能力的培养与发展，在尊重学生自身学习规律的基础上，培养、发展和形成自己独特的学习方式与学习习惯，成为个性鲜明的自主学习者。叶圣陶先生在他的讲话和文章中曾多次提到：教学是为了达到不需要教。以学习为主的落脚点就在于"不需要教"，在于学生离开学校以后能自主地进行学习、生活和工作，就在于学生凭借学习能力，获得持续的、终生的、良好的发展。"教学论"发展至今，"教学"已不是教师单向灌输的行为，甚至也不是"教师教，学生学"的双边授受关系，而是"教师教学生学"的一种"以学生自主学习为核心的主体互动策略"。同样，新课标的目标指向主要也不在于传授语文知识，而重在形成语文能力，掌握和运用语文工具，强调学生应"初步掌握学习语文的基本方法，培养良好的学习习惯，具有适应实际生活需要的识字写字能力、阅读能力、写作能力、口语交际能力，正确运用祖国语言文字"。坚持能力为重，强化能力培养，着力提高学生的学习能力、实践能力、创造能力。

发展学习能力，语文教学要强化读写结合。古人云："劳于读书，逸于作文。"一切有意义的学习必须始于模仿，其中必然包括迁移。模仿是任何学生学习任何学科都不可逾越的学习路径，是儿童获取知识、习得技能的重要方式之一。语文教学时，在对文本内容理解和感悟的基础上，教师要关注语言的形式，把握语言的规律，即站在写作运用的角度上解读文本，在读中学习精准的字词、精美的语言、精巧的段落、精妙的构思、精致的布局、精彩的笔法等，既得意更得言。读与写紧密结合，读为基础，以读学写，写中促读；突出重点，一课一得，得得关联；多读多写，学以致用，发展能力。强化学法指导，教师的"教"是为学生的"学"服务的，这种服务的真正价值就在于富有成效的学习指导。法国哲学家笛卡尔说："最有价值的知识是关于方法的知识。”因为方法的知识对于学生个体来说具有积淀终生发展能量的意义。语文教学应从“语文知识的教学”走向“语文功能的教学”，从“内容分析的教学”走向“策略指导的教学”，在言意兼得的基础上还要“得法、得用”，即掌握学习语言和运用语言的方法，从而实现叶老所说的“自能阅读”“自能作文”。强化语言实践，人的正确认识来源于实践，学生知识的掌握、能力的形成、习惯的培养、人格的塑造、都离不开实践。新课标中强调：“语文课程是实践性课程，应着重培养学生的语文实践能力，而培养这种能力的主要途径也应是语文实践。”学习为主的实践取向就是让学生动眼看、动口读（说）、动手做、动脑想、动心悟，亲身体验和历练学习语文的过程，在识字中学会识字，在书写中学会书写，在读书中学会读书，在习作中学会习作，在口语交际中学会口语交际。清朝的教育家颜元说：“教之功有限，习之功无已。”训练是语文实践的基本形式，多读多写是提高语文能力的基本法则。语文教学重在鼓励、引导学生参与大量多样、关联有序、科学规范、适度有效、喜闻乐见的语文学习实践，语识层面的字词句段篇，语感层面的理解、积累、运用和习惯，语用层面的听、说、读、写、思，使学生全体、全面、全程、全心投入语文实践，全面地培养和发展学生的语文素养。

“尊重规律”“学习为主”“能力为重”“以学定教”……新的理念吹响了课程改革再出发的号角，推动了语文教改进入深水区，引发了语文课堂教学的深刻变革。但是我们还应清醒地认识到，面对纷繁的教学理念，有的偏爱有加，念念有词；有的囫囵吞枣，盲目跟随；有的置之不理，不知所措；而更多的则是“如坠云中雾里”，晕头转向。语文教学的宏观理念与微观实践之间还存在着一条巨大的鸿沟，需要我们静下心来，脚踏实地地进行大量基础的、具体的、专业的实践性研究来填补，努力将先进的教学理念转化成适合的教学模式、科学的教学策略、自觉的教学行为、现实的教学成效。刘勰说：“生也有涯，无涯惟智。逐物实难，凭性良易。”（刘勰《文心雕龙》）。的确，人生有尽，知识无涯，在有限的人生里，去穷尽万物之奥妙太难了。还是让我们凭着儿童的天性、语文的天道、教师的天职去实践、去探究，顺乎自然，返璞归真，只有这样才能让当代的语文教学根深叶茂，欣欣向荣。

自主教育构想

第二章

第一节 评价标准

联合国教科文组织发布的《学会生存——教育世界的今天和明天》一书中明确指出："我们今天把重点放在教育与教学过程的'自学'原则上，而不是放在传统教育学的教学原则。"因此，现代人不仅要具有丰富的知识，更需要具有迅速获取新知识的能力。学会学习比学到什么更重要，自学能力是打开知识宝藏的钥匙。在学校里，学生在获取知识的同时，又能获得自主学习能力，也就是获得打开知识宝藏的钥匙。在多年的课题研究过程中，学校围绕自主性学习的基本特征、教学模式、实施策略等方面，提炼出了相关的经验，具体如下。

1. 把握了"自主学习"课堂教学的基本特征。具有"四有"：即有强烈的参与欲、有宽广的参与面、有充裕的参与时间、有灵活的参与方式；具有"四能"：即能自主选择、能自主质疑、能自主释疑、能自主评价；具有"四性"：即主动性、独立性、体验性、开放性。

2. 构建了"自主学习"课堂教学的一般模式。通过实践研究，形成了师生共建的"共享式"教学模式。教学过程呈现出了三个"一"，即一份预学单、一份共学单、一份延学单；实现了四个"共同"，即师生共同准备学习资源，师生共同提出学习问题，师生共同探究学习内容，师生共同展示学习成果。"共享式"课堂教学大致经历五个流程：准备先行—经验共享—问题研讨—训练强化—拓展延伸。通过培植学生参与建构课堂的情趣和能力，使学生真正成为课堂的主人，最大限度地促使其生命得以自由、自主、自能地生长。师生的深度参与，使课堂呈现出了勃勃的生机。

3. 实施了"自主学习"课堂教学的基本策略。一是情感交融策略。情感是师生关系的粘合剂，自主性学习提倡和谐民主的师生关系、宽松开放的课堂教学环境，我们努力创设“我爱学、我要学、我能学”的自主学习氛围。二是学法指导策略。课堂上，我们常引导学生思考用怎样的方法解决问题，有没有更好的方法来解决问题。我们更多地关注学生能否获取有益的学习方法。三是合作探究策略。师生在合作中与人沟通，将学习成果与他人进行共享，取长补短，提高学习效率。

4. 探求了“自主学习”的评价方法。一是评价对象从单一走向多元。改变了传统的以教师评价为主的评价方式，让学生、家长、社会共同参与评价。二是评价结果从量化走向质化。从以分数为唯一标准去评定学生的学习情况到从多角度去评价学生。三是评价标准从统一走向多维。每个学生的自主性学习能力都会表现出差异性，因此，教师要尊重学生的差异，以发展的眼光来看待学生。

师生共同建构课堂教学评价标准

评价内容	评价要点	量化评分			
课堂氛围民主和谐	1. 教师态度和蔼，举止和善，语言和美；师生民主平等，氛围宽松、和谐。	8	6	4	2
	2. 师生互动有针对性、自主性、实效性。	8	6	4	2
教法学法共同关注	3. 恰当、有效地运用多样化教学手段，突出重点，突破难点。	8	6	4	2
	4. 教师着力调动学生学习的积极性，以灵活多样的手段和方式，促进学生自主学习。	10	8	6	4
	5. 学生能主动学习，掌握所学知识技能，独立归纳所学内容，并能分析、解决相关问题。	8	6	4	2
教学过程共同参与	6. 内容安排疏密相间；节奏把握舒缓有致，教学目标科学、全面、恰当，重点突出、联系生活、倡导实践。	8	6	4	2
	7. 学生对学习充满热情，能主动质疑、释疑；能运用已有的知识经验，通过师生合作，生生合作解决问题。	8	6	4	2
	8. 教师有一定的教学机智，能灵活处理课堂生成资源，适当调整教学进程、难度，评价适时、灵活。	8	6	4	2
	9. 讲究方法和技巧，教师少讲、精讲；学生有充分的时间自主学习、探究、交流和展示。	8	6	4	2
	10. 学生主体意识强，思维活跃，探究欲望强烈，有独特、鲜明的观点，能独立思考，专注倾听，积极实践。	8	6	4	2

续表

<table>
<tr><th>评价内容</th><th>评价要点</th><th colspan="4">量化评分</th></tr>
<tr><td rowspan="2">学生发展积极主动</td><td>11. 学生能积极、迅速地进入学习的最佳状态，注意力基本集中，乐于思维，敢于质疑；能积极参与课堂学习活动，能综合运用已有的方法和知识，自主解决问题。</td><td>8</td><td>6</td><td>4</td><td>2</td></tr>
<tr><td>12. 学生有良好的学习习惯、健康的个性，表现出积极向上的人生观、世界观和价值观。</td><td>10</td><td>8</td><td>6</td><td>4</td></tr>
<tr><td>总等第</td><td>总得分</td><td colspan="4"></td></tr>
</table>

说明：总分达 90 分以上为优秀，75～89 分为良好，60～74 分为及格，60 分以下为不及格。

使用评价表应注意的问题：

1. 评价表从课堂教学的共性出发，使用时还需结合学科特点及教学实际灵活运用。

2. 课堂教学评价不应面面俱到，不是所有项目都体现在一堂课中，评价时应有所侧重。

3. 要把定量与定性评价，教师自身、学生及他人的多元评价，形成性与终结性评价有机地结合起来，使评价更加客观、真实、有效，具有促进意义。

第二节　课堂基调

一、信任指引：奠定自主学习的基石

在保障学生课堂自学效果的过程中，教师的信任是关键因素，因为这种信任具有一种使人振奋的巨大力量。在课堂自学的过程中，教师对学生自身及其所具备能力的信任，将起到决定性作用。

1. 坚信学生发展的潜在性

每个儿童都是未完成的人，他们都有着巨大的发展可能性。我们要细心呵护他们的信心和自尊。我们不但要教给学生知识，更要教给他们学习和思维的方式和方法，同时，还要不断地培养和呵护学生的学习愿望。N·哈特曼在他的《伦理学》一书中说：“信赖能产生创造力。一个人‘相信别人能做到的事情就会真的去使其做到’。”他还归纳道：“信赖能够改变人。”如果教师坚信学生发展的巨大潜在性，他便会真诚地引导儿童转变学习方式，儿童也会处于能动的学习状态，最终，将形成一个教育教学的良性循环。

2. 相信学生自学的可行性

教师要解放思想，要充分相信学生是能够进行自学的。教师的职责不是把现成的知识灌输到学生的大脑，而在于激发学生的兴趣，唤醒学生的大脑，并引导学生凭借自身的努力，在自主尝试中去学习、去创造。为什么说学生具备自学的可能性呢？

① 学生是有思维能力的。古希腊生物学家、散文家普洛塔戈（Plutarch）在3000年前就说过："头脑不是一个要填满的容器，而是一把需被点燃的火把。"人的大脑是进行思维的物质基础，也是人类进行自主学习的必备条件。因此，学生是有思维能力的，他们能做到模仿记忆、触类旁通、举一反三、由此及彼。

② 学生是有认知准备的。每个学生都是鲜活的生命个体，他们来到学校时，并不是一张白纸，生活经验在他们身上留下了清晰的烙印。学生原有的知识储备、现实活动中的经验积淀乃至他们在社会中所形成的许多朴素的认识，都构成了学生学习时的特定视野，影响并制约着他们的学习。新知识对学生来说并不完全陌生，而往往是七分熟，三分生，因此，学生可以利用"七分熟"的旧知识作为基础，尝试去学习"三分生"的新知识。

③ 学生是有探索欲求的。教师应该保护和尊重孩子发现的权利，孩子往往喜欢问为什么，提出许多稀奇古怪的问题，初进小学后热情不减，可随着年级的升高，这种热情会逐渐消失。因为在教师的冷眼和训斥中，这种热情会逐渐被磨灭。在教学中，采用"先学后教""先练后讲"等的教学模式，就是顺应儿童的认知发展规律。教师要有这样的意识：凡是学生自己能做到的事，都要让他们自己去做。

在此，我们所指的不仅仅是一般的信任的氛围，更多指的是尽管存在着某些困难和失望，但教育者仍应对每一个儿童一如既往地表现出那种完全的信任。教育者对儿童的信任可培养起儿童对自己能力的自信心并使其心情愉快，这会为课堂自学奠定心理基础。

二、习惯培养：播下自主学习的种子

小学生的知识面还比较窄，接受能力也不够强，对他们自学能力的培养不是一蹴而就的，不可能通过一堂课、一个教学点就能培养起来，而需要一个长期的过程，对此，教师要有心理准备。培养学生的自学习惯，教师要设计周密的计划，并根据不同年级学生的特点及实际，按照自己的设想，一步一步去实施，只有这样，自学才能成为学生的一种习惯性行为。

1. 让自学变得“自然”

对于课堂自学来说，过程比方法更重要。教师要引导学生积极参与到自学活动中去，增加他们对自学的体验。要让学生明白，只要坚持不懈地去尝试，总会掌握好的自学方法，形成自学能力。学生只有在自学的实践和体验活动中，才能建立起学习的自信，形成积极的自学定位，才能养成良好的自学习惯。这样，即便教师不做任何自学的要求，学生也能自发地进行学习。

2. 唤醒学生的“自觉”

对于学习方法的掌握而言，没有最好，只有更好，自学的方式方法也如此。教师要做一个引领者，让学生相信自己的水平和能力，鼓励每个学生找到适合自己的自学方法，在不断扬弃中超越自我。课堂上，当学生能自觉进行自学时，课堂教学效率便能得到充分的提高。因此，培养学生的自学习惯，最终还是要落实到唤醒学生的自觉意识方面。

《学会生存——教育世界的今天和明天》一书中指出：“教育要先行，教育为未来，学校教育要教会学生学习，要实现从以教师教学为主向以学生学习为主的转移，学生从被动学习向主动学习转移的主张，开始了教育理念向学习理念的转移。”因此，只有当学生的学习自主性被调动起来，思维被激活，潜能被唤醒，梦想被激发时，学生的学习才会是快乐而优质的，学生的自主发展、健康成长才具有了可能性。当学生走上社会后，才能用这把自主学习的钥匙，去打开未来知识的大门，去探索丰富的知识宝藏。

三、方法指导：展现自主学习的力量

尝试乃是对问题的一种探测活动，其目的是获得关于问题的难易及解决问题方法的有效性信息，并最终达到解决问题的目的。虽然课堂自学的方法和模式会有所不同，但其中却有共通的原理，不管是哪种自学方式，都离不开自主尝试。因此，教师在进行自学方式的指导时，要将自主尝试作为教学的主旨。

1. 预习复习：奠定课堂自学的基础

预习是学习的首要环节，它对培养学生的自学能力，养成独立思考的习惯起着重要作用。抓好学生的预习指导，让学生在课前对所学知识先有一个感性认识，能使学生在课堂上有目的地听课，教师在教学时也能根据学生的学习状态，有针对性地教学，让师生能够围绕重难点进行双向的、多渠道的信息交流。这样，既节省了教学时间，提高了课堂教学效率，又能使学生在整个课堂学习中保持旺盛的求知欲。预习时，教师要提出具体的预习要求。这个要求可以是口头的，也可以提前印发提纲。这种提纲可以是填空式的，也可以是图表式的。预习方法可以是浏览探讨，是个别钻研，也可以是小组交流。课程结束后，学习活动也不应停止，教师还应鼓励学生“温故而知新”，因为复习有着重要的意义与作用，它能对教师讲授的内容起到反刍消化的作用。

当然，预习和复习都要在具体的指导下进行，教师不能放任自流，要充分发挥自身的主导作用，有错即纠、有漏即补、有疑释疑、有难解难。这样，既能保证自学的有效性，同时也能保证自学方式的科学性。

2. 先学后教：贯穿课堂自学的始终

“先学后教”，即由教师提出问题，学生在旧知识的基础上，自学课本以及互相讨论，依靠自己的努力，通过尝试练习去初步解决问题，最后教师根据学生尝试练习中的难点和教材的重点，有针对性地进行讲解。

① 先思后议

引导学生自学时，可以从问题开始，因为疑问能够引起学生的注意，激发学生的兴趣，激活学生的思维。疑问就像一盏引路的灯，引导学生采用各种学习策略，逐步解决问题，整个教学过程也就是解疑的过程。古人云：“学贵有疑，小疑则小进，大疑则大进。”英国著名思想家培根的一句话说得更有哲理：“如果一个人从肯定开始，必以疑问而告终，如果他准备从疑问着手，则会以肯定结束。”因此，在引导学生进行课堂自学时，教师要努力寻找知识之间的交集，精心设计问题，引发学生进行理性思考，在此基础上，再引导学生或评或议，这样，便能达到事半功倍的效果。

②“先练后讲”

我们强调“先练后讲“，并不是否定教师的讲解。为了发挥教师的主导作用，教师不但应该讲，而且要讲好。关键在于，教师该在什么时候讲？讲什么？怎样讲？“先练后讲”即先让学生尝试练习，然后教师再讲。学生通过先练，已在心理上、知识上做好了准备，再听教师讲，便显得瓜熟蒂落、水到渠成。通过自学课本，完成尝试练习，学生对这堂课所学内容已经了解了大部分，因此，教师不必从头讲起，只需针对学生的问题讲，这样可以大大节约教师讲解的时间。

3. 自我反省：夯实课堂自学的实效

可以这样说，没有学生的自我反思，就难以促进学生的自我提高和可持续发展。在探索的过程中或探索过程结束后，教师要积极引导学生进行反思。因为反思能促进学生问题意识的形成，提高学生的元认知能力。当解决一个问题即将大功告成时，可以引导学生对整个过程进行回顾和反思。譬如结果可信吗？书写有无错误？推理是否严密？表达是否准确？方法能否改进？也可以引导学生改变问题的角度后进行再探讨，或将问题进行发散性拓展引申和收敛性总结等。引导学生进行自我反省，能促进学生自学能力的提高，夯实课堂自学的实效。

先学后教，能把教师的主导作用和学生的主体作用有机地结合起来，充分发挥师生教学的主观能动性。

第三节　课程探索

课程是指学生应学习的学科的总和及其进程与安排，有广义和狭义之分。狭义的课程是指某一门学科，广义的课程是指学校为实现培养目标而选择的教育内容及其进程的总和，它包括学校教师所教授的学科和有目的、有计划的教育活动。新课改实施到今天，我们对课程的认识，不再是狭义的某一门学科，更不只是局限于知识的学习。“为学生的幸福人生奠基”是我们一贯坚持的办学理念，为了实现这一目标，我们积极投身于课程改革，扎实推进素质教育，在全面落实学科课程的基础上，通过师生共建，努力开发校本课程，丰富活动课程，让师生在课程建设的过程中促进自主发展。

一、强化课程意识，在学习与研究中得到提升

新课程改革的主要任务是：更新观念、转变方式、重建制度。即更新教与学的观念，转变教与学的方式，重建学校管理与教育评价制度。而基础教育的任务在于不仅要培养造就社会主义的建设者与接班人，同时也担负着促进中华民族整体素质提高的历史使命。

杜威认为，“课程的最大流弊是与儿童生活不相沟通，学科科目相互联系的中心点不是科学，而是儿童本身的社会活动”。通过研究成人的活动，识别各种社会需要，把它们转化成课程目标，再进一步把这些目标转化成学生的学习活动。这种取向的重心在于学生做些什么，而不是教材体现的学科体系上。以活动为取向的课程，较注意课程与社会生活的联系，强调学生在学习中的主动性，是一种探究性的教学。

在泰勒看来，课程内容即学习经验，而学习经验是指学生与外部环境的相互作用，他认为，“教育的基本手段是提供学习经验，而不是向学生展示各种事物。”这种观点强调学生是主动参与者，学生是学习活动的主体，学习的质和量决定于学生而不是课程，同时强调学生与外部环境的相互作用。教师的职责是构建适合学生能力与兴趣的各种情境，以便为每个学生提供有意义的经验。

通过学习，我们对课程有了较全面的认识，为了更好地理解和吸收，并付诸实践，我们深入开展了教师读书活动，并组建读书团队，开展学习心得交流活动。包括以“构建自主课堂”为主题，组织全体教师集中学习《第 56 号教室的奇迹》《夏山学校的百年故事》等书籍，组织教师观看《潜下心来育人，静下心来教书》《快乐课堂》《把心留住》等专题片，此外，还组织教育沙龙，开展主题研讨活动。明确新课程改革的根本任务：全面贯彻党的教育方针，调整和改革基础教育的课程体系、结构和内容，构建符合素质教育要求的新的基础教育课程体系。课程类型包括文化课程、活

动课程、实践课程、隐性课程。文化课程包括国家课程、地方课程、校本课程，活动课程包括阳光体育、专题活动、学校少年宫等。总之，一切有利于学生发展的资源、环境，如校园文化、家庭氛围等，都可以成为我们的课程资源。

二、丰富课程资源，在开放与开发中体现多元

在课程建设方面，既要不断改进课堂教学，使其更加富有活力，又要使教育走进自然、走向社会，探索形式多样的、与自然社会现实生活紧密联系的教育方式。可以说，构建课内外联系、校内外沟通、学科间融合的课程体系，是新课程改革的一种追求。在新的课程理念指导下，我们应全面加强课程建设，解放思想、开放校园、开发课程，不断丰富课程资源。以加强学生的养成教育为重点，把提高学生的素质和培养良好的行为习惯当作课题来研究，按课程来实施。隐性课程、活动课程、实践课程统筹兼顾，我们全面建构“云课程”体系，为学生的健康快乐成长建设一个系统，准备一份资源，搭建一个平台，提供一项服务……根据学生的兴趣、爱好，从他们的需要出发，以学生为中心组织开展活动，让学生在活动中锻炼能力，获得经验，从“做”中“学”。

以“礼仪教育”为抓手，寻求养成教育新突破。我们发动学生设计学校礼仪形象，举行“我与礼仪有约”的启动仪式，发出倡议，郑重签名。组织编写校本教材《礼约》，利用早会课、班会课组织学习，改变了晨会、班会教育的随意性，使文明礼仪教育有了实实在在的抓手。学校先后开展了丰富的礼仪活动，有礼仪故事会、礼仪绘画比赛、礼仪格言创作、礼仪书签制作、礼仪童谣征集、礼仪之星评比、唱响礼仪歌、做好礼仪操等活动。

将礼仪教育延伸到家庭、社会，与其他德育活动紧密结合。同时，全体教师也接受礼仪培训，集中观看人民大学金正昆教授主讲的“教师礼仪”，阅读《现代礼仪金典》《教师礼仪 99 个细节》等书籍。师生同行，形成了特色鲜明的礼仪课程，旨在以课程建设促品牌建设。

另外，在“自主发展理念下师生共同建构课堂的实践研究”课题的引领下，学校开始注重对课程资源的共同开发，将课堂向两头延伸，引导学

生参与收集、整理信息，共同开发课程资源，让更多的资源来自学生自身，力求构建“儿童化”“本土化”的课程资源。课程内容包括国学经典、趣味数学、科技发明、礼仪教育、体艺系列等。学校还创设了“小云雀大讲坛”“扬帆助航”“幸福教育”等特色课程，邀请有专长的师生以及社会人士走进校园，密切家校联系，拓宽渠道、传播知识、弘扬文化，不断丰富课程资源，构建了具有校本特色的丰富的课程资源。

其次，还将“我们的节日”“家乡特色”“垃圾分类”等与我们的生活密切相关、学生们关注且喜欢的内容编辑成校本教材《综合实践活动》。目前，学校印制的校本教材还有《巴乌》《情景 ABC》等，在不同年级、不同学生群体中使用。多元开放的课程体系，为师生共同成长搭建了平台，也为学校个性化发展注入了新鲜活力。

三、尊重学生主体，在实践与思考中寻求发展

人本主义心理学家罗杰斯认为，学生是学习的中心，学校是为学生而设，教师是为学生而教。我们的教学研究和课程设置都应该遵循儿童的心理发展规律和年龄特点，以小学生的生活经验和认知发展水平为基本出发点，以不同的课型来满足不同年龄段、不同学习层次学生的学习需求。为了进一步加强与改进低年级英语的教学，应不断提高低年级英语教学的质量，学校应尊重学生主体，改革英语课程设置，在英语长短课型实践与思考中寻求发展。

学校以不增加学生课时总量为前提，根据心理学“无意注意”原理和学生的身心特点，进行英语长短课型相结合的教学实验，充分考虑低年级孩子课堂注意力集中时间有限的特点，遵循英语这门语言学科的学习规律，通过增加英语教学的频率和师生的见面次数，即“短课时，高频率”的方式，努力提高小学英语课堂教学质量。

1. 课时安排，从实际出发看效果

小学低年级英语原本每周开设 3 节课，我们将其中的 1 节英语课分成 2 节小课，调整为两长两短 4 节课，将学生每周接触英语的机会提高至 4 次。因此，如何安排 20 分钟的短课，跟哪些学科搭配以及交接班时如何衔接等问题，都是我们需要具体考虑的问题。经过反复研究，发现英语与其他各

种课程搭配，其自身的学科特点都很明显，很难做到简单的结合或渗透。后来考虑到我校的低年级英语教师同时兼任所教班级的品德与生活课，我们最终根据学校师资的实际情况选择了外语与品德和生活课“拼课”的方案，将每周的1节品德与生活课与1节外语课进行“拼课”搭配，组成新的课程模式“外语/品德与生活”：20分钟外语＋20分钟品德与生活，由同一位教师在班级先上20分钟外语，再进行20分钟的品德与生活教学。这样的安排涉及的教师相对较少，课时安排比较紧凑，上课时可由外语教师掌握主动权，在时间上做到无缝衔接，更有利于教师从整体上进行教学调控，提高实效。

2. 教学研究，从问题入手提效率

开展长短课实验以来，学校组织了多次专题研讨。学期初排课时，先将低年级英语长短课排好，严格保证低年级英语每周4次的次数，然后再安排其他课程。平时通过走课、和低年级英语教师交流、询问低年级学生等形式，多方面了解英语长短课课程开展的实际情况，了解教师和学生的想法。低年级英语教师也经常利用空余时间和教研组活动时间进行交流和研讨。随着时间的推移，教师的观念也发生了转变，从开始对这一课程安排充满质疑到现在的逐渐肯定；学生对英语的态度也有了变化，在二十分钟的课堂上，学生大多能集中精力听课，另外，学生接触英语的次数多了，基本上每天都有了听、说英语的时间，他们对英语也更“亲”、更“勤”、更“熟”了。

在实施长短课的过程中，一个非常值得重视的问题就是如何科学有效地处理教材，包括英语及与其搭配的学科。我们现在所用的教材都是适合长课教学的，还没有长短课的配套教材，所以教师需要根据课程时间，合理安排好长短课的教学内容。在选择确定教学内容时，我们组织相关学科教师一起进行研讨，根据两门学科的不同内容和不同特点一起分析，将一学期的教学内容进行整体把握和重新组合，使其在教学内容上结合得更紧密。

教师在具体操作过程中也碰到不少问题，因此，我们针对具体问题，开展专题研究，例如对英语短课课型的研究。一开始，教师们对短课很不适应，和学生交流了一会儿，刚引出新课，20分钟的时间就到了，慢慢地，大家改进了教学设计，上课时直接切入主题。短课对于课堂上开展练习要求也比较高，设计时需要体现简短、精炼。教师在备课时必须全面考虑，课前的准备工作要做得更加细致，教案的设计要更加注意教学实效，这些都对教师的工作提出了更高的要求。教学中教师们还发现，短课比较适合上活动课，20分钟做单元练习、单元过关时间正好。同时，她们没有放弃对其他课型的尝试研究，20分钟如何上新授课，是实验课后老师一直在交流的话题。学校也抓住这一实验机会，鼓励英语教师开展教学研究，于是从问题出发，积极探索，尝试其他不同的课型，努力创设多元化的教学空间和教学方式，让学生体验语言学习的快乐，提升英语课堂的学习效率。

3. 课程改革，从细节着眼求突破

一节课上要实施两种课程，对于这两者之间的转换学生能否适应呢？通过了解我们发现，学生对这种授课方式感觉很新奇，比较能接受。但是教师对于这种转换的态度有所差异，二年级英语老师对此反应还可以，因为二年级学生自控能力相对较强，课程转换时间能控制在1分钟内。一年级的英语教师对此就颇为头疼，一年级学生特别好动、自控力较差，而两本书的交换、这中间的课堂组织都需要花费一定的时间，“如何尽量缩短两个课程间的转换时间”是低年级英语教师一直在尝试和探索的。原来的计划中，设想的是通过光盘播放一些英语歌曲和小诗，学生边唱歌曲边做好下一课程的准备工作。在实际教学中发现，课程间的转换设计还需根据每节课的具体内容而定，应灵活运用诵读小诗、演唱歌曲，开展听听、做做的游戏等多种方式，尽量将书本的交换巧妙地放置在衔接活动的过程中。有时还可以将两本书的交换放在一节课的结束时间，英语短课结束时，不一定马上要看书认读，可以将这一环节放到40分钟快结束时，通过对这节课的回顾和总结，依次来认读英语和思品书上的内容，将书本的认读交换和家庭作业的布置巧妙结合在一起，避免交换书本时出现混乱。

《义务教育英语课程标准（2011年版）》（以下简称“英语课标”）中指出，小学开设英语课程的目的是培养小学生学习英语的积极情感，使其形成初步的英语语感，为其打好语音和语调基础，使学生初步具备用所学英语交流的能力。因此，英语教学应该为学生创设多种学习英语的途径，以增加不同课型，增加语言运用的机会，通过创设不同语境来满足学生学习英语的各种需求。英语长短课丰富了小学英语课型，它尊重了学生主体，为教师提供了实施课改的实践平台，探索出了更科学有效的教学模式，并在努力构建适合儿童的课程中寻求发展。

四、促进自主发展，在坚守与创新中实现超越

课堂是师生交往互动的主阵地，是智慧生成与发展的演练场。学校以江苏省第九期教研课题“自主发展理念下师生共同建构课堂的实践研究”的研究为契机，通过课堂教学的实践、教学评价的引领等，牢固树立教师主导、学生主体的理念，并在实践中积极探索两者有机结合的实施策略，充分发挥师生双主体的作用，力求在师生共建课堂的过程中有效培育学生的自主学习能力。

新课标指出，转变学生的学习方式在当前推进素质教育的形势下具有特别重要的意义。单一、被动、陈旧的学习方式，已经成为影响素质教育在课堂教学中推进的一大障碍。转变学习方式就是要转变这种他主性、被动性的学习状态，把学习变成人的主体性、能动性、独立性不断生成、张扬、发展、提升的过程，使学习过程更多地成为学生发现问题、提出问题、分析问题、解决问题的过程。自主性学习正是对传统学习方式的变革。课堂氛围的共同营造，教学过程的有效参与，使学习过程体现出“三个自主”：自主质疑、自主探究、自主评价。

学校在每学年开学初根据各年级的学习目标和学生特点，下发《扬帆助航》卡，明确新学年的学习任务，以目标引领，全程参与。为了让一年级新生尽快适应小学生活，我们专门编制了《快乐启航——云雀小贴士》，举行新生入学典礼，让家长一起参与，见证孩子的成长。新学期开学时庄严的师生宣誓、六年级学生隆重的毕业典礼、丰富多彩的文化艺术节、生动活泼的体育节、创新实践的科技节、“课前乐吟诵”、“午间好书光”等活动都已成为对学生影响深远的经典活动。每学期初的校长赠书活动、每个节假日的主题演讲活动、每次校内优秀教师的表彰仪式……都已融入到学校的常规工作中。

以“激扬生命，开启智慧之门，放眼长远，奠基幸福人生”为宗旨，学校创设了“小云雀大讲坛”特色课程。在这一课程中，我们充分开发和

利用校内外优质资源，把知识渊博、富有特长的学生、家长以及社会各界人士请上“讲坛”，为学生搭建了自主学习、自我发展、自励成长的平台。自开坛以来，我们先后迎来了父女搭档的“魅力篮球”、外请讲师的“校园礼仪”、学生组合的“赤壁之战”、祖孙同台的“书法有法”、美德少年的“美德故事”。每一期讲座都精彩纷呈，成效显著，为学校个性化发展注入了新鲜的活力。

课程改革是一个不断完善、稳步推进的过程，这一过程应该是师生共同参与、共同发展的过程。学校在积极探索与实践新课程改革的过程中，应努力让校园成为师生共同成长的乐园，促进自主发展，且行且思，在坚守与创新中实现超越。

自主课堂策略

第三章

“生本教育”提倡者郭思乐教授说：“学生学会任何东西，最终都要通过自己的内化。”的确，学生的成长无人能替代，个体发展必须自主完成。

教师要树立这样的儿童立场：学生是发展的人，他们有着巨大的发展潜能；学生是独特的人，他们有着自身的成长规律；学生是独立的人，他们是不依教师意志为转移的客观存在，不能任由教者任意塑造；学生是学习的主体，通过自己读书，自己感受，自己观察、分析、思考，自己掌握事物发展变化规律，在自我教育的过程中，实现健康成长。

教师应呈现这样的行走姿态：以学习为中心，能创造性地使用教材、课程资源及学生已有资源，而不被课本和教参所控制；以尊重为基础，能当好“学习共同体”内“平等中的首席”，而不是高高在上主宰一切；以问题为纽带，能组织自主、探究、合作的学习活动，而不是仅会灌输和表演；以需要为准则，能珍视并灵活地利用各种生成性教学资源，而不是机械地程序化运作；以发展为主旨，能实施多维度、多元化、激励性的教学评价，而不是用批评和埋怨制造压抑感。

自主课堂以这样的情怀绽放：是师生互动、共同成长的时空；是拨动孩子心弦、奏出美妙音符的舞台；是思维碰撞、情感交融的场所；是带领学生向未知方向挺进的帆船；是叩开童心世界、充满灵性的旅程……

让我们创造这样的课堂，倾听“自主”拔节的声音，体会教育的诗意，享受职业的幸福。

第一节　自主课堂中主体的凸显

发现失落的自我

传统课堂教学只关注知识的传授，失去了对人的生命存在及其发展的整体关怀，这样的课堂中学生的主体意识较淡薄，过分依赖教师与书本，缺乏创新精神，成为盛装知识的容器。实施新课程改革以来，教育界出现了一种“以学生为主”的响亮口号，广大教师尝试着自主合作探究的学习方法，试图把“教堂”转变为“学堂”，但实际情况如何呢？纵观周围课堂，不难发现，学生并没有实现真正的自主，课堂上依然存在变相控制、束缚学生思维的现象，学生的聪明才智受到限制，潜力得不到应有的开发。学习中，学生丢失了自我，找不到自己的合理定位。

前苏联心理学家卡普捷列夫说：“自主之所以重要，首先不是它在生活中有用，而是它符合创造性的自我发展。离开自主，人就不可能获得发展”。我们认为，摒弃“教师中心”此一极并不意味着应该滑向“儿童中心”彼一极，教育者应致力于在教的活动和学的活动之间寻求某种教育平衡，以提高师生主体参与教学的关联和效度。只有师生共同建构课堂，才能使课堂成为师生交往互动的主阵地及智慧生成与发展的演练场。

在师生共同建构的课堂上，教的自主以学的自主作为基础，学的自主能对教的自主进行检验。教师乐教善导，学生会学活学，师生凭借强大的自主力量，去唤醒沉睡的自我潜能，激活封存的记忆，扩大狭隘的视眼，开启幽闭的心智，找到最真、最好的自己，使课堂成为一个师生共同发展、充满生命活力的所在。

一、尊重：生本语文的行走密码

《国家中长期教育改革和发展规划纲要（2010—2020年）》中强调：“尊

重教育规律和学生身心发展规律，为每个学生提供适合的教育。”作为小学语文教师，首先要确立“学生是学习和发展的主体”的基本理念，努力构建以学生学习为核心的课堂，课堂的中心实现由“教”到“学”的转变，让学生真正成为课堂的主角，让语文课堂彻底改变“教语文”为“学语文”，让“教堂”成为“学堂”，真正实现学生自主地学习语文。生本语文就是要努力构建这样一种回归语文本真的学习方式。

生本语文就是以促进学生生命发展为本，关注学生生活经验，尊重学生成长需要，遵循语文学习与语文教学的规律，是师生共建的生态的语文。因而践行生本语文，我们必须坚持尊重学生、尊重课程、尊重规律，让孩子们充分享受自主，感受语文，体悟学习之味。

1. 尊重学生，生本语文的出发点

郭思乐教授在《教育走向生本》一书中指出，“我们必须一切为了儿童，高度尊重儿童，全面依靠儿童。否则，我们的教育工作就会做不对、做不好、做不了。”语文教学也一样。

尊重学生，顺应学生的个性特点。了解学生的年龄特点、个性差异、认知水平、学习需求和学习状态等是尊重的前提和基础。美国著名发展心理学家、哈佛大学教授霍华德·加德纳博士提出的多元智能理论指出：人类的智能是多元而非单一的，主要是由语言智能、逻辑数学智能、空间智能、身体运动智能、音乐智能、人际智能、自我认知智能、自然认知智能八项组成，每个人都拥有不同的智能优势组合。《论语·颜渊》中有几段记载：“颜渊问仁。子曰：‘克己复礼为仁。一日克己复礼，天下归仁焉。为仁由己，而由人乎哉?’”“仲弓问仁。子曰：‘出门如见大宾，使民如承大祭。己所不欲，勿施于人。在邦无怨，在家无怨。’”“司马牛问仁。子曰：‘仁者，其言也訒。’”“樊迟问仁。子曰：‘爱人。’”孔子对仁所作出的四种解释，是分别针对四个学生的不同个性特点而言的。这个案例让我们认识到怎样才是因材施教，其实，尊重学生、发展个性并不仅仅指因材施教之类的教学方法，更主要的是着眼于发现并发展学生在禀赋、气质、兴趣、情感、思维等方面的潜在资质，尊重学生的心灵自由和精神世界的独特性，鼓励学生思考的批判性和思维的创造性。在《学会生存——教育世界的今天与明天》报告中明确指出：“教育的目的在于使人成为他自己，变成他自己。”教育就应当顺势而为、因势利导，最大限度地发挥儿童内在的学习天性，调动儿童本能力量，形成新的学习能力和发展机制，促进学生获得自然的、个性化的发展。

低年级的孩子往往活泼好动，注意力不能持久。针对低年级孩子的年龄特点，教学设计要安排一些富有情趣的活动，激发学生的学习兴趣，以活跃课堂气氛。教师要着力营造民主、平等、和谐的课堂教学氛围，教学流程要注意动静结合，有时运用角色扮演法，把游戏引入课堂，让孩子们在轻松愉快的活动中，饶有兴趣地获得知识。也可以结合教材内容，有针对性地设计一些实践活动，化抽象为具体，让每个学生都能在轻松、和谐的课堂中享受学习。教学《酸的和甜的》一课时，可以这样设计：课前，和孩子们一起背诵儿歌；课中，听故事演角色，引导学生展开想象；最后，把课文改编成一首儿歌：“葡萄圆，葡萄大，狐狸见了口水挂。摘不到，硬说酸，松鼠兔子信了它。小猴子，不轻信，摘下葡萄自己尝，自己尝！”这样的设计，集巩固识字、概括内容、体悟内涵、总结课文为一体，在学生喜爱的游戏活动中实现有效教学。正如美国教育家布卢姆所说：“一个带着积极情感学习课程的学生，比那些缺乏热情的、乐趣的和兴趣的学生，或者比那些对学习材料感到焦虑、恐惧的学生，学习得更轻松、迅速。”

另外，在教学中根据教学内容恰当运用现代教育媒体，也是教师调节课堂氛围的常用手段，有时将音、影等引进课堂，可以调动学生的多种感官，产生良好的听觉和视觉效果。快乐不仅仅是一种形式，更重要的是要让孩子体验到成功的愉悦。

应该尊重学生，关注学生的学习基础。教学应始自学生的“最近发展区”。建构主义学习理论告诉我们：学习的过程是学生自己主动建构知识的过程，是学生自我生存的过程。这种建构是他人无法取代的，是由内向外的生长，而不是由外向内的灌输，其基础是他们原有的知识与经验。苏联心理学家维果茨基认为，儿童的发展有两种水平，第一种是现有发展水平，表现为儿童能够独立解决智力任务；第二种水平则被称为最近发展区，指向那些尚处在形成状态的表现。其实，“教学与其说是依靠已经成熟的机能，不如说是依靠那些正在成熟的机能，才能推动发展前进……教学创造最近发展区，然后最近发展区则转化到现有发展水平的范围之中”（赞科夫语)。生本语文教学始于学生学习语文的最近发展区，即学生已经达到的认知水平和最近的将来可能达到的发展水平之间存在的一段距离，从学生语文学习的基础出发，给学生提供有一定难度的学习内容，调动起学生学习的积极性，发挥学生学习的潜能，使学生在现有基础上“跳一跳摘到果子”，促进学生顺利地取得发展。

立足学习基础，语文教学就要自觉地以课标为依据，明确教学的总目标，把准阶段目标，达到既不越位，也不滞后。如习作时，第一学段要对写话有兴趣，留心周围事物，写自己想说的话，写想象中的事物，写出自己对周围事物的认识和感想。第二学段要乐于书面表达，观察周围世界，能不拘形式地写下见闻、感受和想象，注意把自己觉得新奇有趣的或印象最深、最受感动的内容写清楚。第三学段要养成留心观察周围事物的习惯，能写简单的记实作文和想象作文，内容具体、感情真实。能根据内容表达的需要分段表述。

2. 尊重课程，生本语文的落脚点

中国教育学会语文教学专业委员会副理事长、特级教师陈钟梁说：“国家课程标准是学科教材编写、组织教学、教学评估和考试命题的依据，也是国家管理和评估课程的基础，体现了国家对各门学科、对各个不同学段教与学的基本要求。”课程是学生与教师共同构建的一种教学过程，应当是开放的、动态的，这样才有利于促进人的全面而又自由的发展。我们必须充分认识小学语文这门课程，尊重课程，立足语文，才能实现重视个体的独特体验，满足个性发展的需要。

尊重课程，明晰语文学科的性质。课标中明确指出，“语文课程是一门学习语言文字运用的综合性、实践性课程。”“语文课程是实践性课程，应着重培养学生的语文实践能力，而培养这种能力的主要途径也应是语文实践。语文课程是学生学习运用祖国语言文字的课程，学习资源和实践机会无处不在，无时不有。因而，应该让学生多读多写，日积月累，在大量的语文实践中体会、把握运用语文的规律。”

“语文课程应特别关注汉语言文字的特点对学生识字写字、阅读、写作、口语交际和思维发展等方面的影响，在教学中尤其要重视培养良好的语感和整体把握的能力。”明确了学科性质，我们的教学才不至于迷失方向。在教学《跟踪台风的卫星》时，不少教师将教学目标定位为：了解卫星的主要作用，激发学生从小学科学，长大用科学为人类、为社会造福的志趣。很明显，这样的教学目标已经偏离了语文课程的本体，根本没有关注语文知识和语文技能的习得，更像是科学课的教学目标。而该课是一篇科普童话，情节生动、语言活泼，在形象的童话情境中传播了科学知识。如果目标定位是“通过人物语言，抓住卫星特点的表达内容与形式，感悟课文语言的生动活泼与准确。”也许更符合语文学科的性质，这样的语文课才不至于被上成科学课。

尊重课程，落实语文学科的目标。“语文课程应激发和培育学生热爱祖国语文的思想感情，引导学生丰富语言积累，培养语感，发展思维，初步掌握学习语文的基本方法，养成良好的学习习惯，具有适应实际生活需要的识字写字能力、阅读能力、写作能力、口语交际能力，正确运用祖国语言文字。”课标对语文教学的目标规定明确具体。

课标的阶段目标在不同的学段也提出了不同的概念，如习作教学，第一学段是“写话”，低年级要重点抓好词好句，学习迁移运用；第二、三学段是“习作”，中年级要重点体会词句段的表达效果，学习表达，力求准确、生动、有序；高年级要学习有序地表达，有重点、有特点地表达。第四学段是“写作”。这些概念从语义上是不难理解的，其用意主要是进行了教学梯度的区分，对不同学段有了不同的要求。写话和习作的提出，降低了写作的要求：1～2 年级重在培养兴趣，使学生乐于表达；3～4 年级重在减少束缚，使学生自由表达；5～6 年级重在表达真情实感，使学生个性表达。

我们的教学就是要把这些目标要求自然地落到实处。教师要善于捕捉文本中那些富有表现力的语言，精心设计，组织教学。就拿《酸的和甜的》一课来说，在学到“小猴子听了，大口大口地吃起葡萄来”这句话时，让学生进行填空练习：（　　）大口大口地吃起葡萄来；（　　）也大口大口地吃起葡萄来；（　　）和（　　）都大口大口地吃起葡萄来。三个句子一句比一句复杂，“也”“都”的区别在句式训练中也得到了落实。这种循序渐进的句式训练，从课文中来，回到课文中去，更是走到了生活中，对学生的影响是显而易见的。进入中年级，更要把握典型段落的学习指导，让学生模仿迁移，读写结合。如学习《东方之珠》时，让学生围绕“节日的步行街真热闹!”等句式写一段话等等。语文课程的核心目标——学习祖国语言文字的运用，因此我们在整体把握教学内容时，要充分体现语文课程所担当的“理解和运用祖国的语言文字”的重任，理解、积累、运用和习惯要整体推进、协调发展，不可颠三倒四，不可顾此失彼。尊重课程，应该是生本语文的落脚点。

3. 尊重规律，生本语文的切入点

郭思乐教授强调：要让学生广泛、自主地阅读，大量参与语言文字活动，形成学生的个性语文。语文能力就附着在他们的语言表意上，这不过是与生俱来的像吃饭睡觉那样自然的能力。这段话很好地揭示了语文学习的规律，让生本语文有了前行的方向。

尊重规律，遵循孩子成长的规律。意大利教育家蒙台梭利说得好：“每个孩子的成长都有一定的程序，它在某个年龄段该领悟什么样的问题，其实是固定的，你没办法强求，人为地加以干涉只会毁了他。”课标建议：“学生生理、心理以及语言能力的发展具有阶段性特征，不同内容的教学也有各自的规律，应根据不同学段学生的特点和不同教学内容，采取合适的教学策略。”“采取合适的教学策略”的前提是要深入地研究学生，把握其成长的基本规律。心理学原理告诉我们，小学生的感知与记忆以笼统、整体的感知为主，由机械识记逐步地走向意义识记，但还是以具体事物为主；思维与想象，以具体的形象思维为主，抽象思维不断发展，但仍带有很深的具体形象；语言获得是在儿童个体与环境的相互作用中，在与人的语言交流中，在认知发展的基础上发展起来的；情感与性格，精力旺盛，活泼好动，求知欲强烈，充满好奇。泰戈尔说得好：“一切教育都是从我们对儿童天性的理解开始的。”遵循规律、循序渐进、因材施教，才能为学生提供适合的教学，促进学生和谐全面地发展。

尊重规律，体现语文学习的规律。语文教学要强化整体性，在整体把握课标的基础上实施文本阅读。注重整体性：从整体感知入手，再精读感受重点，后回归整体感悟，培养学生整体把握文本的能力，让学生“既见树木，更见森林。”注重文体性：日常的阅读教学文体性丧失殆尽，“千课一面”，一课一课“重复着昨天的故事”。其实课文体裁与内容是多姿多彩的，文体就分成了三类：一是叙事性作品，二是说明性文章，三是诗歌。不同文体的课文教学既要有学习语文的共性目标，还应有学习不同文体的个性目标。说明性文章，要能抓住要点，了解文章的基本说明方法；叙事性作品，要了解事情梗概，简单描述自己印象深刻的重点内容；诗歌，要大体把握诗意，想象诗歌的情境，体会诗人的心情。“顺木之天，以致其性”，要把不同文体阅读的要求、内容与方法贯穿于相应的文体学习之中，以探求语言规律，举一反三，迁移运用。注重形象性，小学生主要靠形象来认识世界，而语言文字皆指向事物的形象，语文教学应加强文字符号与生活图像的转换机制，借助语言品味、语言诵读、语言描绘及形象展现、直观演示、图画观赏、生活再现、想象展开等，唤醒语言文字描绘的具体形象，使学生专注语言、关注形象、披文入境、境中生情、读出自我。由语言形象走向语言意蕴，走进文本深处，演绎出生动形象的语文学习。关注实践性和实践体验式学习，要努力通过语言描绘、情感激发、角色转换、实物演示、图景设置、生活链接、音乐渲染等手段创设生动形象的学习场景，激起学生学习的情趣，全身心地投入到独立、互动、合作，竞赛、游戏、演示、操作、对话、练习等丰富多彩的听说读写学习活动中，历练能力、展示才智、陶冶情操，享受学习语文的乐趣，培养阅读个性。

总之，践行生本语文就是尊重学生的主体地位，尊重学生的认知规律和独特个性，尊重学生的学习兴趣，尊重学生学习的内在需求，尊重学生的学习方式……

尊重，生本语文的行走密码。

二、生本课堂：真实、扎实、朴实

人本主义心理学家罗杰斯认为：“没有人能教会人任何东西。”这就意味着：学生的获得最终不是依靠教，而是依靠学。教育本体论认为：教育过程的终端是学生的发展，而不是教师的自我展示；学生是教学的本体，一切教育教学的活动应为这个本体服务。尊重学生的主体地位，已成为世界教育发展的基本趋势。语文学习是一个充满“再创造”的过程。语文知识的获得并不是简单地接受，而要通过学生经历“再创造”的学习过程来获得。这种“再创造”很具体地表现在他们思维品质的敏捷性、灵活性、深刻性和独创性等方面。其实，每一个学生都潜藏着这种“思维潜能”，只要给予适时的唤醒与激发，必将开启学生思维灵动的阀门。因此，语文课堂要在“真实、扎实、朴实”的教学中真正实现以生为本。

1. 真实，生本课堂的基础

朱作仁教授曾提出：“真实、朴实、扎实”，今天我们重提三个“实”是很有针对性的。语文课的虚假成分往往很多，再有就是形式主义，尤其是公开课，常常成了“表演”课，课前充分准备，做了大量铺垫工作，有的甚至反复演练，课上热热闹闹，表面上合作、互动，学生积极参与，非常活跃。课后仔细想想，学生的收获微乎其微，许多的训练不够扎实，有些训练甚至都被忽视了。

随着新课程改革的不断推进，课堂教学中的学习方式正在悄然地发生变化。合作型学习方式正成为中小学课堂上的一大“亮点”，语文学科也是如此。越来越多的语文教师自觉地在教学中设计并运用着合作学习这一教学策略。然而，在有些语文课堂教学实践中，“合作学习”却存在着“注重合作形式，忽视学科特征，缺乏教学实效”的“虚假合作”现象。许多教师想当然地认为，分组还不简单，先抛出一个或几个问题当作任务，然后一声令下让同桌或前后桌的同学组成合作学习小组，学生讨论甚为激烈，课堂气氛相当活跃。结果，学生在小组内要么不合作、各抒己见；要么没主见，人云亦云；要么开小差，说闲话。教师袖手旁观，对学生合作学习放任自流，从而导致小组学习流于形式，学习效率低下。

评价虚情假意，在课堂上我们随时可以听到“你真棒!”“你真聪明!”等所谓的激励性评价，其实很多时候，学生是在琢磨教师的心思，并非真正是自己的感悟或思考。对学生的发言如果不认真倾听，有时甚至是有误的，教师也不纠正，有的明明该批评的也变成了表扬，缺乏实事求是的态度。

质疑形同虚设，为问而问，一发而不可收，教学过程依然我行我素。听到一个教师预设中的问题，就如获至宝，然后按固有的思路进行教学。

在语文教学中，我们一定要摒弃虚假表演，要淡化形式，正确把握语文学科的特点，在教学实践中灵活运用各种学习方式，使教学更符合语文学习的规律。在课堂上，教师要用自己的真心真情构建真实的课堂，教学过程中有矛盾、冲突、疑惑、困难都是正常的。教师要走下讲台，蹲下身子，学会倾听，客观评价，把“问”的权力交给学生，把“读”的时间还给学生，把“讲”的机会让给学生，少一些功利，多一些平实，让学生在学习过程中，真正体验到获得语文知识和能力的乐趣。

2. 扎实，促进发展的关键

课标里淡化了“训练”这个字眼，强化了语文学科的人文性。但并没有回避训练的话题，课标里突出了“两个注重”。“注重语言的积累、感悟和运用，注重基本技能的训练，给学生打下扎实的语文基础”。

每一堂真正意义上获得成功的语文课，教师高超的教学艺术都应该是巧妙地把握训练点。如可引导学生从炼字的角度品味文中运用恰到好处的言辞。品味可以是文章中的精彩句段，可以是写法上的独特之处，也可以是句式上的有意变化，更可以是修辞上的别具一格，但决不是蜻蜓点水式的浮华讲读。贯穿其中本质不变的应该是语言对象的形态、句式、语调、含义等方面的品读感知，并将其自然而然地内化到学生的语感培养中。如把抄字词数遍的作业改成“生字—组词—造句”的形式加以练习，这样既使学生掌握了生字词的音形义，又在实践运用中得到了提升。

训练不是简单、重复的机械累积，我们要立足课本，把握训练点，在正确理解、学习使用的同时帮助学生积累语言。例如在理解词语意思，感悟人物情感，体会语言含义时，可以让学生换个词语说说，可以引导学生从多个角度理解和感悟，也可以用不同的表达形式去比较。要使训练扎实有效，教师必须从整体出发，把握好训练的结合点，让练习与识字、阅读与写作等有机结合。例如在教学《恐龙》一课时，不少教师让学生收集关于恐龙的资料，课堂上让学生展示资料，光交流就花费了半节课，而对书本上如何介绍恐龙的特征的内容却轻描淡写，没有好好体会。这样的训练就有失偏颇了。语文教学是需要“举一反三”的，但是我们一定要在“举一”上扎实训练，在熟悉理解文本的基础上超越文本。

在语文教学中我们要努力做到：钻研文本，整合目标，扎实训练。在语言文字的扎实训练中真正促进学生的发展。

3. 朴实，讲究实效的策略

现代化教学媒体正在以其强大的优势，改变着传统的语文课堂教学。

多媒体技术可以向学生提供当时当地无法看到或看清的事物的现象和过程，多媒体技术与语文教学有机相融，优化了教学过程，大大促进了学生语文能力的提高。然而，在教学实践中我们也不难发现：教学过程完全依赖于计算机程序，多媒体教学由“辅助”变成了“主导”，计算机一旦发生故障，甚至连按错鼠标或敲错键盘都会使课堂教学无法正常进行。在有些课堂教学中，多媒体设备的精美画面、美妙音乐，以及被层层化解的毫无难度的难点，几乎完全替代了学生的学习思考。出现了媒体形象代替思维想象，媒体“动画”代替学生“动手”，“人机”关系代替“师生”关系，媒体兴趣代替语文兴趣，媒体演示替代教师示范，学生不必进行艰苦的思考，就能轻而易举地“接受”知识的现象。如果这样利用多媒体教学，不仅不能帮助学生提高语文能力，反而会削弱学生的思考与想象能力。因此，多媒体“辅助”教学，只能是“辅助”，绝不能喧宾夺主。

课堂上，教师要为学生创设一个又一个多维的思维空间，鼓励学生进行个性化阅读，指点学生围绕重点展开讨论交流，尊重学生的独特体验，在阅读实践活动中培养学生独立思考的能力，鼓励学生异想天开。如在教学《拉萨的天空》一课时，让学生闭上眼睛展开想象的翅膀：“飞到拉萨上空，看到了什么?”“除了布达拉宫更加壮丽，还有什么显得更加……”等引领学生敞开心扉与文本对话，充满个性、智慧的语言不时从学生的口中流淌，一幅幅充满神奇色彩的画面不时浮现在眼前，让学生在预约中收获不曾预约的精彩，这是一种创造性的蕴含生命意义的阐释或发现。

如果教师能当堂唱一唱，画一画，读一读，写一写，学生会更加肃然起敬，其实，一些传统的教学手段和方法还是很有实效的。因此，我们在追求有效的课堂教学，选择恰当的教学方法和手段时，不能喜新厌旧、厚此薄彼。小黑板、小卡片的运用，教师的示范，有时更为有效。

语文学科是一门充满活力的学科。走进课堂，应该感受到的是真实、扎实、朴实，没有公开课常见的花花绿绿和热热闹闹，有的是寻常上课的平常、朴素；有的是眼与眼、心与心、言语和言语的平等交流，让课堂散发浓郁的语文味。语文课堂教学应该务实——致力于学生语文素养的全面发展，着眼于语言与思维的训练，纯朴中显实效。始终应该把握住语文课的基本特征，让学生仔仔细细地读书，认认真真地学习，扎扎实实培养学

"教其有疑"呢?

在课堂教学中，教师首先要充分尊重学生，努力营造民主、宽松、平等、合作的教学氛围，让学生想问、敢问、乐问。对学生的提问，要多肯定，多鼓励。同时更要教给学生方法，让学生学会质疑，善于提出问题。在语文教学中，教师可引导学生围绕题目进行质疑，如学习《夜晚的实验》就可以引导学生围绕课题提出"谁在夜晚做实验?为什么在夜晚做实验?这是什么实验?这个实验是怎样做的?这个实验的结果怎样?"等有价值的问题。此外，可以引导学生在难点处质疑，如《爷爷的芦笛》一课中有"海边的孩子不沾点海水就长不结实。"这样一句，其中的"沾点海水""长不结实"什么意思?为什么这么说呢?这就是个难点，值得探究；另外还可以在文章的矛盾处、重点处质疑，对文章的结构、写作方法、用词造句，乃至标点符号的运用都可以引导学生质疑。心理学研究告诉我们，人在问题情境下，能调动认知的积极性。因此，我们要鼓励学生质疑问难，培养学生质疑的习惯和能力，从而激发学生自主阅读的欲望和兴趣，改变学生被动接受学习的状态。

2. 学会选择，激活自主实践

苏霍姆林斯基指出，"学生学习的一个突出特点，就是他们对学习的对象采取研究的态度"。(《给教师的100条建议》)布鲁纳认为，教学过程就是在教师的引导下学生发现的过程，这要求学生主动地进行学习，强调要自我思考和探索事物，而不应消极地接受知识，要像数学家那样去思考数学，像历史学家那样去思考历史，亲自去发现问题的结论和规律，成为一个发现者。课标中强调，要"提倡独立阅读、自主阅读、创造性阅读"，"鼓励用适合自己的方法和策略学习"，教师必须转变角色，变"主演"为"导演"，从学生自主性活动的台前退到幕后，真正成为学生学习的指导者和合作者。需在更多的教学环节上变教师的"指令性"为学生的"选择性"，探究在教师指导下学生自主选择的新的教学机制。尽可能地让学生的学习达到以下状态：目标自己确定，问题自己发现，知识自己习得，方法自己运用，规律自己揭示，习惯自己养成，能力自己提升。学生是学习和实践的主人，教师只是学习和实践的引导者、组织者和服务者。必须重新审视教师在学生的语文学习、语文实践中的角色，转变以教师为中心的传统观念，重塑学生的角色，确立学生的主体地位，凸显学生的自主实践，大力创造自主学习和实践的机会，放手让学生充分自主地参与语文实践，当好语文实践的“主角”。

语文自主阅读强调以学生为主体，以主动为基础，要把课文以及自然、社会和自我都作为探究的对象。运用多种方法，比如社会调查、现场观察、走访专家、体验学习、课堂讨论、查阅资料等，可以让学生在更高的层面上进行学习。教师的教育行为只是指导和引领，在教学《夜晚的实验》一课时，我让学生从自己的质疑里选择大家最感兴趣的问题深入探究。在学生探究学习时，允许他们自己选择合作伙伴，允许他们根据自己的兴趣特长，选择不同的表现方式来反映探究的结果。有的学生用画图的方式表示实验的经过和结果；有的则用列表的方式来反映；还有的则图文并用。学生可以根据自己的兴趣特长，选择不同的表现方式来反映探究的结果。也许在以往的教学中，教师会将实验经过列出一张表，让学生对照课文来填一填，就算是给了学生自主学习的机会了。那么在新课程理念的指导下，我们的课堂将更为开放，应该给学生更多选择的机会。我们应该允许学生按自己的兴趣选择探究的内容、探究的方法、探究的途径、探究的伙伴、探究的呈现方式等。开放课堂就是要给学生提供更多的自主实践的时间和空间，让他们在探究学习的过程中，学会选择，自主探究实践。让学生真正成为课题的提出者、设计者和实施者，真正体验学习主体的成功之乐。

《埃及的金字塔》一课，重点介绍了最大的胡夫金字塔，文章通过列数字、作比较，形象描述了它的宏伟和精巧。那么，如何帮助学生真切地感悟呢？在具体教学中，往往会为学生选择好具体的参照物让学生来比较想象，这样的教学应该说是统得太死。每个学生都有着不同的生活体验，我们应该引导学生选择自己身边的事物来自行比较和想象。在感受塔高时，学生可以跟教学大楼比，可以跟广播电视塔比，也可以跟高山比。如果由学生们自主选择，跟自己熟悉的事物来比较想象，不仅更容易产生真切的感受，而且感受会更深。在学习金字塔是如何建造时，可以让学生自主阅读，选择自己喜欢的方法来介绍，有的学生画出了建造的结构示意图，有的拿出橡皮泥捏一捏建造的过程，有的通过语言文字来具体介绍。同学们在画、捏、写的过程中，真真切切地感受到了金字塔的建造是一项巨大的工程，从而更深切地体会到了古埃及人民的勤劳和伟大。

3. 学会联系，激情体验收获

开展语文自主学习必须充分利用现实生活中的语文资源，优化语文学习环境，努力构建课内外联系、校内外沟通、学科间融合的语文教育体系。

在教学《埃及的金字塔》一课时，课前让学生充分预习，搜集有关金字塔，以及像金字塔一样举世闻名的人类奇迹的资料。课上组织学生交流，课后让学生们自己选择其中一个主题，编写一份手抄报。结果同学们所编的内容丰富多彩，有万里长城、秦兵马俑、雪域奇观布达拉宫等等。同学们在编报的过程中，不仅培养了搜集、整理资料的能力，也增强了对劳动人民的崇敬之情。

学习了《海洋——21世纪的希望》以后，让学生自行组成小组，去调查学校周围的水污染情况。同学们走出家门，观察附近的河流，走进环保局，采访有关专家，实实在在地感觉到了，我们的水污染情况也十分严重。最后写出了内容较为详细的调查报告，还提出了不少合理的建议。

《音乐之都维也纳》中介绍道“维也纳是一座用音乐装饰起来的城市”，教师让同学们精读课文，展开想象，“如果让你来设计，你会怎样用音乐来装饰这个城市呢?”有的学生说“把喷泉设计成萨克斯管形状。”有的说“把草坪设计成一个高音谱号。”有的说“把广场用音符装饰，踩上去会发出动听的音乐。”多么丰富的想象力！同学们在想象的过程中，丰富了教材，也美化了生活。课后画一画“我心中的音乐城”，并组织画展。这样的活动不仅能促进学生知识的重组，而且能促进其知识结构的活化。

开展丰富多彩的语文实践活动，能拓宽语文学习的内容、形式和渠道，使学生在广阔的空间里学语文、用语文，丰富知识，提高能力，体验学习的快乐。自主阅读和探究学习的过程正是教师和学生共同开发、整合、利用课程资源的过程，这样可以突破教师单科课程的限制，强化课程意识，提高课程的开发与实践能力，也必然会带来学生学习方式的变革。

4. 学会评价，激励自我成长

学习效果既是学习的目标，也是学习的归宿。学会自我评价就是要求我们改变单纯的教师一家评价方式，引导学生对自己的学习态度、学习方法、学习质量进行相互评价和自我评价，让他们真正成为学习的主人。

苏教版小语教材目标明确、要求适度、可操作性强，这是实现学生自我评价的前提。在教学过程中，依托教材，努力构建自我评价机制，让学生自我评价或相互间作出评价，探索对错的原因，把评价权最大限度地交给学生。

预习检查阶段。对照预习要求，组织小组互评，无论是听说还是读写，检查形式、检查内容都由小组研究决定。此时的评价可以让学生了解自己已有的知识水平，以后的学习会更有针对性。

阅读理解阶段。对照近期目标，组织集体评价。阅读理解过程是近期目标不断达成的循序渐进的过程。及时组织学生对个别目标的达成情况作出正确恰当的评价，学生自己不能解决的问题再由教师引导集体讨论解决，让每个学生都能及时明白是非原因，及时校正，保护学生的“求是”心理。

巩固检测阶段。对照学习目标，引导自我评价。对已学习的知识，引导学生自己回忆、自己检测，对照课本和学习目标自我评价，发现不足时自己弥补，自己评价自己的学习效果，掂量自己的学习能力，保护学生的自尊心。

总之，我们要充分信任学生，放手让学生自己学习、自我评价，在评价过程中学会学习，从而不断地进行自我完善。只有用素质教育的思想指导我们的教学实践，正确处理教与学的关系，以学定教，学生的主体地位才能真正得以凸显。

四、体验，让语文教学情满课堂

著名教育家赞科夫说过：“教学一旦触及学生的情感和意志领域，触及学生的精神需要，便能发挥其高度有效的作用。”心理学研究也表明，儿童的情感很易于被激发，且儿童的认识活动一旦有情感参与，他们认识世界时会更生动、更丰富、更深刻。

语文课标也强调，在阅读中要“注重情感体验”“发展个性丰富自己的精神世界”等要求。而语文教材中的文章大多是名家名篇，不仅语言优美，而且饱含了丰富的思想情感，即使是一些说明文，也写得趣味盎然，引人入胜，隐含着作者的审美情趣。那么，如何能使学生身临其境，受到感染，拨动情感之弦，使抽象的语言文字学习变得情趣盎然，有滋有味呢？可以从以下几点入手。

1. 引发体验，激情感染

人的情感是具有感染性的。在一定条件下，人的情感可以相互感染、相互影响，从而产生相似的情绪体验。因此，教师要用爱憎分明的感情，真挚的语言和恰如其分的表情动作，去叩击学生的心扉，激发他们的情感。在教学《军神》一课时，当学生了解到，面对令人难以忍受的伤痛，刘伯承竟然决定不用麻醉剂，还如此镇定、沉着，令沃克医生不禁失声喊道："了不起！你是一个真正的男子汉，一块会说话的钢板！你是一位军神！"时，同学们的敬佩之情油然而生。此时，我继续深情地补充：刘伯承被称为军神，绝不仅仅是因为这一次手术。他文武双全，戎马一生。他领导晋冀鲁豫野战军，用小米加步枪，战胜了全美械装备的国民党军队；千里跃进大别山，令蒋介石惊慌失措、心惊胆寒；他为祖国的解放和建设事业，献出了毕生的心血，立下了不朽的功勋。他堪称中国的——"军神"。此时学生不由自主、满怀深情地读起了课题。刘伯承这个钢铁硬汉，真正的军神形象，深深地烙在了孩子们的心中。

情感是审美感知的动力，只有当审美主体对审美对象怀着一种强烈的期待情感时，才会使主体的注意力集中于某一感知对象，从而产生审美的感知。将音乐恰当地引入课堂也是拨动学生情感之弦的好方法。因为，音乐能集中学生的注意力，能调动学生的情感，使人产生共鸣，能激发学生的想象，启迪学生的思维。在教学《黄果树瀑布》一课时，课前我先播放宋祖英演唱的《黄果树大瀑布》的 MTV，学生一下子就被高亢激昂的旋律所吸引，听着嘹亮的歌声，看着气势磅礴的瀑布，学生们的情绪一下子被调动了起来。这样不仅营造了热烈的课堂氛围，而且在这样的情绪影响下，学生的求知欲望也被激发了出来。在音乐的渲染下，不自觉地进入语言文字描述的情境之中。

教学《长江之歌》《让我们荡起双桨》等歌词类课文时，更可以把音乐带进课堂，优美的旋律，或雄壮，或婉转，伴着歌声在课堂上回荡，学生的审美情感也随之萌发。像《九寨沟》这类童话般的写景文，适宜运用优美的语句引其入境。比如上课时，我指着地图说道："同学们，在四川北部的万山丛中，有几条神奇的山沟，那里雪峰插云，古木参天，平湖飞瀑，还有异兽珍禽，来到九寨沟就像到了人间仙境。今天老师就带大家一起去游一游，看一看。”学生们的情绪异常高涨，整堂课一直边看边学，美的景，美的情，充溢着整个课堂。

2. 参与体验，动情感悟

小学语文课文中的画面内容非常丰富，涉及日月星辰，山川河流，花鸟鱼虫，林海雪原，古今建筑，风土人情，人文故事，童话故事等方面，它们无一不是经过精心挑选的珍品。这丰富多彩的自然世界，赏心悦目的艺术世界，美妙神奇的童话世界和绚丽多彩的现实生活都可以引导学生畅游其中而引起学生心灵的震撼和情感的共鸣，因此，我们要善于利用这些画面去激发学生的情感。教学《九寨沟》《庐山的云雾》等课文时，可以运用配乐朗读相结合的方法，以画面展示、语言渲染、音乐烘托来展现课文内容，从而创设出一种“融情融景、情景交融”的情境。

体验指的是学生通过自身的经历和实践，获得知识和能力的过程。在语文课堂尤其是作文教学中引进体验教学思想，有利于学生敞开心扉，倾吐真言。如在一次作文课之前，我先让学生体验盲人的一日生活，通过模拟盲人，学生真切地感受到盲人生活与学习的不便与困难，从而发出内心真情的呼唤，懂得了我们要关心弱者，人人献出一片爱，生活才会更美好。学生写出来的文章构思新颖，情节迭宕起伏，引人入胜。

在阅读教学中，要想让学生真正获得丰富的情感，具有独特的感受和体验，就要落实学生在阅读过程中的主体地位，正确处理学生、教师和文本之间的关系。要保证课标落到实处，就要建立发挥学生主体性的、多样化的学习方式，促进学生在教师指导下主动地、富有个性地学习，突破原有学科教学的封闭状态，将学生置于一种开放、主动、多元的学习环境和学习态势中。

教学口语交际《学采访》一课时，上课伊始跟学生聊天，说到采访，问学生的脑海中会浮现出什么？在你的印象中，采访是怎么回事？你最敬佩的是谁？哪一次采访给你留下的印象最深刻？在与同学们的聊天过程中，大家轻松自如，从话筒、电视、主持人、记者等话题，说到董卿、白岩松、王小丫等著名节目主持人，从他们得体的仪表，大方的谈吐，到敏捷的思维，同学们都滔滔不绝。可见“采访”离学生并不遥远，他们对此有着丰富的感性认识。

这种轻松、愉悦的氛围，激发了同学们学采访的热情，不自觉地话题就会转向怎样去采访？学生在现实生活中有自己的偶像，自然会以他们为参照，从而归纳出采访需要注意的几点：如采访前，要确定好采访的对象，列好采访提纲；采访时，要注意文明礼貌，提问要有针对性等。在学生的兴趣被充分调动的情况下，再练习实地采访也就顺理成章了。接着，全班同学选择自己的采访对象，如班级的小小书画家、小小数学家、小提琴演奏家等，然后分小组“学采访”。此时，整个教室沸腾了，学生煞有介事地把纸做成卷当作话筒，进行实地采访，真正过了把记者瘾。最后，教师让学生把采访内容整理一下，并谈一谈采访的感受，写一篇报道。一切是那么轻松、自然，同学们尽情地说，尽情地做，尽情地享受，对这节课留下了深刻的印象。

3. 深化体验，真情焕发

语文教学的价值在于它能够引导学生沉浸于生命的海洋去吸取营养，从而获得生命的体验。通过综合性学习活动，从课内向课外延伸，让校内与校外结合，让学生在丰富的实践活动中深化情感体验。

如学了《三亚落日》《烟台的海》《桂花雨》等课文后，可以组织一次郊游，以“家乡的……”为题开展作文竞赛，在了解自己家乡的过程中增强对家乡的热爱之情；学了《莫高窟》《恐龙》《埃及的金字塔》等文章后，就要组织主题手抄报展，让学生在收集、整理资料的过程中，深入理解人类历史的发展变化以及劳动人民的勤劳和智慧；学了《海洋二十一世纪的希望》《云雀的心愿》等课文，组织学生开展社会调查，走进社区、工厂……了解家乡的环境情况，尤其是水污染情况等等，学写调查报告，提出合理建议，从小让学生走向社会、了解社会、关心社会，增强道德责任感，另外，还可以开展读书报告会、演讲赛、辩论会等一系列活动。通过这些活动，锻炼学生的实践能力，触动学生的道德情感，丰富学生的生活体验。

只要我们找准语文学习与情感体验的结合点、切入点和着力点，在开展“语文的探究”的活动中，在听、说、读、写的锻炼中，不仅能培养能力、开发智力、发展学生特长，同时，对于学生形成正确的立场乃至人生观，确实具有不可替代的重要作用。当学生动情地阅读朗诵文质兼美的诗文时，当学生满怀激情地游历山水名胜时，当学生充满敬意地采访先进人物时，当学生兴致勃勃地参观工厂农村时，不仅会增长见识，其思想情操也必然会受到熏陶和净化。因此，语文教学中的思想教育，应该注重熏陶感染、潜移默化，注重内外部因素相结合，把情感态度和价值观的要求渗透于教学过程之中，以提高学生的品德修养和审美情趣，使他们逐步养成良好的个性和健全的人格，促进学生德、智、体、美和谐发展。

在语文教学中，教师要给学生足够的时间和空间，让他们尽情地遐想与表达。写一写后，同学们的感受会更深刻，理解得会更透彻。如学习《别饿坏了那匹马》，学到“我扭头冲了出来……”和《彭德怀和他的大黑骡子》中“枪声响了。彭德怀向着斜倒下去的大黑骡子，缓缓地摘下军帽……”等语句时。教学中，让学生纵观全文，设身处地想一想，此时此刻，他们的内心是怎样的？并根据自己的生活体验写下来。再如，学习《真情的回报》一课，当学到“一个鼓鼓的邮袋里装满了五颜六色的信封。”“信封里是圣诞卡，还有一个星期的报费。”学生们已情有所动。文中“我”的真情赢得了客户们对“我”的信任和关爱，他们的真情故事也深深地打动了每一位同学。此时，让同学们设想写一张贺卡，那每一字、每一句都凝聚着他们的真情真意，孩子们真正地被打动了。

生活体验和内在情感既是表达的内容，也是表达的动力。语文教学必须把学生放牧于生活的原野，引导他们在生活中发现美、创造美、体验美，让他们在真实的生命体验中向往生命的辉煌，尽情地享受语文。

五、在口语交际中享受生活的乐趣

语文课标中将“听”“说”整合，提出“口语交际”，这不仅仅是一个名称的变化，更是一种理念的更新。口语交际是人们借助口语这个工具相互交往、建立联系、交换信息、沟通情感的一种社会活动。它是一个双向信息交流的矛盾运动过程，正如课标中所言：“口语交际是听与说双向互动的过程。口语交际作为一种有目的的语言活动，是在动态的语境中运用口头语言接收对方信息，同时把自己的思想情感传递给对方的过程，它具有及时性、流动性、现场性、综合性等特点，可以说口语交际就是生活的一部分。因此，在进行口语交际教学时，特别要注意其与生活的联系，让学生在口语交际中享受生活的乐趣。

1. 角色模拟，学做生活主人

口语交际是以交际为核心的，交际双方通过口头语言进行沟通的动态过程，它并不是听与说的简单相加，而是基于一定的话题，展开交流，或陈述事实，或抒发情感，或议论评析，从而达到特定的交际目的。因此，口语交际教学要努力把口语交际的训练置于真实情境中，为学生安排确定的交际任务，用任务带动学生的口语交际活动，从而激发学生的表达欲望，在交际中体验语言的魅力，获得身心的愉悦和审美感受，从小学习做生活的主人。

在教学《这是我的朋友》时，课前让学生自主讨论应该怎样向父母介绍，比如要介绍同学的姓名、爱好、特长、学习情况、家庭住址等基本内容，同时还要设想父母的表现和反应，做好充分准备。课上，组织学生设计布置一个客厅，然后四人一组自由组合，分别选择一个角色，进行模拟表演，学做生活的主人。《接电话》一课，除了模仿练习中所涉及的教学内容外，还可以让学生联系生活实际，创设情景，互相打电话。如忘带了东西，请爸爸妈妈送过来，星期天约几个同学一起去公园玩等等，设想在这些情况下该怎么说。再如《学采访》一课，课上直接让学生在班上选择采访的对象（如故事大王、十佳小歌星、小书法家、小画家、古诗能手等），自拟采访提纲，然后进行实地采访。由于大家都是熟悉的同学，采访过程也较真实、自然，同学们敢于放开胆子问，整个课堂氛围轻松、活跃。

苏教版小学语文教材中许多口语交际训练的话题都来源于生活，与学生生活紧密联系。如《学会商量》《新闻发布会》等等，在组织这类话题的交际训练时，教师要有意识地创设情境，以话题为纽带，在真实情境中让交际双方紧密联系到一起，不仅要培养学生的倾听、表达、应对的交际能力，培养其具有人际交往的文明素养，还要让学生在扮演角色的过程中，学习做生活的主人，享受生活的乐趣。

2. 用心感悟，体验人间真情

以学生为本是教育的出发点，也是口语交际教学的立足点。在口语交际教学中必须遵循以人为本的主导思想，让学生在活动中真正成为交际的主体。教师要多给学生一些人文关怀，满足他们的实际需要，在教会学生如何沟通心灵，形成必要的人际交往能力的同时，更关键的是让他们学会充分表现和展示自己，并从中获得自信和乐趣。

关于《学会安慰》《学会赞美》《学会商量》等口语交际训练，课本上提供了一些训练的参考内容，如明明的钢笔丢了（这是他叔叔从香港带回来的）很伤心，小红考试成绩不理想很难过等等，这些内容要让学生设身处地想一下，如果换了自己会怎么想，在这个基础上再想想该怎么样去劝说，去安慰。另外，这类训练一定要结合学生的生活实际，有一次班上有个同学的脚扭伤了，我就趁机让同学们去安慰他一下。结果同学们不仅说了许多安慰的话，而且在课后真的比平时更关心他了，有的帮他端饭，有的帮他提书包，每次上厕所时总有同学扶着他，让大家真正感受到了同学之间的深厚情谊。同样，《学会赞美》《学会商量》也要联系学生的生活实际，当同学考出了好成绩，发表了作文，演出获得了成功……的时候，就要及时给予学生真诚的赞美。这时，不管是赞美人的人，还是被赞美的人，心中都能感受到一份同学之间的真情。

3. 激情互动，实现自身价值

“没有互动就不存在或未发生教学”，双向互动是口语交际的基本条件，语言实践是培养口语交际能力的基本条件。对儿童而言，交往、互动意味着心态的开放、主体性的凸现、个性的彰显和创造性的解放。

在训练《推荐和自我推荐》这一课时，可以和班队活动相结合，开学初班级组织竞选，利用这个机会让学生练习推荐和自我推荐。不管是推荐，还是自我推荐，关键是要说明推荐的理由，同时还要接受同学的提问，在问与答的互动过程中，同学们都得到了一次重新认识的机会。

教学《请你当导游》的口语训练时，要紧密结合家乡的实际情况。课前充分收集有关自己家乡的信息，如自然风光、民风民俗、民间传说、著名企业、家乡特产等等。最好到实地考察一番，亲身去体验、感受。课上可以模拟导游身份向游客介绍自己的家乡。此时，要求导游不仅要在外表上进行装扮，更要在具体形象上做到神像，其他同学要站在游客的角度，从自己的需要出发主动发问，热情投入到模拟活动中，在游客与导游的激情互动中，让同学们实现自身的价值。

作为一种综合能力，口语交际能力的培养训练应该与社会生活融合在一起。口语交际教学不能只局限于语文课堂，还应渗透于各学科学习与社会生活的各个方面，在动态的、生活化、实用化的氛围中进行口语交际，这些语境和话题使学生的言语活动有了共同的依傍，可以避免为解决“说什么”而冥思苦想，使学生形成积极、富有成效的与人交往的能力和处理事情的能力。

六、构建自主课堂　提升语文素养

语文课标中指出，“语文学科是一门学习语言文字运用的综合性、实践性课程。义务教育阶段的语文课程，应是学生初步学会运用祖国语言文字进行交流沟通，吸收古今中外优秀文化，提高思想文化修养，促进自身精神成长。工具性和人文性的统一，是语文课程的基本特点。”

语文教学就是要用我们民族与全人类最美好的精神食粮来滋养我们的孩子，让他们的身心得到健全的发展，为他们的终生学习与精神成长打基础。作为一门人文学科，语文教学是一个促进人全面发展的过程，成就完善和完美人生的过程。学生学语文，即是构建自身的精神世界，学生的精神也能在这个学习过程中不断成长；教师教语文，即是实现自身生命的价值，在服务学生的同时成就自己。可以说，语文是生命的语文，是见证教师和学生生命成长历程的语文。随着新课程改革的不断深入，我们的课堂正悄然发生着变化。民主、开放、互动、对话已成为现代课堂的基本特征。丰富语言积累、促进思维发展、掌握学习方法、培养良好习惯已成为大家的共识。

课堂教学是一个动态变化的过程，教师要善于运用富有情趣的语言，循着学生的思路，启迪儿童的悟性，激发孩子的灵感，进行智慧的操练，想方设法“把孩子的心灵点亮”，让学生开启心扉，在共同探究中吸收、积淀和提升。

语文课程应该引导学生丰富语言积累，培养语感、强化思维，初步掌握学习语文的基本方法，养成良好的学习习惯。还应通过优秀文化的熏陶感染，促进学生和谐发展，使他们提高思想道德修养和审美情趣，逐步形成良好的个性和健全的人格。

1. 落实训练，注重积累

语文，姓语，字、词、句、段、篇构成了其内涵丰富的文本，工具性则是它的本质属性。语言，是人类自身所具有的工具，是适应全民交际的工具，是与生活密切相关的工具，是表达交流思想感情、传递继承科学文化的工具。学习语文不仅仅要知道和感悟到都写了什么，怎么样，更要学会使用语言，学会理解和自我表达语言，学会用语言进行交际，牢牢掌握语言这个工具，为高效率的生产和高品质的生活服务。

吕淑湘先生说过："语文的重点是语文的习惯培养，这种习惯的形成主要是靠实践，靠练习。"训练不是简单、重复的机械累积，教师高超的教学艺术应该立足于课本，巧妙地把握训练点。帮助学生化静态的积累为积极的实践，让基础与能力并重，一举多得。

李霞老师受窦桂梅校长教育思想的影响，执教了《渔歌子》一课，以"立人"为核心，从教材自身出发，以促进儿童的语言和精神共同成长为目标，致力于文本细读方面的研究。这堂课给我们提供了一个很好的范例，雨中青山、江上渔舟、天空白鹭、两岸红桃、色泽鲜明但又显得柔和，气氛宁静但又充满活力。唐代词人张志和以明丽的着色，活泼的用语，描绘了一蓑风雨，从容自适的渔父，江南二月桃花汛期间春江水涨、烟雨迷蒙的图景。在秀丽的水乡风光和理想化的渔人生活中，寄托了作者爱自由、爱自然的情怀。然而，短短 27 个文字背后所蕴藏的情感并不是通过词语能够体会到的，对于如何引领学生走进文本，与诗词碰撞，与词人共鸣？李霞老师的教学做到了以文养文，以文补文，真正走到了文字的背后，走进了词人的心里。

整堂课以"走进文字、走进文学、走进文化"三个层次贯穿阅读的全过程，努力营造一个诗意的课堂。通过品味词的语言，还原和丰富词的画面，体会词人的感情，领会"以景寓情，情景交融"的写作特色。将理解诗词与扩大阅读量相结合，采用一篇带多篇的做法，提高课堂实效。

例如在理解词语意思，感悟人物情感，体会语言含义时，可以让学生换个词语，或看图、用自己的话说说等，方法灵活多样。引导学生从多个角度进行理解和感悟，也可以采用不同的表达形式去比较。要使训练扎实有效，教师必须从整体出发，把握好训练的点，让识字、阅读、写作等进行有机结合。

语文教学是需要举一反三的，但是我们一定要在“举一”方面扎实训练，在熟悉理解文本的基础上超越文本。像教学《渔歌子》时一样，教学中，可以拓展相关诗词，进行对比教学，激发学生自主阅读古诗词的兴趣和能力，养成课外主动积累的习惯。

2. 感悟理解，凸显自主

古诗词教学的一个重要目标就是理解其意境。如教学《渔歌子》时就要理解《渔歌子》所表现的内容和意境，体会作者的思想感情。以往的教学重在“就词解词”式的“由外而内”的理解，而“读出词中画”“读出词中人”的教学是“阅读实践”式的“由内而外”的感悟。阅读的最高境界是读出疑问，“为什么写桃花流水？为什么写白鹭而不写其他鸟？”学生因疑而问，因而学得主动，课堂上教师是一个组织者，也是引导者。教师指导学生深入地阅读，鼓励他们运用自己的想象力对文本作出反应，学生“读出画面”“听出声音”的过程，就是在理解基础上的倾吐，学生可以在语言文字中品味诗词的“温度”。

再如朱慧娟老师执教的《军神》，通过写沃克医生为刘伯承做手术这件事，写出了刘伯承的顽强意志和坚强不屈的人物形象。故事是按照事情发生发展的顺序，手术前、手术中、手术后来写的。教师从感受沃克医生前后态度的变化入手，以手术的过程为线索，把刘伯承的正面描写和对沃克医生的侧面描写相互交叉，引导学生感悟刘伯承的“神”之所在。

当学到“要动手术了，可年轻人却坚决不愿意使用麻醉药”时，教师问“读了这句话你们有什么疑问？”（新课标中指出，要让学生能够对文中不理解的地方提出问题，养成主动阅读的习惯。）

当学到手术中“年轻人一声不吭，双手紧紧抓住身下的白色床单，汗如雨下。手术结束，崭新的床单竟被抓破了。”时，教师深沉地叙述“文中没有一个‘疼’字，但是却让我们感受到此时刘伯承痛彻心扉的感觉。你是从哪些词语中体会到的？”

（交流：一声不吭、汗如雨下、紧紧抓住、抓破。）

师：一刀又一刀，剧痛无比，他咬紧牙关，一声不吭。

（学生读词、读句。）

师：他疼得冷汗直冒，汗水就像雨点一样。

出示句子对比：

手术结束，崭新的床单竟被抓破了。

手术结束，床单被抓破了。

手术中刘伯承的表现是文章的高潮部分。教学时教师引导学生从四个方面进行感受：1. 通过自悟，抓住刘伯承的动作，读好词，再读好句，读出自己的感受。2. 通过“竟”字的一字之差，感受表达效果的不同，告诉学生读书要学会品读关键字。再次深入走进人物内心，读出自己的感受。3. 通过视频的视觉冲击，让敬佩之情积蓄到顶点，读好句子也会水到渠成。4. 关注沃克医生不同寻常的表现，侧面衬托出刘伯承的坚韧不拔。抓住关键词理解，关注提示语读好对话，联系上下文理解等都是很好的对学习方法的指导。

新课标提出，语文课需要突出“语用”意识。通过句式的比较，可以让学生体会到关键词语表达的不同效果。学生通过读一读、品一品、想一想，感受语言文字的魅力，为学生播下“自主品味”的种子。

3. 丰富内涵，提升素养

高年级段的诗词教学应引导学生领悟诗词创作和表现上的精妙之处，但就词而词或者由教师直接告知诗词的特色是没有什么说服力的。李霞老师在教学《渔歌子》的过程中，适时补充了张志和的另外四首《渔父》和苏轼的《浣溪沙》。学生在诵读比较中可以体会出《渔歌子》的简洁、凝练及其“以景寓情”的写作特色，在文学赏析中可以体悟诗词的“广度”。可以进行以下对比阅读：柳宗元《江雪》，补充唐代诗词中的各式各样的“渔父”：罗隐的《赠渔翁》写了一个逍遥自在的渔翁。王维是著名的山水诗人，他本身就是个逍遥自在、寄情山水的“渔翁”。杜牧的《渔父》，钓的是清心寡欲，心境像水一样恬静。这些渔父优美恬静和谐、清冷孤寂高寒、逍遥自由快活、孤苦坚毅卓绝……“渔父”形象是中国传统文化中一个特殊的文化现象。“渔父”作为文化符号，包涵多重文化意义，而其要义是对心灵的关怀与探索。“渔父”文化对人格独立、精神自由的追求，对提升人生境界有重要的启迪意义。可以通过对比阅读，在“渔父”文化中体悟诗词的“深度”。

朱慧娟老师在指导《军神》一课的阅读对话时，首先是让学生明白，读好对话，要先看清提示语，然后边读边想，感受人物心情。教学中发现学生没有读出相应的语气时，再通过评价，强化读好对话的方法。另外，初步把握文章的主要内容是三年级的主要教学任务之一，朱老师通过让学生抓住主要人物，说清主要事件，从而掌握了概括的方法。这些方法的指导和训练的落实，都有助于学生语文能力和语文素养的提升。

我们追问语文的本义，追问语文的价值，追问语文的灵魂……我们要了解语文的外延，明晰语文的内涵，并以此为出发点增强语文的生命活力。

语文所表达的是对人间生活的肯定，同时语文又是对诗意生活的一种发现和创造，语文的存在就是要从平淡的生活中发现美、创造美、体验美，让学生在真实的生命体验中向往生命的辉煌。让教学过程成为师生思与思的碰撞、心与心的沟通、情与情的相融，成为充满生命活力的教育旅程。语文课堂上学生自主思考，细细地品味语言，咀嚼文字，寻找语文的诗意，感受语文的魅力；师生、生生合作探究着，一起走向语言，一起走近文字，一起追寻语文的本源，一起享受学习的乐趣……

在语文教学中，我们不仅要关注学生知识的内化与生成，更要关注学生生命的成长与价值的提升。要用语文丰富生命内涵，让学生接触各种情感体验，启迪心智，形成健全人格，拥有丰富情感的内心世界。要让学生在阅读中体验，把学习当成自己生命中的一段历程；在活动中体验，通过参与活动体验生命的意义；在生活中体验，通过拓展现实生活空间，体验生活的乐趣。让学生在多彩的生命体验中提升生命内涵，因为精神建构是教育的绝对使命。让我们借助语文这一载体，通过阅读、思考、实践和体验，让语文真正进入每个学生的生活中，唤醒他们的生命意识，丰富他们的生命内涵，提升他们的生命质量。让我们的课堂丰厚起来，让学生的语文素养在课堂中得以落实和提升。

第二节 自主课堂中师生的协同

以罗杰斯为代表的人本主义心理学认为，“必须重视学习者的意愿、情感、需要和价值观；必须在师生间建立良好的交往关系，形成情感融洽、气氛适宜的学习情境。”的确，和谐的师生关系，能凸显学生的自主精神，使他们的人格获得自主发展。和谐的课堂教学是师生、生生之间双向多边的交往活动，能让教师与学生共同以主体的身份参与课堂教学。这种参与是知识与智慧的共享、思想与价值观的沟通以及情感的相互交融。

自主的课堂，有着开放而广阔的空间。我们正试着做到以下几点：给学生一些权利，让他们自己去选择；给学生一次机会，让他们自己去锻炼；给学生一个问题，让他们自己去探究；给学生一片天空，让他们自由去飞翔……教学中，师生努力做到和谐相处、携手并进、共同进步。课堂上，教师的一个微笑、一次点头、一声亲切的点评，都能带给学生无穷的动力；学生的一个发现、一次体验、一声欢呼，都能带给教师无尽的喜悦。在不断的研究和探索中，我们能深刻体会到：

自主的课堂不只是教师表演的场所，更应该成为学生学习的场所——应该是师生协同创造学习情境的场所；

自主的课堂不只是教师训练学生的场所，更应该成为学生质疑的场所——应该是师生协同建构学习情境的场所；

自主的课堂不只是教师传授知识的场所，更应该成为学生探究知识的场所——应该是师生思维协同共振的场所；

自主的课堂不只是教师执行教案的场所，更应该成为学生智慧充分展现的场所——应该是师生协同、教学相长的场所……

一、和谐课堂 让教育走向生本

“和谐”是一种美，是一种教育理想，更是我们的追求。和谐课堂就是要坚持以人为本，使教育的各项因素相互依存，相互促进，形成完美的教育生态，从而促进学生的自我激励、自我成长和自我完善。随着新课程改革的不断推进，课堂教学改革的不断深化，我们要积极构建和谐课堂，努力让教育走向生本。

1. 倡导民主、平等，凸显师与生的和谐

和谐的师生关系是构建和谐课堂的前提和基础。古语云，“亲其师，信其道。”轻松、民主的课堂氛围往往比学习本身更能熏陶人、感染人。在课堂上，我们的教师不仅要善于营造和谐的课堂气氛，让微笑成为课堂上最自然的表情，更要让课堂充满人文关怀，尊重学生人格，理解其需求，赏识其个性，激励其潜能，真正确立“为学生的幸福人生奠基”的理念。在课堂上，教师与学生是一种民主平等、相互协调、和谐发展的互动关系。他们常常走下讲台，走进学生，一起讨论，一起游戏。教师应充分信任学生，在教师潜移默化的组织和引导下，带领学生逐步建构和完善自己的知识体系。同时，教师在教学中要能善待学生的错误，课上要时常能听到“相信你，一定行!”在尊重、沟通、宽容、欣赏的氛围中，我们的课堂才会更有“人情味儿”。

2. 落实互动、对话，体现教与学的和谐

我们要努力从传授知识的角色向教育促进者的角色转化，让每一个教师都能真正成为学生学习活动的组织者、引导者和合作者，在课堂教学中实现教师的“教”和学生的“学”的和谐统一。

变“教案”为“学案”。预设是教学的基本要求，然而我们改变了以往教师单一设计教案的思路，在备课时以考虑学生活动为主。教学设计中不仅有对教师教的思考，更突出了对学生学的安排与落实，把学习的主动权交给学生，把学习的时间还给学生。在课堂教学中，教师能随着教学活动的展开，让新的学习需求、认识和体验不断加深。在动态生成的“大课堂”中，师生都能体验到生命活力的涌动。

变“句号”为“问号”。问题意识是思维的动力，也是创新的基石。一直以来，学生的问题意识都比较薄弱，每天习惯以问号进课堂，以句号出课堂，结果问号变成句号，问题意识没了，好奇心没了，创造力也就被扼杀了。为了重视培养学生的问题意识，教师要充分利用教材，给学生质疑的机会，让学生每天都带着小问号进课堂，带着大问号走进生活中的大课堂。

变“发问”为“对话”。“发问”意味着“主导”，“对话”则意味着“合作”；“发问”意味着“单向”，“对话”则意味着“互动”。在教学过程中，我们要尊重儿童的人格，放下架子，改变“发问”的习惯，搭建“对话”的平台，成为学生的学习伙伴。有了“对话”，就有了师生间的相互“倾听”；有了“对话”，就有了师生间的“交流”；有了“对话”，就有了师生间的相互“尊重”。所以，我们在课堂上应努力营造和谐的师生“对话”环境，把激励的语言、赞赏的眼神以及有形的奖励奉献给学生，激发学生内在的生命热情和潜能，激活学生的思维，点亮学生的心智之灯。

3. 实施开放、整合，实现人本与文本的和谐

建构主义学习理论认为，学习过程不仅是学习者被动地接受的过程，更是积极地建构知识的过程。新课程改革由“专制”走向“民主”，由封闭走向开放；课程不再是特定的知识载体，而是教师和学生共同探求新知的过程，教师和学生共同构成了课程的有机组成部分。文本（教材）更需要与人本（教师、学生）进行有机的整合，这也是构建和谐课堂的关键部分。

变“封闭”为“开放”。首先是教学内容的开放，书本不应是学生获取知识的唯一渠道，教师一方面在创造性地使用教材，另一方面又在教材之外找“教材”，让课堂充满了文化的魅力。其次是学习形式的开放。无数次的实例证明，学习形式的开放能引起学生思维的开放，引导学生大胆想象，创新求异，鼓励学生大胆发表与众不同的见解，使问题解决策略多样化，使学习成为一个富有个性化的知识、智力、情感、人格意义的建构过程，让课堂富有生命的活力。

变“单一”为“整合”。执行课标的过程就是开发、创造课程的过程。好的“文本”是需要“人本”来充实丰富的。在教学中，我们要积极选择，有效重组与完善整合，创造性地使用教材，结合生活实际，让学生在轻松愉悦的氛围中学知识、用知识。学生不应局限于对书本上的知识的探索、研究，而应把知识延伸到现实生活中。在和谐的课堂中，学生能通过自己的体验，用自己的思维方式，创造知识。

总之，以生为本，情感交融，有效、愉悦，师生共同成长的课堂，是精彩更是和谐的课堂。

二、互动对话　让学生主动发展

课堂教学中的师生互动，是指在课堂教学这一时空内，师生之间发生的一切交互作用和影响。它既指师生间交互作用和相互影响的方式和过程，也指师生间通过信息交换和行为交换所导致的相互间心理上和行为上的改变。课堂上的互动既包括师生间的互动，也包括生生间的互动。对新课程改革下语文课堂教学理想境界的追寻与探索，是广大语文教师共同关注的问题。我们将语文课堂作为一个开放的生态系统来考察，把教师、学生、文本等要素看作是课堂教学这个特殊系统中相互作用的因子，从教学环境、教学因素、教学过程等各方面和各环节积极实践，强化互动对话，营造平等、和谐的氛围，让课堂回归自然，真正焕发师生的生命活力。教师、学生、文本各自绽放生命姿态，三者和谐共生、自由对话，让知识和精神生命获得一种超越。

1. 自然互动，唤醒主体意识

卢梭说过：教育必须顺着自然——也就是顺其天性而为，否则必然产生违背本性的结果。自然的即是和谐的，师生关系和谐，教与学和谐，课内与课外和谐，教学目标、内容与方法与手段和谐，教育才能与教学和谐，师生才能在和谐中自然地生长，教师的主体精神和学生的主体精神才能都得以充分的展现。让课堂还孩子自由发展的空间，还孩子真情洋溢的世界，还孩子心向自然的情愫。没有盆景工艺式的缠扎，没有驯技强化般的鞭打。教师的话语诗意盎然，如春风化雨，滋润孩子的心田；教师的笑容激情荡漾，似阳光和煦，温暖着孩子的心房。

教师应关注学生的情感和心灵，让学生学得主动、生动、灵动，有真情、真趣、真意，让学生的生命充满生机与活力，能够真正确立学生在学习生活中的主体地位，不断唤醒学生蛰伏的主体意识，形成持久的情感内驱力。课堂上，教师应着力营造民主、平等、和谐的育人氛围，注意培养学生思维的广阔性、灵活性与独特性，最终实现提升学生创新品质的目标。

教学中设计的问题，不能太小，要相对“大”一些，具有发散性，以扩大互动空间。安排多向合作的学习活动，拓宽互动途径。设计生活化、情境化、信息化的教学环境，丰富互动内容。同时，互动内容要带有启发性和层次性，以增加互动的深度。有的课文内容虽然是学生常见和比较熟悉的生活现象，但他们往往对此熟视无睹或知之甚少，教学时应指导学生再去留心观察，通过观察去认识生活、扩大视野、理解课文，提高观察和理解能力。

课文是例子，更是艺术品，有许多“留白”之处。引导学生捕捉这些启人深思、促人挖掘的空白点，尽情发挥想象，是寻找探究之路的最好切入点。如在教学《云房子》一文时，教师可利用课件，通过有层次的说话训练，指导学生观察、想象、说话，让学生学会观察，还可以鼓励学生课后去观察雨后白云的变化，了解它的变化多端。这样不仅能让学生深入地理解课文内容，而且学会了通过观察去认识生活。再如执教《少年王冕》一课时，教师可紧扣王冕是个怎样的人？抓住文中的关键词句，如“快活”“闷得慌”“舍不得”“陪伴”等等，引导学生朗读感悟，想象陪伴母亲的情景，体验王冕对母亲的一片孝心。在落实语言文字训练的同时，学生的想象能力、理解能力和说话能力都能得到有效的提高。

2. 真诚对话，尽享人文关怀

语文课标中指出：“教学是一种交往、互动，是精神领域的对话。”“阅读教学是学生、教师、文本之间的对话过程。”这里所说的“对话”，已不是一般语言意义上的对话，而是一种教学对话。它意味着对话双方彼此敞开心扉，相互接纳。教师不再是简单的教学管理者，而是学生学习的合作伙伴。这里所说的“对话”，不仅是一种教学活动方式，更是弥漫和充盈于师生之间的教育情景和精神氛围。对学生而言，对话意味着心态的开放、主体性的凸现、个性的张扬、创造性的解放。对教师而言，对话意味着上课不仅是传授知识，而是共享成果。因此，语文教学中的对话要激活学生、激活教材、激活教师，让语文课堂充满活力、彰显魅力。

课堂是师生平等对话的乐园。课堂上的一切互动都离不开“对话”，教学中向学生发出的每一个信息，都需要他们的及时反应。与学生沟通时，朴实而有魅力的语言要充满感情，充满期待。每一环节都要紧扣语文的本体，或识字或解词，或朗读或练背，或连词成句练说话，或以文本为例举一反三写句子，入文赏读，出文赏析。让饱满的情意深植学生心田，让课堂充满生命的活力。一位教师在执教《美丽的南沙群岛》一课时，或启发，或鼓励，或暗示，“你如果知道它的意思，哪怕一点，就大声把它说出来。”“你可以来试一试吗?”“再读一遍，让大家听到你的进步。”一个简单的手势、一个会意的表情，无不充满了对学生的激励与启发。

课堂是热情的。教师要尊重学生，平等待人，练就一双“童眼”，学会倾听，使学生畅所欲言。同时，教师必须以平常心去看待学生们的每一点长处，善于发现学生的每一处“闪光点”，欣赏学生的价值，树立学生的自信心和自豪感。对待学生的失败和错误，要给予谅解和宽容，让学生生活在和谐温暖、相互信任、相互赞赏的氛围中，养成积极向上的健康心态。

课堂是有机的。只要灌溉如涓涓清泉，等待像云海观日，让师生的主体性充分地、自由地、和谐地发展，我们必将构建起一种新的教育情境，一种可以保持师生的可持续发展动力且生动活泼的教育生态。

课堂教学是一个动态变化的过程。教师要善于用富有情趣的语言，遵循学生的思路，启迪儿童的悟性，激发孩子的灵感，进行智慧的操练，想方设法“把孩子的心灵点亮”，让学生开启心扉，在共同探究中吸收和积淀语言。对学生的朗读评价可以结合阅读的内容来展开，如可以说“这楼高!”“这花儿开得多美呀!”“你还关注到了颜色，读书真仔细!”等等，教师及时的鼓励，可以给学生注入学习的动力。同时，教师还要善于倾听，发现问题及时点拨、纠正。当一位学生说：“我造的云房子，像草莓一样。”教师应马上给予纠正“我造的云房子，形状像草莓一样可爱”。这种从容自若、随机应变的机敏和丰厚的知识积淀，简简单单、朴朴实实，大方得体的沟通艺术，能让课堂形成民主、和谐、融洽的氛围，学生能学得更加轻松、愉快。

新课程改革呼唤快乐自然健康的生态课堂。它是以人为本的课堂，关注人性，突出发展，充满活力，是学生成长的乐园；它又是生长着的、生生不息的、动态的、“可持续发展”的，它更是灵动的、生活的、生命的……这样的课堂，是教师、学生、内容与环境之间的全新整合，是这几者之间关系的互惠促进，是这几者之间生长与发展状态的最优化，这也是每一位教师所追求的理想境界。

三、守望成长　让学习自由呼吸

美国著名心理学家罗杰斯认为，“成功的教学依赖于一种民主、和谐的课堂气氛。”正如诗人特奥多尔·冯塔内所描述的那样，教育“旨在努力为毫无依靠的幼树提供一根拐杖，从而使其能在纯净的空气中自由自在、无忧无虑地成长，那么，我们则接受了非常不错的教育。”生态课堂正是要营造自由和谐的课堂氛围，让学生在其间自主学习、个性发展，实现自然的成长。

1. 开放，让思想自由驰骋

在自由的课堂中，课堂氛围是和谐的，师生关系是民主的，学生思想是自由的，教师的行为也不再是霸权与控制。

《孔子游春》写春景的一段中有这样一句，“大自然多像一位伟大的母亲!”课中连用四个比喻句，对春天做了形象的描述。教学时，教师让学生插上想象的翅膀，照样子写一写，一句、两句都行。“清澈的溪水是你甘甜的乳汁。”“巍巍的群山是你坚强的臂膀。”“洁白的云朵是你神秘的面纱。”……同学们敞开心扉，用“心”面对自然，自由驰骋。开放的思维空间让同学们放飞想象，享受着语文的精妙，课堂也因此充满了活力。

古诗《村居》描写的是早春二月的田野景色和散学儿童竞放风筝的情景。其中对于“草长莺飞二月天，拂堤杨柳醉春烟”这一句，有学生提出“春烟”是什么意思？有同学查字典说：“春天水泽，草木蒸发的雾气。”不少同学开始怀疑了，“那不正像秋天的雾吗?”“春天怎么会有雾呢?”再看看图，却是个春光明媚的好天气。对于这里的“烟”到底该怎么理解呢?突然有一个学生举手说：“我知道了，这里的‘烟’和‘烟花三月下扬州’的‘烟’是一个意思。”对呀，何不让同学们说说还有哪些诗里有这个“烟”字呢？在学生们说到“最是一年春好处，绝胜烟柳满皇都。”等诗句后，我让学生想象那是怎样的一番春景？通过比较和想象，学生们对“烟”字有了更深入的理解。汉语是充满诗意的，有它特有的模糊性，虽不能精确地言传，却能深刻地意会。

正如有人说的：“拥有知识的人只能看到一块石头就是一块石头，一粒沙子就是一粒沙子。而拥有智慧的人却能在一块石头里看到风景，在一粒沙子里发现光辉。”生态的课堂意味着自由，它能引导学生自觉地投入感情，鼓励心灵自由地飞翔。我们应该让语文课堂变得快乐，成为一种享受，让师生的生命力在课堂中得到尽情的释放。

2. 尊重，让学习自觉主动

学生是学习的主人，是课堂教学活动中的主体。以学生发展为本的教育，强调学生是一个个具有思想、意识、情感、欲望、需求以及各种能力的活生生的人。以学生发展为本，其核心成分应该是通过最优的现代课堂教学设计和有效的课堂教学活动，使每个学生的各种潜能都得到有效的开发，每个学生都能获得最有效的发展，从而实现教学与发展的真正统一。

例如，一位教师执教《这儿真好》时有这样的一个教学片段。教师运用多媒体首先展示了一个荒岛的图片，让学生说说对这个荒岛的印象。然后又播放了一组动画：荒岛上一个孤独的小熊渴望得到朋友，在云的启发下不停地种草植树，终于把荒岛变成了一个绿岛。最后播放旁白：“这儿真好啊！”那么到底好在哪里呢？师生之间的交流就这样开始了。

师：谁来夸夸这个小岛？（一个小女孩高高地举起了小手，并不停地晃动，以吸引老师的注意，老师很快地发现了她）

师：好的，你先来夸夸吧！

生：老师，我想夸夸小熊。

师：哦？你想夸夸小熊吗？

生：是的。

师：可是，老师想请你夸夸小岛啊！

生：可是，我想夸夸小熊。

（小女孩还是坚持着。）

师：哦？那么你认为这个小岛不美吗？

生：美！

师：那你为什么不想夸夸小岛呢？

生：也想。

师：那好，你就夸夸小岛吧！

生：这个小岛原来是一个荒岛，现在已经变成一个有花、有草、有树，还有许多小动物的绿岛了。真好啊！

师：你说得真是太好了。掌声鼓励下，请坐！

（受到表扬的小女孩却翘着嘴巴，很不情愿地坐下去了。）

师：谁再来夸夸小岛？

（又有一个小女孩急不可耐地举起了手。）

师：哦！好的，请你来夸夸吧。

生：老师，我想给你提个意见。

师：哦？好的，你说吧！

生：我也想夸夸小熊。

师：哦？为什么呢？

生：因为小岛之所以这样美，全是小熊的功劳。

（教师一时不知所措，课堂出现了一段小小的空白。）

师：哦，小熊该夸，小岛也该夸。你说是吗？

生：是的。

师；好的，请坐。

（这个小女孩失望而委屈地坐了下去。）

师：谁再来夸夸小岛。

在这个片段中，学生失去的不仅仅是一个美好的愿望，更是一次进行思考、想象和语言表达能力训练的绝好的机会。让人遗憾的不仅是那两双因失望而略带委屈的眼神，更是那两颗始终没有得到展现的童心和爱心。

语文材料本身就是多义的，它具有丰富的内涵和启发性。人们由于个性、经验的不同使得对语言材料的反应往往是多元的，即使是同一个人在不同的时期对同一材料也完全可能有不同的见解。英国教育家洛克说过，“每一个人的心灵都像他们的脸一样各不相同，正是他们无时无刻地表现自己的个性，才使得今天这个世界如此多彩。”

生态课堂，意味着尊重，尊重学生的个性差异，尊重学生的独特体验；意味着平等，平等参与、平等对话。因此，在新的课程理念指导下，要让学生在各种情况下都始终能成为学习的主人，让课堂始终成为学生可以自由翱翔的快乐天地。

3. 守望，让学生自然成长

叶澜教授指出，“课堂应是向未知方向挺进的旅程，随时都有可能发现意外的通道和美丽的图景，而不是一切都必须遵循固定线路而没有激情的行程”。课堂上教师要做一个忠实的守望者，智慧地把握“意外”，创造不曾预约的精彩。

曾听到过这么一堂数学课，教师出示了一道图文题，图上画的是一个商店的货架，货架上放着商品。商品上的标价分别是：饼干4元，方便面2元，水果糖5元，巧克力6元，礼品盒20元。问小红带了18元钱，可以买哪些东西？

预设有以下几种情况：将18元都用完；18元用了以后有剩余的；买一件商品；买几件商品；买一个种类的几个商品；买几个不同种类的商品……

师：同学们真聪明，想出了这么多好的方法。

生（小声地）：老师，我还有一种方法，18元可以买礼品盒。

师（激动地摇着手）：不行，不行，钱不够。礼品盒20元，小红只有18元啊，怎么买？

生（怯生生地）：是可以的啊，虽然小红只有18元，但她可以让阿姨便宜一点给她。我经常和妈妈去买东西，商店的阿姨都有优惠的。

（师生都愣住了……）

生：如果这个阿姨不优惠，小红可以去别的商店的。

（师生都陷入了沉思……）

德国教育家第斯多惠说过：“教学的艺术不在于传授本领，而在于激励、唤醒、鼓舞。”在学习的过程中，学生往往会产生一些奇特的想法，这时候，教师如果给予严厉的批评和指责，将会压抑学生的思想，从而阻碍学生创新思维的发展。因此，在教学实践中教师应允许学生有自己的不同的想法或独到的见解，允许他们在寻找答案时出现这样或那样的错误。现代教育心理学研究也指出：学生的学习过程不仅是一个接受知识的过程，同时也是一个发现问题、解决问题的过程。教师有义务给他们自我纠正的时间，让学生发现错误，学会从错误中学习，而不要随意打断、急于纠正，更不要挖苦、讽刺和嘲笑。同时，教师应用赞赏的目光和言语来激发学生的求知欲，使学生获得成就感，增强自信心，从而使他们不知不觉地融入到学习中，让他们懂得知识原来与生活这么接近，从而体会到学习的乐趣。

新课程改革理念下的教学应该是真实而自然的，我们不必刻意去求顺、求纯、求完美。一旦出现意外，应该以坦然的心态去对待，积极冷静地思考对策，并合理解决和利用。多一点欣赏，多一点等待，多一点智慧，理智地对待每一个课堂动态生成，只有这样，课堂才是活的，教学才是美的，教学活动才是最有价值的，才能真正让每一位学生自然地成长。

“慢慢品的时候，微微醉的享受。”生态课堂呈现给学生的，应该就是这样一种微微醉后便爱上的感觉。而这种美好的感觉，就孕育在自由的课堂氛围中，来源于自主的参与过程中，定格在不由自主的拔节生长中。

第三节　自主课堂中问题的研究

教育是师生之间心灵的碰撞，是实现师生共同发展的过程。这种发展是师生协同，并经主体内化完成的。因此，“自主”是学习的基础和核心，教师应努力点燃孩子自主学习的热情。

罗杰斯说：“没有人能教会任何人任何东西。”就这个意义来说，人的获得最终不是依靠教，而是依靠学。儿童的天性是活动的、创造的。每个孩子都是独特的个体，他们有强烈的求知欲和创造力。儿童既是教育教学的对象，更是教育资源的提供者。他们是天生的学习者，他们的既有经验应当为教师的教学所用，应当成为动力之源、能量之库。

新课程改革所倡导的自主、合作、探究的学习方式正是基于儿童本位的立场。这种基本定位已深入人心，并成为精彩课堂的风向标。教师要把探究的权利还给学生，才能从滔滔不绝的言语霸权怪圈中退出来；教师把学习的方法教给学生，才能从“授之以鱼”的惯性思维中走出来。多一点鼓励，少一点批评；多一点欣赏，少一点指责；多一点等待，少一点……给学生“看”的条件，给学生“想”的时间，给学生“说”的场合，给学生“创”的机会，就能去伪存真，还原本真。点燃孩子自主学习的火种，引领孩子习得自主学习的方法，促进孩子养成自主学习的习惯，守望孩子享受自主探究的快乐。一路追梦，让“自主”迸发无穷的力量；一路欢唱，让“自主课堂”成为教育天空中的一抹亮色、一片彩云，一道绚烂的风景。

一、让课堂成为享受美的乐园

在小学语文教材中，有趣的童话、优美的诗篇、可歌可泣的英雄故事，无不寄托着作者丰富的情感，无不蕴藏着巨大的审美价值。情感是审美感知的动力，只有当审美主体对审美对象怀着一种强烈的期待情感时，才会使主体的注意力集中于某一感知对象，从而产生审美的感知。语文教师不仅要要善于营造与教学内容相匹配的学习氛围，还要充分挖掘并利用好这些美的资源，采取相应的教学策略，陶冶学生的情操，使语文课堂成为师生享受美的乐园。

1. 巧设妙引，诱发美的情感

情感是审美感知的动力，只有当审美主体对审美对象怀着一种强烈的期待情感时，才会使主体的注意力集中于某一感知对象，从而产生审美的感知。

在教学故事性较强的一类课文时，就把最感人的内容先介绍给学生，也可以设计悬念，把学生的注意力和情感深深地吸引过来。

像《九寨沟》这类童话般的写景文，宜运用优美的语句引学生入境。如上课时我指着地图对同学们说："同学们，在四川北部的万山丛中，有几条神奇的山沟，那里雪峰插云，古木参天，平湖飞瀑，还有异兽珍禽，来到九寨沟就像到了人间仙境。今天老师就带大家一起去游一游，看一看。"同学们的情绪异常高涨，整堂课边看边学，美的景和美的情，充溢着整个课堂。

2. 大胆想象，构建美的形象

美和形象始终是结合在一起的，离开了具体形象，就谈不上美和美感。在语文课堂上要努力创设情境，让学生结合自己的生活体验大胆想象，使课文描述的人、事、景、物等在脑海中"活"起来，产生真切的感受，从而深刻地体味文章的内涵，达到与作者心灵上的沟通和情感上的共鸣。如在教学《黄河的主人》一课时，可以运用多媒体教学手段让学生感受黄河波浪滔天的气势，在这个基础上让学生展开想象：艄公在这样的河面上操着一只又轻又小的羊皮筏子破浪前行，会碰到哪些危险呢？有的学生说："会被巨浪吞没。"有的说："会被漩涡卷入深渊。"总之危机四伏，面对如此险恶的风浪，艄公的表现又如何呢？仔细读文，一个沉着、机敏、勇敢的艄公形象逐渐凸现，黄河主人的形象也就越发高大和清晰起来。

3. 品味词句，深化美的理解

不同体裁的文章，语言也各具特色。教学时，我们可以抓住重点词句，启发、揣摩、品味，让学生审视已有的审美形象，深化对自然美和人性美的理解。如《清平乐·村居》中有这样一句："醉里吴音相媚好。"其中"醉"该如何理解呢？有的同学认为是喝醉了酒的意思。是否还有其他意思呢？同学们在读了诗，看了图以后，感觉到"醉"更有陶醉的意思，因为从图上看，老两口是在聊天，谈得很亲热。同学们想象到，他们会谈子女，谈收成，互相关怀，沉浸在美好的回忆与憧憬之中，其乐融融。再如，《船长》一课的最后一句是"面对死亡，他又一次运用了成为一名英雄的权利。"为什么说是"又"呢？联系前文的"一生都要求自己忠于职守……"可见船长的做人之道。一个悲壮的形象足以使我们对他的行为产生美感，当理解了他的行为的真实动机后，就能更深刻地感觉到他的伟大了。

二、在开放式作业中点燃创新的火花

作业是学生巩固知识、提高能力的有效途径之一。由于受传统教育思想的影响，学生的学习活动完全服从于教师，作业更是如此。对于"做什么""怎么做"，学生没有发言权，只有执行和完成的职责。这种现象与以培养创新精神为核心的素质教育格格不入。因此，我尝试在开放作业中点燃学生创新的火花。

1. 在开放式作业中享受自主

自主是创新的前提，实施开放式作业有利于培养学生学习的自主性。实施开放式作业，教师首先要端正教育思想，真正把学生当作学习的主体，把作业的主动权交给学生。做什么，怎么做，什么时候做，应放手让学生根据自己的实际情况而定，教师的作用在于正确地导向。

例如，在语文学习中，掌握字词是少不了的，但如何让学生掌握，对于中高年级学生而言，教师就不一定要给学生布置整齐划一的作业（划出要抄的词，规定抄几遍等），可以让学生根据学习目标及自己的学习基础和能力，选择需要重点学习的内容和学习方法。

再如，每周的摘记和日记，教师只要告诉学生作业要求，要完成的数量和检查的日期，至于具体怎样做都可以由学生自己视情况而定。

2. 在开放式作业中学会合作

交往能力与合作能力是实现创新的主要因素，实施开放式作业有利于培养学生的交往合作能力。

开放式作业要打破作业的内容和形式的封闭性，要突破单纯注重知识和智力的局限，不能囿于教材，而应根据教材拓展延伸，内容要丰富多彩，形式要灵活多样，尤其要重视小组之间的集体学习。如学了成语后可以编个相声《谈成语》，学了课文《公仪休拒收礼物》可以排个课本剧，学了《访问环境专家方博士》可以组织社会调查等等，这些活动都让学生自由组合，共同完成。学生的积极性很高，他们积极准备，认真地排，投入地演，在排演、调查的过程中，学生们巩固了课本知识，也学会了互相合作，锻炼了实践能力。这种开放式作业通过合作完成，较好地消除了学生产生对作业的枯燥感和无奈感，让更多的学生尝到了成功的喜悦。

3. 在开放式作业中激活创新

小学生面对创造性学习时重要的是有没有创新的意识、能力和习惯。为了激活学生的创新意识，点燃创新的火花，我力求在语文开放式作业中为学生提供广阔的创新舞台，提供创新的机会。

在立异中求新。如学了《新型玻璃》一课，在学生比较了几种新型玻璃的不同特点和不同用途后，让学生联系生活实际思考，人们还需要哪些新型玻璃，把人们希望出现的新型玻璃的特点和用途写下来。再如，在进行造句教学时，可以鼓励学生用同一个词造出几个不同的句子。

在质疑中求新。在学习《动物园的晚上》一课时，首先让学生质疑。学生提出了不少问题：动物园的晚上是怎样的？课文中写了哪些动物？它们是怎样睡觉的？……这些问题均与课文有关，而有的同学却提出了不同的问题，“有没有动物晚上不睡觉的呢？”是呀，这可是课文中没有的。我就把这个问题作为作业，留给学生课后去查找资料、讨论研究。

在比较中求新。如，在学习《石灰吟》和《墨梅》两首古诗时，要求学生对这两首诗进行比较，不仅要得出不同点，也要找出共同点，在比较中让学生有新的收获。

在想象中求新。如学了《狐狸和乌鸦》《狼和小羊》等课文后，让学生续编故事，展开想象，构建新的形象。

综上所述，开放式作业的实施，得以变教师布置为学生自主选择，变机械重复为灵活多变，变单一的知识复习为知、能、创的综合训练，变个体操练为在集体中交流合作，变为完成任务而不得不为之的无奈为在探索与创新中品尝成功的喜悦。把作业延伸到与之联系的现实生活，延伸到相关领域的新知识，不仅能丰富学生知识，而且更有利于学活学好，进行创造性的学习。

三、让语文素养“读”出来

新课标中指出：“小学各个年级的阅读教学都要重视朗读。要让学生充分地读，在读中整体感知，在读中有所感悟，在读中培养语感，在读中受到情感的熏陶。”古人有云：“书读百遍，其义自见”，“读书破万卷，下笔如有神”，可见，“读”在语文教学中有着举足轻重的作用。它能培养语感，激发情感，深化理解，发展思维。提高学生语言表达能力是一项重要的语文基本功，我们的语文教学应确保读的时间，落实读的训练，让语文素养“读”出来。

1. 朗读中培养语感

翻开我们的语文教材，一篇篇生动有趣的文章，无不吸引着师生朗读的兴趣。“有感情地朗读”是这些课文需要达成的重要教学目标之一，也是学生亲近文本、感受情感，获得语感体验的重要手段。

朗读训练是师生共同参与的双边活动。教师应在精心准备，深入体会作品的丰富内涵后，多为学生范读，融情于声，把书面语言变为口头语言，创设富有感染力的语感氛围，用声情并茂的朗读感染学生，让学生在模仿教师朗读的语气、语调、表情、手势等的实践中丰富体验，从而培养语感，提高学生的朗读水平。

朗读训练更要因材施教，循序渐进。低年级小朋友可以有感情地朗读《大大的荷叶》，但他们不可能读出《在大海中永生》的悲痛和《船长》的惊险和紧迫。教师在进行指导时要遵循学生朗读能力的形成规律，找到学生的“最近发展区”，考虑到学生在各个年龄层上表达能力的差别，给予适当指导。每篇文章都有其独到的情感基调，教师指导学生朗读时，需找准文章中作者的情意点进行训练，这样既节约时间，又能指导到位，从而达到事半功倍之效。例如在教《二泉映月》一文时，教师先范读课文，让学生思考哪个词能概括阿炳的一生，学生找出了“坎坷”一词，正因为阿炳一生坎坷，他才会从泉声中听到“深沉的叹息，伤心的哭泣，激愤的倾诉，倔强的呐喊”，这样把握了文章的基调后，再让学生听音乐、读课文，学生就能准确地读出这一份深沉、伤心和激愤……

特级教师高本大执教《安塞腰鼓》一课时，组织整个六年级二百多个学生一起学习，那场面就像安塞腰鼓，热烈、壮阔、豪放，在教师巧妙的引导下，学生进行多形式、多层次的反复朗读，仿佛一部多重奏的大合唱。通过训练，学生的朗读变得有气势、有感情，可谓声情并茂，极具感染力，非常震撼。更为重要的是，学生在朗读中体味到了语言的魅力，领会了文章的写作意图和艺术特色，而且能够将自己的看法用准确生动的语言表述出来，课堂效果非常好。

好的朗读，可以达到声情并茂、意味悠远的效果；可以摄人魂魄，耐人寻味；可以把人带到一幅幅优美的画卷和一首首动听的歌中去；可以让人领略“舟行碧波上，人在画中游”的意境；亦可让人体会“会当凌绝顶，一览众山小”的境界。正如古人所说：“读之而喜，拍案叫绝，起舞旋走；读之而悲，涔涔泪落，脉脉欲诉；斯时不知古人为我，我为古人，但觉神入文，文入心，永不失矣，日后动笔辄合，在已亦不知何来。”

2. 品读中深化理解

读书贵在自悟自得，“书读百遍，其义自见”，讲的就是这个道理。真正的阅读，是读者与文本作者之间心灵的沟通与对话，是由一个生命进入另一个生命的融合和重建的过程。在教师的讲解和分析基础上获得的感悟往往缺少深切的体验和情感的共鸣。一篇文章内包含的思想情感真正由作者“移情”至读者，非得靠有感情地反复品读。因此，教师要教给学生一定的阅读方法，多给学生提供朗读的机会，通过抑扬顿挫、长短徐疾的朗读，化无声文字为有声语言，让学生展开丰富的想象，才能读出其中的味道，读出其中的深层含义，感悟文章的真谛，达到“情自心中来，情自口中出”的美妙境界。如王崧舟老师执教的《一夜的工作》中有这样一个片段：

师：是呀，让我们一起用自己的心走进这极其不简单的一夜。

师：夜幕降临，华灯初上，我们敬爱的周总理坐在那一张不大的写字台前，拿出了他今天晚上要审阅的第一份文件，只见他——（生齐读“一句一句地审阅，看完一句就用铅笔在那一句后面划一个小圆圈，他不是普通的浏览，而是一边看，一边在思索。”）

师：夜很静了，人们早已进入甜美的梦乡，而我们的总理却依然坐在那一张不大的写字台前，审阅着他的文件，只见他——（生齐读，同上）

师：夜很静很静，我们只听到了时钟“嘀嗒嘀嗒”地走着，总理揉了揉疲倦的眼睛，又拿出了一份文件审阅起来，只见他——（生齐读，同上）

师：东方发白，晨曦微露，天就要亮了，我们敬爱的周总理拿出了今天晚上要审阅的最后一份文件，只见他——（生齐读，同上）

此时，同学们那一声声感人的朗读，无不是他们发自内心的真情流露，敬仰、爱戴之情油然而生。

曾几何时，“以读代讲”在小学语文课堂上成为一种时尚。这不能不说与烦琐的分析比较而言是一大进步。但是不少教师却简单地以为语文课就是读书课，有的还强调“想怎么读就怎么读”，课上除了让学生读书以外，老师似乎不再需要干什么了。于是一遍一遍地让学生反复朗读，男生读，女生读，个别读，小组读，花样众多，却依然是简单、机械、重复的，流于形式的较多。

再看王老师的这堂课，他没有出奇的花样，没有刻意的雕饰，有的是真情的投入，有的是智慧的灵光。在王老师自然的渲染，巧妙的引导下，同学们仿佛亲历了周总理一夜的工作，看着周总理从第一份文件开始，“他一句一句地审阅，看完一句就用铅笔在那一句后面划一个小圆圈，他不是一般性地浏览，而是一边看，一边思索，有时停笔想一想，有时还问我一两句。”直到东方发白，晨曦微露，看着总理审阅完今晚的最后一份文件。此景此情，深深地触动着每个学生的心灵。

再如，支玉恒老师执教《太阳》时，有这样一个环节，将原文去掉关联词、打乱顺序让学生读。

师：同学们，给你们这段文字，你们读一读，能读得明白吗？

生：读不明白。

师：为什么读不明白呢？

生：因为缺少详细的介绍。

师：还缺少什么？

生：缺少关联词。

师：还缺什么？

生：缺少顺序。

师：对了，有顺序没有啊？东一句西一句这一句那一句，好读不好读？

生：不好读！

师：那咱们给排排序好不好？

生：好。

接下来，支老师引导学生回归整体，归纳各个知识之间的关系。把文章中的不同层次用学生现实生活中的“大队长”“中队长”“小队长”来代替，形象而生动。他领着孩子们有滋有味地从第一段一直读到最后一段。这中间，有语感的训练，也有方法的指导；有性情的陶冶，也有能力的培养；同时也深化了对课文的理解。

在引导学生读书的过程中，支老师时时用自己形象的范读甚至于表演，引导学生进入语言文字所描述的情景。虽然说明文本身没有情感，但是，在支老师的指挥下，学生入情入境地将课文读得淋漓尽致。太阳的特点是读出来的；太阳与人类的密切关系是读出来的；文章的篇章结构是读出来的；文章的表达方法也是读出来的。

再如，“你必须把这条鱼放掉!”这是在离禁捕鲈鱼还有两个小时，汤姆钓到了一条大鲈鱼的时候，爸爸对汤姆说的。汤姆很不情愿的只好把鱼放回水中，在这个过程中，他经历了复杂的情感变化过程。抓住“汤姆说：‘放心吧，爸爸，没有人看见我们，也没有人知道我们在这个时候钓到了鲈鱼。’”这句话引导学生设想汤姆当时的心情，通过填词（悄悄、着急、急切、哀求、恳求）、朗读、深入体会，真实地体验汤姆的情感变化。

课文的语言大多准确、鲜明、生动，在进行朗读训练时，教师可以帮助学生抓住一些关键性语句，引导品读、反复训练，让学生既知晓文章遣词造句的准确、形象，又能在品读中传情达意，深化对课文的理解。

3. 默读中发展思维

书声琅琅是读，潜心涵咏也是读。好的课堂既要让学生动得起来，也要学生静得下来，因为知识的内化不是表面的热闹能够实现的，它需要学生静下来思考，静下来在书上批注和勾画，需要学生在读中感悟和理解。一句话，需要学生走进文本，把课文读懂。

《黄果树瀑布》一课中有这样三句话："最后像潮水般涌上来，盖过了人喧马嘶，天地间只存下一片喧嚣的水声了。""那'哗哗'的水声便成了千万架织布机的大合奏。""瀑布从岩壁上直泻而下，如雷声轰鸣，山回谷应。"教学时，让学生默读比较，想想从中发现了什么？学生们通过仔细研读，发现这三个都是比喻句，都是写瀑布的声音，但比喻却不尽相同。那是因为作者在不同的地方，瀑布带给人们的感受也不同。学生通过默读静思，不仅知道了是什么？还知道了为什么？同时，思维也得到了训练。

指导学生在默读中思考，进行思维训练，还应讲究方法，把握好训练点。有时可以从整体出发，如教学《恐龙》一课时，可以让学生围绕"恐龙的种类、形态、运用的说明方法"等在默读中思考理解。在教学《理想的风筝》一课时，可设计这样一个练习，要求学生默读课文，从（所写的事例，关注的词、句，我的体会，细节描写）四个方面深入思考。先找出所写的事的语段，再找关键词句，想想透过这些词句，读到了一个怎样的刘老师。在学生整体把握文本内涵的基础上，再抓关键字词，如写刘老师的"笑"，让学生联系上下文，深究"笑"的含义。在看似平静的学习中，让学生的思维得到有深度的训练与拓展。

另外，读还有助于语言的积累，在反复的朗读吟诵之中，字、词、句、段、篇能够顺利地进入学生的语言仓库，能锻炼学生用语言描绘事物、表情达意的能力，以致能提高听、说和写作水平，加大语文为生活服务的力度。同时，教师可以通过学生的朗读，检查他们对课文的理解程度、感情倾向、认识水平和运用程度。所以，在教学中狠抓朗读的确有着不可估量的作用。我们要从课文入手，让学生"读"树一帜，读出语言的神韵。

叶圣陶先生曾说："多读作品，多训练语感，必将能驾驭文字。"因此，我们的语文课堂应该注重读的训练，给学生读的机会，还学生读的时间，不断提高读的水平，真正让语文素养"读"出来。

四、透视“小组合作”的有形无实

随着新课程改革的不断推进，学生的学习方式正在悄然地发生变化，合作型的学习方式正成为中小学课堂上的一大“亮点”。越来越多的教师自觉地在教学中设计并运用着合作学习这一教学策略。然而，在有些课堂教学实践中，“合作学习”有形无实，存在着“注重合作形式，忽视学科特征，缺乏教学实效”的问题。

问题一：注重合作功能，忽视学科特征

现代意义上的合作学习兴起于20世纪70年代初的美国，并在70年代中期至80年代中期取得了实质性进展，它是一种富有创意和实效的教学理论与策略。由于它在改善课堂心理氛围，大面积提高学生的学业成绩，促进学生形成良好非认知品质等方面实效显著，被人们誉为“近十几年来最重要和最成功的教学改革”。国务院颁布的《关于基础教育改革与发展的决定》中指出：“鼓励合作学习，促进学生之间的相互交流，共同发展，促进师生教学相长”。语文学科中那些有表演情境的合作素材，被“追新求异”的教师挖空心思般地向“合作学习”方面靠拢。为了体现合作学习的参与性，教师要求每小组成员花费大量的精力来制作道具，花费大量的时间组织学生来表演故事情节和课文内容，更有甚者把游戏表演、实验操作、绘画唱歌等形式搬进语文课堂，从而使许多合作学习活动游离于理解和运用语文知识之外，背离合作学习的根本目标，加上耗时多，因此使语文课堂出现新的“少、慢、差、费”现象，并陷入“虚假合作”的境地。

这不得不引起我们的反思：语文学科课程的根本目标是要求全面提高学生的语文素养，着重培养学生的言语交际能力。教师在课堂教学中适当运用“表演”形式进行合作学习来加深学生对言语文本的理解本无可厚非，但一味追求合作学习的功用和形式，忽视语文学科的特点，这样的教学费时多、收效微，无意中却剥夺了学生自我感悟的机会，使得教学目标不能真正得到实现。此外，语文学习中的口语交际和阅读协作能力都是有其独特个性的。对这种独特个性能力的培养和形成不可能主要依靠和学习伙伴的分工与合作来完成，而更多的要靠自己的独立学习，或者说是个体学习，要在独立的学习体验中来完成。如果我们一味强调合作学习的功能，而忽视学生个人自主学习的作用，显然也不是一种科学完整的学习策略。更何况，合作学习理论认为，合作学习在教学形式上采用班级授课与小组活动相结合的教学组织方式，强调以集体授课为基础，以合作学习小组为主体形式，力求体现集体性与个体性学习的统一。所以，在语文教学中，在设置合作学习环节时，教师一定要正确把握语文学科的特点，使合作学习显得更经济、更有实效，更符合语文教学的规律。

问题二：分组简单随意，调控僵化不力

在合作学习的诸多理念中，最令人瞩目的当数互动观。合作学习强调教学各动态因素之间的多向合作性互动，特别是把生生之间的互动合作，当作教学系统中尚待进一步开发的宝贵的人力资源。实现生生互动的一种重要方式，就是把学生分成一个个学习合作小组，许多教师想当然地认为，分组还不简单，先抛出一个或几个问题当作任务，然后一声令下让同桌或前后桌的同学组成合作学习小组，学生讨论甚为激烈，课堂气氛相当活跃。结果，学生在小组内要么不合作、各抒己见；要么没主见，人云亦云；要么开小差，说闲话。而教师则袖手旁观，对学生合作学习放任自流，交流反馈总是几个学生唱主角，其他同学常常充当观众和听众，从而导致小组学习流于形式，学习效率低下。这种背离课程改革，积极倡导合作学习的目标，违反了合作学习"组间同质，组内异质，优势互补"的分组原则，有悖于合作学习理念中的互动观和师生观。

反思种种，我们认为合作学习主要应该关注两点：一是要遵循"异质分组"的原则。异质小组通常由学习成绩、能力倾向、性别、性格、家庭背景等因素不同的成员构成，每个小组都有高、中、低三个层次的学生，这样，成员之间就存在着一定的互补性，各小组总体水平基本一致，这样，合作小组就具有了同质性，组内异质、组间同质为互助合作奠定了基础，而组间同质又为保证全班各小组间公平竞争创造了条件。开展合作小组的规模是不确定的，四人组成的合作学习小组是最普遍采用的形式。二是要加强合作学习的指导和监控。在合作学习的背景下，教师的角色是"合作者"，充当着"管理者、咨询者、参与者"等多重合作角色，主要任务是指导和监控学生的合作学习。教师指导主要包括合作技巧的指导和学习困难的指导，教师监控主要体现在引导学生纠正偏离主题的讨论、避免合作交流出现冷场，防止有的学生坐享其成，过度依赖同伴的思想出现，从而帮助学生完成学习任务。

问题三：目标模糊不明，责任分散不实

在课堂中，经常出现这样的现象：教师提出一个问题后立即让学生讨论，教室里马上就会出现一种热烈讨论的场面。但只要稍加注意就不难发现，这只是一种表面上的“假热闹”，实际上是“活而无序”。小组成员往往没有明确的责任，而是各自为战，一盘散沙，你说你的，我说我的，谁也不听谁的。有的小组始终只有一两个人发言，其他人却心不在焉、一言不发。诸如此类现象，究其原因，主要是缺乏小组合作学习的规则，小组活动没有明确的活动程序以及策略安排。长此以往，学生不善于倾听其他同学的发言，而只关注自己的发言机会，小组在合作学习时学习好的同学成了小“权威”，以自我为中心，不关心周围的人和事，甚至瞧不起学习困难的同学。这些思想会极大地影响到学生今后的发展。

因此，在进行有效合作学习之前，教师要帮助学生通过角色、资源等的分配，让学生承担起个人责任并相互依赖、合理分工、明确职责。小组内设记录员、检查员、纠错员、汇报员、联络员等，教师可以根据不同活动的需要设立不同的角色，互教互学，形成相互依赖和合作关系。同时，要给学生一个总任务，把总任务分解为子任务分配给每个成员，总任务的完成质量通过子任务的完成质量来进行评价。除此之外，还要有意识地培养学生良好的合作学习习惯和社交技能。例如独立思考的习惯，避免人云亦云盲目从众，以及认真倾听的习惯，课堂纪律和合作规则的习惯等。

问题四：评价方式单一，关注个体结果

小组合作学习活动的总结反馈阶段常要以小组为单位进行全班性的汇报交流，但小组代表发言依然是“我认为……”诸如此类代表个人意见的言辞，教师的评价也常常是“你说得真好，见解也不错”等。教师依然偏重于学生的个体评价，忽略了对学生所在集体的评价；偏重于对小组合作学习结果的评价，忽略了对学习过程与方法的评价。这种评价方式仍然强调个体在整体中的位置，注重结果的优劣，脱离了大多数学生的实际，不利于他们的发展。

开展有实效的评价对合作学习的有效性而言尤为重要。我们知道，合作学习把“不求人人成功，但求人人进步”作为教学所追求的价值取向。同时也将之作为教学评价的最终目标和尺度。从评价方式而言，合作学习中有个人评价与小组评价、自我评价与同伴评价、学生评价与教师评价、过程评价与结果评价等。这几组评价方式中以前者为主，采取多元评价，并引入“基础分”（指学生以往学习成绩的平均分）和“提高分”（指学生测验分数超过基础分的程度），尽可能地使所有学生都有机会为所在的小组赢得最大的分值。这样，就可以使每个学生都能得到鼓励与精神支持，使其发挥更大的创造潜能。

总之，在课堂教学中运用合作学习这一策略时，教师首先必须真正理解并掌握合作学习的基本理念，然后在教学实践中加以灵活运用，才能逐步走向真正有效的合作学习，让学生在合作学习的过程中，真正体验到获得知识和能力的乐趣。

五、也谈语文课堂教学评价之“变”

在语文课堂教学中，教师恰当使用评价语言在促进学生的发展方面有着十分重要的作用。教师在课堂教学中评价学生的语言如果只有“很好”“你真棒”“你真聪明”“你读得真有感情”“你听得真仔细”就会显得贫乏，久而久之，学生听了就会毫无感觉，还有可能削弱激励作用。

然而，现状却是课堂评价语言的单一性、单向性等充斥在我们的语文课堂。因此，教师必须转变课堂评价理念，及时把握和利用课堂动态生成因素，对学生发表的不同意见进行恰如其分的评价，使评价成为学生发展的催化剂，使孩子们感受到学习的乐趣。

1. 评价内容变单一为多样

在新课程标准下，我们固然能够认识到评价语言的重要性，但如果对我们在教学过程中自己的评价语言进行反思，就不难发现我们的评价语言过于单一。在当前的语文课堂中，“你真行”“好”“不错”等激励性语言随处可听，“表扬他”“你真棒”，再加上有节奏的拍手声比比皆是。公开课前，教师手臂上贴满闪闪的金星，课堂上不时来一句“表扬他”。表面上看来，这样的课堂气氛比较活跃，教师懂得尊重学生的个体差异，似乎学生真的成了课堂的小主人，但仔细一想，这样的评价语言和评价手段，真的符合新课程改革的要求吗？

总是以鼓励性语言进行评价，只会让学生感到厌倦，重复评价越多，学生就越觉得单调乏味，久而久之，学生反应冷淡、感觉无趣是很自然的事。事实上，任何人都有获得新鲜刺激的需求，对于儿童而言，更是渴望变化、期待惊喜、追求新鲜。我们为何不尝试去运用多种多样的评价，在评价的方式方法上创新求变呢？

首先，我们可以在口头语言的评价方面机智多变，最好能广泛搜集，加强积累，使评价语言定期更换、常用常新、层出不穷，时时给学生以因时因情因景因文因人而异的新鲜评语，最好能让学生学而不厌、听而不倦。比如，在一堂作文点评课上，有位教师走下讲台，用赏识的眼光，热切地期望来鼓励学生，感染学生："这是我看到的很不寻常的见解，可以展开写。""能恰到好处地模仿课文句式，学以致用，这也是创新的开端。""全文新颖的选材，巧妙的结构，看得出你真费了一番心思。""观察细致，勤于动脑，你是个热爱生活的人。""联系上下文，想想怎样过渡才行？""你的进步我们有目共睹，昂起头，继续前进吧！""再想想文中的两个例子有详略的考虑吗？""这么优美的语句配上工整的书写该多好啊！"诸如此类的评语虽然只是只言片语，却传递着教师对学生的肯定、引导和期待，是教师一腔关爱的真挚流露，这样的评语必定会深深打动学生，并使学生不断取得进步。

其次，我们可以将口头语言的评价和体态语的评价相结合。声情并茂，更能传播一种情绪。学生回答完问题或提出问题后，总是希望得到教师的赞扬和肯定，因此，教师在评价学生时要尽可能地多一些欣赏和鼓励的语言，使学生有种被认可的满足感和成就感。特级教师于永正就精于此道，在一次公开课上他不经意地让一位男同学读课文，这位同学把课文读得正确、流利而又声情并茂。于老师听完他的朗读后主动走上前去，微笑着和这位男生握手，并真诚地说："你读得太好了，播音员也不过如此。在读这篇课文上，我不如你，我和同学们想再听你朗读一遍。"话音未落，听课的老师和同学报以热烈的掌声，这掌声是送给精彩表现的学生，更是送给对学生进行真诚评价的于老师。情感是人们对客观事物在心理上及态度上的反应，积极的情感能使课堂充满人文魅力。童年世界是情绪化的世界，外在的刺激会直接影响儿童的情感。一位好的教师应该把握好学生的喜悦心情，产生积极的情感体验，这样可以最大限度地调动学生的积极性和主动性。在教师适时的评价语言中让学生意识到即使是他们细微的进步也受到了教师的关注，并和他一起共享这种进步带来的快乐，极力引导学生取得更大的进步。

第三，我们可以尝试运用实物评价，可以赠送除红星、彩旗之外，有象征意义和纪念价值的小物品，一张书签、一片枫叶、一颗种子、一幅书法作品、一样教具等等，都会燃起学生的希望和期待。特级教师孙建锋就善于运用此方法，他执教《最大的麦穗》时，用家乡百年银杏树的叶子、清华园的竹叶和热情的鼓励、深情的拥抱，令学生信心百倍，终身难忘。

第四，我们还可以结合课文或学生的特点，予以创新百变的评价。一名教师在检查学生预习生字时，一位学生将几十个生字都认会了，教师灵机一动，夸她像聪明的小蝴蝶一样，并奖励她像蝴蝶一样在全班“飞行”，学生兴奋不已，其他同学羡慕不已。当学生在期待奖赏、向往成功、接受评价、主动学习，直到产生对求知内容本身的兴趣时，不就是完成了重要的教育过程吗?

2. 评价主体变一元为多元

当前，我们在课堂评价上所采用的一般形式是学生提出疑问或回答问题，教师再对其进行点评，即评价的方式经常只限于教师单向评价这种方式。新课程在课堂评价方法上要求教师打破教师一统天下、主宰课堂、垄断评价的现状，提倡开展学生自评、生生互评、师生互评相结合的多向性评价。

学生自评。积极引导学生开展自我评价，是培养学生积极的自我意识和自主学习能力的重要途径，是促进学生实现真正的自主学习，达到“教是为了不教”的境界而采用的重要手段。自我评价是学生根据学习的目标和要求，通过主动参与学习活动，开展自我认识、自我教育、自我监控、自我提高的过程。心理学研究表明，当学生成为学习的主人开展自我评价时，将会不断反思自我、调整自我、超越自我。比如一位教师在教学完《草船借箭》第二自然段时，在组织学生体会人物的品质、性格特点之后就组织开展了学生自读自评的练习，当一名学生在读完课文中这句话时，教师要求学生对其朗读进行自我评价，学生在教师引导下说出了自身在朗读这句话时所存在的不足："我读诸葛亮很容易读出他的胸有成竹、镇静自若，但读周瑜却读不出他的阴险、狡诈。"通过这一环节使学生能够发现自己的不足，而这样的效果自然比通过他人指点得到的效果要好得多，同时不难看出，这对培养学生的自我反省意识也很有好处。

生生互评。在教学中，学生自评和生生互评一般是相互结合的。生生互评的意义在于促使学生在思想的碰撞、情感的交流中，形成民主、自由、开放的学习氛围，培养交往合作的学习能力，开展主动、有效的互动学习，相互取长补短，共同进步。目前，教师对学生互评特别是学生自评放得不开，我们应培养学生互相合作的精神和敢于负责、善于欣赏、乐于共享的态度，并教给学生互评的方法，经常性地开展互评活动。教学实践中，我们往往在起步阶段费事费力，导致教学效果不尽人意。如果长期训练，由扶到放，学生会逐步变得愿评、能评、善评。比如，同样是上面的例子，在进行完学生自评这一环节后，教师又引导其他学生对其进行评价，因此有学生便说："我也这样看，你读周瑜的口气太平淡，没有读出他一步一步引诱诸葛亮当时的紧张、喜悦。可以读快一点……"这样，学生不仅朗读能力会有所提高，更重要的是学生愿意去思考，在思考中能逐步提升自我。如果这样的自评、互评坚持进行，何愁学生的自主意识、朗读水平和自学能力得不到提高？

师生互评。师生互评指课堂上教师和学生一起就某个问题进行互相评价，以期达到师生平等的课堂氛围。使用这种评价方法，学生评老师这方面则比较巧妙，这种形式往往是教师为了达到促使学生读书深思的目的，提出相对应的观点组织辨析或以示范朗读为目的，引导学生领悟朗读的艺术和技巧。我在教学《只拣儿童多处行》一课时，运用表演让学生加深对课文的理解，清楚作者的游览顺序。毫无疑问，一开始肯定会出现一些小错误，这时我先让学生进行评价，然后加以总结，并在此基础上说："老师也来试试看，同学们看有没有要修改的地方。"学生听得仔细，参与性较高，取得了比较好的效果。师生共同进行评价、点评，真正做到了课堂上的师生平等。再如，支玉恒老师认为"中朝人民不是亲人，感情不深"，请学生通过读课文谈体会或用朗读的方法来感动他。于是学生为了驳倒教师纷纷读书思考，十分投入，正中支老师的下怀。又如一位教师在教读《圆明园的毁灭》最后一个自然段时，见学生朗读不到位，于是说："大家读得很不错，我也想读一读，看大家能给我打多少分。"于是学生认真听，积极评，不知不觉中进一步研读了课文，领悟了朗读的方法。接下来再读书，则会声情并茂，感人至深。

新课程改革的核心理念是一切为了学生的发展，而评价是尊重学生主体地位、促进学生发展的重要环节。教师在语文课堂教学评价中评价学生的语言，要根据学生特点展现出多样性、多向性、导向性等，努力构建和谐、融洽的语文氛围。

六、等待，与精彩相约

等待，不是守株待兔，不是无所事事，而是一种期盼，一种欣赏，一种呼唤。在日常的课堂教学中，我们时常能看到，当一个学生提出了一个非常好的设想或者展示了比较精彩的答案时，不少教师喜欢立即予以定性评价，事实上，这种过早的评价会打击多数学生的学习积极性，会限制学生的思维。学生为了得到最好的评价，也会费劲去揣摩自己的答案是否与教师心中的答案相接近。如果教师经常以个别优等生的思维倾向替代全体学生的思维，那么大部分学生会因此养成思维的惰性。所以教师要学会智慧地站在一旁，认真倾听学生的交流，让每个学生着力展示学习的原生态，当学生对别人的结论提出异议时，教师更要实施延缓性评价，制造思维活动的气氛，以商讨的口吻与学生共同切磋，让尽可能多的学生进一步思考，使学生产生更多的想法，充分地展示学生的真实学情。

每一堂语文课都是不可重复的激情与智慧综合生成的过程。在这个过程中，教师延缓对学生的评价，往往能够收到意想不到的成效，使课堂教学充满生命的气息。

1. 等待，答案不是唯一的

唐丽老师教学《詹天佑》一课时，设计了让学生给京张铁路取名的环节。学生们都情绪激昂，积极讨论，踊跃上台板书：

——詹天佑路。因为这是詹天佑主持修筑的，为了纪念他，所以取这个名字。

——争气路。这条铁路修筑成功，实实在在为中国人争了一口气。

——爱国路。爱国热情是詹天佑克服困难的动力，修筑成功又是爱国精神的具体表现。

——中国路。这是中国人民自己设计施工的第一条铁路。

——“人”字路。这是詹天佑创造精神的集中体现，也是这条铁路的主要特征。

……

在学生交流时，教师一直以“是吗？你认为呢？大家还有更好的想法吗？”等话语引导学生展开交流。最后，教师深情地评价道：“你们给京张铁路取的名字都很好，赞颂了詹天佑的杰出才能和爱国热情，也表达了同学们对詹天佑的怀念崇敬以及作为一个中国人的骄傲。现在，选一个你最喜欢的名字，填在课文的插图上吧！”教师的延迟评价，珍视了学生的独特感受，给学生以充分的心灵自由，让学生们充分展开了命名的过程，展示了学生思维的独创性和发散性；让每一个学生都有了自己独特的感悟！学生的思考得到了尊重，思维得到了训练，情感也得到了满足。

可见，课堂教学中教师故意延迟了评价，允许学生各抒己见，不让评价束缚学生的思维，避免了由于过早肯定一种见解而压制其他见解的情况产生，从而引导更多学生参与讨论。这样能让学生需要得到肯定的心理处于期待状态，让他们积极地参与到争取肯定的活动中去，达到训练学生语言的目的。同时，学生的创造性思维也可以得到充分的发展。

2. 等待，思维是有广度的

一位教师在讲《吨的认识》一课时，设计了一个很有开放性、很生活化的问题情境：“生活中你还在哪里见过吨？”教师的话一落，一名学生的小手举起来，教师给了这个学生机会，孩子站起来回答：“有一次，我和爸爸……”还没等孩子把话讲完，下面吵了起来：“什么呀，什么？”“我来我来。”“问的是哪里见到。”听到同伴们的议论，孩子立刻闭上嘴，尴尬地站着。面对这一情景，教师微笑地摆摆手示意同学们安静，然后说：“别急别急，让我们听完他的发言再发表意见，说不定他的回答会很精彩呢。”于是孩子接下去讲了：“有一次，我和爸爸到火车站，看到货车车箱上标有100T的字样，我就好奇地问爸爸，100T是什么意思，爸爸告诉我，100T

就是100吨，我明白了‘T’就是‘吨’。这样，在生活中我就知道了吨。”

教师的延迟评价能够让学生有更广阔的思维空间，能使学生的个性思维和个性品质得到充分发展，给回答正确的学生以充分的肯定，给参与讨论的学生以热情的表扬，给持不同观点的学生以希望。

3. 等待，思想是有深度的

在苏教版小学语文十一册《“诺曼底”号遇难记》这篇课文中，法国著名作家雨果为我们描述了“诺曼底”号在深夜航海途中遭遇海难的悲壮场景，塑造了一个果敢刚毅、沉着勇敢最后以身殉职——和他的轮船“诺曼底”号一同葬身大海的一位英雄船长哈尔威的高大形象。在课堂接近尾声时，老师问：“如果你是哈尔威船长，在其他的60人都已经安然获救的最后危急时刻，你将怎样?”

这是一个看似简单但实际上有很大“争议”的问题。“假如我是哈尔威船长，是留下来与轮船共存亡呢，还是弃船求生?”对此，同学们纷纷议论开来。

有的说：“我也会选择与船共存亡的。“诺曼底”号毕竟和我一同在海上航行了七年，彼此之间有了深厚的感情。”

有的说：“我不会逃走的。做人首先要忠于职守，我是这艘船的船长，我要与船共存亡。”

有的说：“在大海中，不是能轻而易举就能救起一个人的！相反，救生艇也有可能因救一人而导致全部覆灭！也许，哈尔威已知道自己没法获救，因此也不想拖累别人，才出此下策——与船共亡!”

有一些同学执另一种观点，有的说：“我应该活着。今后，我还会为其他人，为社会做更多的工作，为社会作出更大的贡献。”

有的说：“因为只要人活着，就还有机会造出比‘诺曼底’号更好的轮船，为国家作出更大的贡献，成为对社会更有意义的人才，这才是真正的‘英雄’。”

还有的说：“虽然船没有了，还可以再造，可是人的生命只有一次，应该把握住每一次活下去的机会。”

如果单纯地从课堂教学角度来看，这个问题是非常容易解决的：反正有教学参考用书，教师只要简单地“纠正”学生所持的“不同意见”，就能够做到学生认知的统一，使全体学生的观点纳入“主流”：哈尔威船长以身殉职，履行了做人之道，是一个高大的人文形象，闪耀着人性的光辉。“与轮船共存亡”的观点，是人类历史光辉灿烂的人性标徽，是人类高尚情感的集中而又形象的诠释，永远值得我们学习。同时“弃船求生”的观点也有可取之处，审时度势，采取灵活的措施，这样船长能为社会作出更大的贡献，让人生更有意义，从而谱写更多英雄的篇章，这也并不会损害船长的高大形象。

说实话，这个学生的理解超出了我的意料，它闪耀着学生思维的火花和个性的光彩，如果没有延迟评价就没有这么鲜活的思维和独到的见解产生了。教师应采用延缓评价的方法，鼓励学生从自己的视角，对文本作出有个性的反应。学生在主动、积极的思维中，能够加深对课文的理解和体验，并读出鲜活的人物形象。

教师的延缓评价，让学生充分展现了鲜活的学情，也拓宽了学生思维的广度。

等待，需要鼓励的目光、真诚的微笑和激励的话语。只有等待才能真正为学生创造一个宽松的环境，还给学生一个表现的舞台，催生课堂上隐藏的无限精彩。

自主课堂实例

第四章

第一节 《九色鹿》教学实录与反思

【教学实录】

师：同学们，这节课我们继续学习九色鹿。

（生齐读课题。）

师：通过上节课的学习，大家已经知道了些什么？请大家交流一下。

生：我知道课文中讲了九色鹿不顾自己的生命危险从汹涌的波涛中救起了调达的故事，当时调达万分感激，并说他要知恩图报。

（师板书：知恩图报。）

师："知恩图报"中的"恩"在这里指什么？

（生朗读：九色鹿立即纵身一跃跳进河中，将落水之人救上岸来。）

师：当时调达打算怎样报答九色鹿？

（生朗读："谢谢你的救命之恩。我愿永远做你的奴仆，终身受你的驱使……"）

师：可是后来，调达为什么会给国王的军队带路去捕捉九色鹿呢？

（生自由朗读 6～7 自然段。）

师：大家说说为什么会这样？

生：调达看到了一张皇榜，他想得到赏金。

师：大家想象一下，这是一张怎样的皇榜？"重金悬赏"会是怎样的重金？

生：谁能抓到九色鹿，赏黄金万两。

师：是呀，多么诱人啊！面对重金悬赏的皇榜，调达想到了什么？忘记了什么？

生：调达想到了发财，忘记了救命之恩和自己的誓言。

师：真是“见利忘义”。

师：就是这重金、这利益让调达出卖了九色鹿？

（师板书：利。）

师：调达一心想发财，便带路去捕捉自己的救命恩人。请同学们自由读读课文 8～9 自然段。

（生自由读课文。）

（师引读：山林之中，……突然，……看，他进宫告密，还亲自带路。九色鹿从梦中惊醒，发现……，无法脱身。调达正站在国王的身边。）

师：（指画面）这就是那个又是叩头，又是感激，又是郑重起誓的调达吗？

生：不是。

师：设想此刻你就是九色鹿，你想对调达说些什么呢？你的心情怎么样？

生：调达，你真是个见利忘义的小人！

生：调达，你难道忘了你曾经许下的诺言吗？

生：调达，你忘记自己的誓言，做出这样的事情对得起自己的良心吗？

生：调达，你的所作所为会让天下人耻笑！

师：真是太令人气愤了！你能说说表示非常气愤的其他词语吗？

生：怒火中烧。

生：怒不可遏。

生：怒发冲冠。

生：怒火万丈。

生：义愤填膺。

师：九色鹿非常气愤地对国王说……请大家看屏幕一起读。

（生读：“陛下，您知道吗？正是这个人，在快要淹死时，我救了他。他发誓永不暴露我的住地，谁知他竟然见利忘义！您与这种灵魂肮脏的小人一起来残害无辜，难道不怕天下人笑话吗？”）

师：九色鹿能不非常气愤吗？正是这个人，当初我冒死相救。

（师出示：这天，九色鹿在河边散步。突然，耳边传来“救命啊，救命！”的呼喊，只见一个人在汹涌的波涛中奋力挣扎。九色鹿立即纵身跳进河中，将落水人救上岸来。）

（生读。）

师：想当初，你在汹涌的波涛中奋力挣扎，是我——

（生读：立即纵身跳进河中，将你救上岸来。）

师：九色鹿怎能不怒火满腔？正是这个人，曾经千恩万谢。

（师出示：落水人名叫调达，得救后连连向九色鹿叩头，感激地说："谢谢你的救命之恩。我愿永远做你的奴仆，终身受你的驱使……"）

（生读。）

师：想当初，你连连叩头，感激地说——

（生再读"谢谢你的救命之恩。我愿永远做你的奴仆，终身受你的驱使……"）

师：九色鹿怎么能不怒火万丈呢？他曾经郑重起誓。

（师出示：调达郑重起誓，决不说出九色鹿的住处，然后千恩万谢地走了。）

（生读。）

师：想当初，你郑重起誓——

（生朗读："决不说出九色鹿的住处，然后千恩万谢地走了。"）

师：而如今你调达——（引读第 7 自然段）

（师出示：你真是个________________的小人！）

师：谁来填一填？

生：你真是个见利忘义的小人！

生：你真是个忘恩负义的小人！

生：你真是个卑鄙无耻的小人！

……

师："您与这种灵魂肮脏的小人一起来残害无辜，难道不怕天下人笑话吗？"这句话中的"您"指谁？

生：国王。

师："小人"指谁？

生：调达。

师：谁能将这句话换成不用问号的句子？

生：您与这种灵魂肮脏的小人一起来残害无辜，会被天下人笑话的。

（师出示这两句话：

您与这种灵魂肮脏的小人一起来残害无辜，难道不怕天下人笑话吗？

您与这种灵魂肮脏的小人一起来残害无辜，会被天下人笑话的。）

（生朗读。）

师：大家说说哪一句更好？

生：我觉得反问句的语气更强烈，更能体会到当时九色鹿十分气愤的心情。

师：此时此刻，九色鹿的心情无比愤恨，让我们再来读一读。

（生齐读反问句。）

师：听了九色鹿的话，国王——

生：很惭愧。

（生齐读第九自然段。）

师：今天，我们学习了《九色鹿》这个故事，故事中的调达见利忘义、背信弃义、恩将仇报，受到了应有的惩罚；美丽的九色鹿善良、勇敢，得到了天下人的保护！这个生动的民间故事，深深地打动了我们。你能把这个故事讲给大家听听吗？

（生按故事顺序给错乱的几幅画排列。）

（生看图练习复述。）

师：同学们喜欢看连环画吗？老师这里有《九色鹿》的连环画，请同学们用简洁的话把画面内容写下来。

（生给连环画配文字。）

【教学反思】

有效地引导学生自主学习要求教师在把握文本时，不仅要能对文本进行科学的解读，能对相关文本与资源合理取舍，还要设法让学生进入文本。教学中让学生成为文本中的角色，是落实自主学习的比较有效的方法。

《九色鹿》是一则民间故事。讲述了九色鹿不顾生命危险救了落水的调达，并不要他的任何回报，只要他不向任何人泄露自己的住处。当时，调达郑重起誓决不说出九色鹿的住处，但在“重金”面前，他竟然见利忘义出卖了九色鹿，最终受到了惩罚。故事情节生动、语言浅显，学生很乐意读，而且一读就懂，所以这是一篇被许多人公认的“浅文”。但就是这样的一篇“浅文”，其中却蕴含着深刻的做人的道理：做人应当遵守诺言、知恩图报，而不应当见利忘义、背信弃义。因此，在教学中我着力把课文语言的“浅”和内涵的“深”有机结合起来。依托文本，又不局限于文本，大胆地进行创造性的重组。从九色鹿对国王说的话着手，“陛下，您知道吗？正是这个人，在快要淹死时，我救了他。他发誓永不暴露我的住地，谁知他竟然见利忘义！您与这种灵魂肮脏的小人一起来残害无辜，难道不怕天下人笑话吗？”以“利”和“义”为切入点，统领全文，形成鲜明的对比。同时，让学生设身处地站在九色鹿的角度，通过回忆、控诉，以读代讲等形式，引导学生与文本对话，读中感悟，在充分地“读、说、想”中，感受“大恩、巨利、重誓”，突显“利、恩、信”，引导学生体会其内在的关系，落实综合性的言语训练，层层推进，达到语言和精神的同生共长。

第二节　《酸的和甜的》教学实录与反思

【教学实录】

师：今天，我们继续学习童话故事——（生接读课题《酸的和甜的》）。通过昨天的学习，我们知道，这个故事里出现了四个小动物，谁能用“和”字说一句话。

生：狐狸、小松鼠、小兔子和小猴子。

师：加上哪里有这些小动物，就能把话说完整了。

生：故事里的小动物是狐狸、小松鼠、小兔子和小猴子。

师：小朋友还能用“有……还有……”来说吗？

生：故事里的小动物有狐狸、小松鼠、小兔子，还有小猴子。

师：主要讲了一个什么故事呢？

生：狐狸没吃到葡萄就说葡萄是酸的，小松鼠、小兔子也跟着说是酸的，只有小猴子尝过了才知道是甜的。

师：看来这个故事都跟葡萄有关系。

（师出示葡萄。）

（生读。）

（师出示：一（　　）葡萄。）

师：我们可以怎么说？

生：一颗葡萄。

生：一串葡萄。

生：一串串葡萄。

生：一颗就是一粒，一串表示有几粒，一串串表示有几百粒。

师：把它们的变化读出来。

（生齐读。）

师：这些词虽然都表示数量，但它们的数量可不一样。“颗”和“串”都是生字，你有什么好办法去记呢？

生：葡萄是果子，所以“颗”里有个果子，“串”像有个棒子把东西串起来。

师：看到这个“串”字，你想到了什么？

生：葡萄是好多颗连在一起的。

生：想起昨天吃的烤章鱼丸就是串起来的。

师：两个小朋友很会想办法。葡萄是种果实，所以左边是“果”，“颗”这个字还可以说一颗什么呢？

生：一颗星星，一颗珠子……

师：小朋友说的东西都是很小的，颗粒状的，就要用这个“颗”字，右边是页字旁。

师：葡萄园里挂满了葡萄，一串又一串。看，葡萄架下来了一只狐狸。

（师出示：“他一会儿转来转去，一会儿跳起来摘葡萄。”）

（生读。）

（师纠正“转、一”的读音，引导学生关注“一会儿……一会儿……”）

师：葡萄架上的葡萄真多啊！狐狸他——

（生读。）

师：一串串葡萄紫红紫红的，多么诱人啊！狐狸他——

（生齐读。）

师：小狐狸转啊转，跳啊跳，可是——

生：一颗也没摘到。

师：狐狸心里呀——

生：很着急。

师：着急什么？

生：一颗也没摘到。

师：小狐狸，你心里怎么样？

生：我心里很难受。

师：心里真是难受。小狐狸转啊跳啊，可是一颗也没摘到，他心里又着急又难受，于是他指着架上的葡萄说——（出示："这葡萄是酸的，不能吃！"）

（生个别读。）

师：呀，真的是酸的。

师：这话被树上的小松鼠听到了，它心里想——

（师出示："狐狸很聪明，他说葡萄不能吃，那一定是很酸的。"）

（生读。）

师：小松鼠是这样想的——

（生再读。）

师：小松鼠啊，不仅自己心里这样想，他还把狐狸说的话告诉了小兔子。

（师出示："告诉"。）

（生齐读。）

师：课文中说的是谁告诉谁呀？

生：小松鼠告诉小白兔。

师：小松鼠告诉小白兔什么呢？

生：葡萄是酸的，不能吃。

师："告诉"的"告"怎么记？

生：我是这样记的，"告"是用嘴巴说的，所以有个"口"字。

生："诉"也是用嘴巴说的，所以有个"言"字。

（师示范写"告"。）

师：你有没有其他办法记“告”这个字？

生：“告”是用嘴巴的，上面是一撇加土，下面是个口字。

师：他还联系了一个熟字来记，这些都是学习生字的好方法，我们还可以编顺口溜来记，“一口咬掉牛尾巴”。

（生在纸上描一个写一个。）

（师范写“诉”。）

师：提示同学们一下，这一点不能忘了。

（生练写。）

师：故事里说，小松鼠把狐狸说的话告诉了小兔子，小松鼠会怎么说呢？

（师饰演小松鼠。）

（生饰小兔子。）

生：既然你们两个都这么说，我相信了。

师：谁也来学一学小松鼠告诉小兔子的过程呢？

生：小兔子说：“我听狐狸说这葡萄很酸，不能吃！”

师：小松鼠告诉小兔子——这葡萄是酸的，不能吃。请大家读课文，看小兔子是怎么想的。

（生读课文。）

生：狐狸和小松鼠都说葡萄是酸的，那一定不能吃！

师：此时，小松鼠、小兔子都确信这葡萄是酸的，不能吃，可小猴子怎么知道这葡萄是甜的呢？

（生听课文录音片段“这时，来了一只小猴子……”）

师：小猴子怎么知道的呢？

生：因为他尝过，所以他知道葡萄是甜的。

师：小猴子是尝过了，才知道葡萄是甜的。看看，这时来了一只小猴子，谁来读给大家听听？

（生读。）

师：这里有个词语，她读得很准确，你们有没有听出来？

师：请一位小朋友再来读读。

生：迫不及待。

师：听出来了，这葡萄是紫红的，多么诱人哪！小猴子——

生：特别想吃。

师：小猴子心里——

生：小猴子很着急。

师：小猴子动作可快了，谁再来读？

（生读。）

师：这个小朋友把“迫不及待”读得特别好，其他同学自己试试看。

（师引读“小猴子迫不及待地……”。）

（师出示：小猴子爬上葡萄架。

小猴子迫不及待地爬上葡萄架。）

师：同样是写小猴子，这两个句子有什么不同？

生：一个是迫不及待地爬上葡萄架。

生：第一句没有写出他的心情，第二句话写出了他的心情。

师：有了迫不及待，能看出他心里怎么样？

生：很着急。

师：那你来读一下。

师：小兔子看见了，说——

（师出示句子：不能吃，不能吃，这葡萄是酸的！）

（生读。）

师：这兔子说得不急不慢的，谁再来读，看小兔子怎么说的？

（师出示：小兔子（连忙）说：“不能吃，不能吃，这葡萄是酸的！”）

（生读出着急的心情。）

师：还能将“连忙”换成其他词语说说吗？

生：急忙、立刻、马上、赶紧。

（生读相应的句子，师生分角色表演。）

师：小兔子，你吃过吗？

生：我没吃过。

师：那你怎么知道葡萄是酸的呢？

生：我是听小松鼠说的。

师：那我再来问问小松鼠，小松鼠，这葡萄你吃过吗？

生：我没有。

师：你是怎么知道葡萄是酸的？

生：狐狸说这葡萄酸得很，不能吃。

师：小兔子没吃过，小松鼠也没敢尝。他们一个是听松鼠说的，一个是听狐狸说的，原来呀，小松鼠和小兔子都是“听说”的。

（师板书：听说。）

师：小猴子听了兔子的话后怎么做的呢？

（生一边读一边做动作。）

师：看哪只小猴子做得像故事里的小猴子？

（一学生表演小猴子大口大口地吃，众生笑。）

师：看着小猴子这样吃，你能看出什么？

生：小猴子吃得很开心。

生：这葡萄一定很甜。

师：哪里让你觉得他吃得很开心？

生：大口大口地吃。

（师出示：（　　）大口大口地吃起葡萄来。）

师：还可以怎么说？

生：小松鼠大口大口地吃起葡萄来。

师：旁边的小松鼠、小兔子看到了，也大口大口地吃起来。

生：（小松鼠）也大口大口地吃起葡萄来。

师：我们还可以这样说：（　　）和（　　）都大口大口地吃起葡萄来。

生：小兔子和小松鼠都大口大口地吃起葡萄来。

（师出示：“啊！真甜。”）

（生一起读。）

师：小猴子一尝就知道这葡萄是甜的。

（师板书：尝过。）

（生齐读：“啊！真甜。”）

师：小松鼠、小兔子吃过这个葡萄，有点不明白，狐狸为什么硬说葡萄是酸的呢？

（师板书：硬说。）

生：因为他自己吃不到，所以他也不想让别人吃到。

（师出示儿歌。）

葡萄圆，葡萄大，
狐狸见了口水挂，
摘不到，硬说酸，
松鼠兔子信了他。
小猴子，不轻信，
摘下葡萄自己尝，自己尝！

（生读。）

师：学了这个故事，读了这首儿歌，你有什么话要告诉这些小动物吗？

生：我要告诉松鼠和兔子，别人说的话不一定是真的，有时候要自己尝一尝才知道。

师：有没有小朋友有什么话要对猴子说的？

生：你不轻易听信别人说的话，还会自己去尝试，真好！

师：如果同学们在以后的生活中也能够像小猴子一样，勤于思考，遇到事情多尝试，那么你们一定会有许多新的发现的！

（生写字。）

【教学反思】

郭思乐教授强调：要让学生广泛、自主地阅读，大量进行语言文字活动，形成学生的语文能力。语文能力就附着在他们的语言表意上，这不过是与生俱来的像吃饭睡觉那样自然的能力。生本理念是对传统教学理念及教学模式的极大挑战，生本课堂应该让学生在灵活多样的学习方式中，调动已有的知识积累，以自己喜欢的方式积极而主动地投入学习，并享受到学习的快乐。

1. 和谐氛围，在快乐的课堂中享受学习

宽松和谐的教学氛围是上好课的前提。上课之前，我和孩子们一起背诵儿歌《秋天到》，大家一边拍手一边背，摇头晃脑地陶醉其中，很是快乐。课堂上，听故事演角色，引导学生展开想象，“小兔子”“小猴子”投入其中，最后我把课文改编成一首儿歌：“葡萄圆，葡萄大，狐狸见了口水挂。摘不到，硬说酸，松鼠兔子信了他。小猴子，不轻信，摘下葡萄自己尝，自己尝!”以儿歌的形式再现文本，集巩固识字、概括内容、体悟内涵、总结课文为一体。最后把揭示文本寓意与学生想象和说话训练结合起来，借小朋友之口，以告诉小动物的形式说出了学习这一童话的收获和体会。整堂课上师生和谐相处，教师的热情鼓励和有效引导让孩子们学得轻松又快乐。

2. 随文识字，在灵活的学法中彰显自主

识字是低年级课堂教学的一个重要组成部分，识记字形和理解字义，二者相辅相成。为了落实“在阅读中识字学词的阶段目标”，我采用随文识字的方式，赋予生字具体的情境，把“迫不及待”“大口大口”两个词语的训练放在重点句子中，引导学生在朗读体会中，在生活经验里感知、理解、运用。在对“串、告、诉、颗”的教学中，充分引导学生自主识字。如学习“串”这个象形字时，引导学生想象“看到这个字你想到了什么?”学生马上联想到了烤章鱼串等，因为这些东西都是用一根棒在中间穿着的；学到“颗”这个形声字时，又引导学生“还可以说一颗(　　)”。学生说了很多，继续追问“这些东西都是什么形状的?”学生由此得出：这些东西都是颗粒状的。再如对于“告诉”两个字的教学，结合字的意思，让学生发现规律，这两个字和说话有关系，一个是口字底，一个是言字旁，同时让学生想办法记住它们的字形。教师相机点评：用熟字记，想想字的意思记，编儿歌记……这样的教学，充分调动了学生已有的生活经验，把识字教学和实际生活紧密结合起来，教给学生识字的方法，激发了学生自主识字的兴趣。

3. 感悟语言，在多样的训练中丰富积累

小学阶段是学生语文素养的初步形成期，是奠定基础的重要阶段。所以，在小学阶段，必须注重语文基本素质的训练与养成。二年级属于低年级段，应该培养学生初步理解词句的能力，让学生学会在运用中积累。这节课我抓住关键的词句，启发学生反复揣摩、深刻理解，重点引导学生比较两组句子，通过感情朗读、看图画、换词语、联系生活实际谈感受等多种生动活泼的形式，帮助学生多角度地理解词语，积累语言。这种精雕细刻式的阅读和讨论，会使学生潜移默化地理解作者遣词造句的精妙，理解把句子写具体、写生动的妙处。低年级是练习说话写话的关键年段，有意识地渗透相关的句式是培养学生说话、写话能力的重要方法。一开始，我就让学生用“……和……”以及“有……还有……”说说故事里有哪些小动物。通过说话练习，让学生掌握在表达好几种事物的时候，可以用上以上两种句式，潜移默化地培养学生说话的条理性。在学到“小猴子听了，大口大口地吃起葡萄来”这句话时，让学生进行填空练习：

（　　）大口大口地吃起葡萄来；（　　）也大口大口地吃起葡萄来；（　　）和（　　）都大口大口地吃起葡萄来。

三个句子一句比一句复杂，对“也”“都”的区别在句式训练中得到落实。这种循序渐进的句式训练，从课文中来，回到课文中去，更会走到生活中去，对学生的影响是显而易见的。

通过句式的比较和词语的变换，让学生体会到关键词语表达的不同效果，引导学生通过读一读、品一品、想一想，感受语言文字的魅力，播下“品味语言”的种子。

4. 阅读明理，在真切的体验中深化情感

朗读是将无声的书面语言转化为有声语言的过程，理解感受语言，引导学生朗读，是一种学生与文本的交流，学生与学生心灵交流的动态过程。朗读是低年级的训练重点，应在学生读得正确、流利的基础上指导他们有感情地朗读课文，引导他们读出不同角色的特点，读出不同的情感体验。这堂课上，虽然面对的是低年级的学生，我仍然十分注重学生独特的阅读感受，在引导学生深入体会语言文字的基础上，引导学生进行朗读。如教学课文描写小猴子迫不及待地爬上葡萄架吃葡萄的那句话时，教师先引导孩子讨论：小猴子的心情怎么样？怎么知道的？（学生找出“迫不及待”这个词）教师又引导孩子比较两个句子的不同，再次体会小猴子着急的心情，然后再让学生读句子。学生在读中感悟，悟中再读，体现了朗读指导的层次性。再如，教师和学生一起戴上头饰进行兔子、松鼠、猴子的角色对话，让学生加上动作表演朗读“小猴子大口大口地吃起葡萄来”，有重点地指导学生读好描写小松鼠、小兔子、小猴子等的语言和动作的语句，使学生充分地在读中感悟，培养语感、积累语言，深化学生对课文的理解。所有的学生都积极参与到了朗读中去，课堂真正尊重了学生的阅读感受，把朗读训练落到了实处。

同时，引导学生想象小狐狸和小猴子的心理活动，加深学生的情感体验，为学生的感情朗读作好铺垫。教学中，尊重学生个体的感受和独特的体验，鼓励学生发表读书的不同感受。如指导学生读狐狸的话时，要让学生带着自己的理解，读出自己的感受，学生有的读出的是着急的感觉，有的读出的是难过的感觉，有的读出的是失望的感觉……在引导学生解决“为什么狐狸硬说葡萄是酸的?”这一问题时，允许学生有不同的理解……

我们追问语文教学的本义，追问语文教学的价值，追问语文教学的灵魂……目的在于了解语文教学的外延，明晰语文教学的内涵，并以此为出发点增强语文教学的活力。课堂是有机的，要让师生的主体性充分、自由、和谐地发展，我们必须构建起一种新的教育情境，让课堂焕发出生命的活力。

课堂教学是科学，更是艺术。一堂课是快乐而短暂的，而语文教学的实践与研究却永无止境，在今后的教学中，教师要更机智、灵活地把握课堂生成。如当学生读了“小兔子连忙说：‘不能吃，不能吃，这葡萄是酸的!’”后发现从感叹号也能看出小兔子着急的心情时，教师只是简单地表扬了一下这名学生，“你还能关注标点符号。”却没有进一步深究，课堂上哪怕再读一读，把这份感情读出来，那时的感觉也许会更好。诸如这样的细节，在以后的教学中如果能很好地把握生成，那么将收获更多不曾预约的精彩。

第三节 《夹竹桃》教学实录与反思

【教学实录】

师：今天我们继续学习《夹竹桃》，通过上一节课的学习，相信大家对夹竹桃已经有了不少了解，现在把你所知道的跟大家说说吧。

生：夹竹桃是一种常见的植物，一年四季都会开花。

生：夹竹桃是一种普通的花，能净化空气。

生：夹竹桃不是名贵的花，也不是最美丽的花。

（师出示：夹竹桃不是名贵的花，也不是最美丽的花，但是对我说来，它却是最值得留恋最值得回忆的花。）

（生读。）

师：季老先生为什么说夹竹桃是最值得留恋最值得回忆的花呢？文中有句话直接写出了季老先生爱上夹竹桃的原因。

（生找出句子，交流。）

（师出示：这样的韧性，又能这样引起我许多的幻想，我爱上了夹竹桃。）

（生读。）

师：这里的"韧性"是什么意思呢？课文中哪一自然段写出了夹竹桃的这份韧性？

（生默读课文，圈画批注。）

（同桌小声交流。）

师：哪些地方让你感受到了夹竹桃的这种韧性？

（生读："夹竹桃却在那里悄悄地一声不响，一朵花败了，又开出一朵，一嘟噜花黄了，又长出一嘟噜。"）

生：我从"一朵花败了，又开出一朵，一嘟噜花黄了，又长出一嘟噜。"这里感受到了夹竹桃的韧性。特别是"又"字，让我感觉到它一直在开。

师：你能把这种感觉读出来吗？

（生读。）

（师在"又"字下加点。）

生：我从"悄悄地一声不响"这句话中也感受到了夹竹桃的韧性。它默默地，不声不响却在不停地开放。

师：就这样不停地开，坚持不懈，这就叫作"韧性"。

（生齐读句子。）

师：夹竹桃的韧性还表现在哪里呢？

（生读："在和煦的春风里，在盛夏的暴雨里，在深秋的清冷里，看不出有什么特别茂盛的时候，也看不出有什么特别衰败的时候，无日不迎风吐艳。"）

师：能具体说说吗？

生：就是一年四季都在开。

生："无日不迎风吐艳"就是没有一天不开的。

师：说得真好！（师在"无……不……"下加点）

师：大家把"无……不……"换成"日日都"来读读看。

（生读。）

师：同学们，在和煦的春风里，在盛夏的暴雨里，在深秋的清冷里，不同的季节，不同的气候，无论是怎样的环境，夹竹桃都不畏艰难，始终如一，这就是"韧性"。

生："从春天一直到秋天，从迎春花一直到玉簪花和菊花，无不奉陪。"也能看出夹竹桃很有韧性。迎春花是春天开的，菊花是秋天开的，而夹竹桃从春天到秋天一直在开。

师：为什么说夹竹桃一直在开呀？

（生读句子，而且突出了"一直""一直""无不奉陪"。）

生：我就是从"一直""一直""无不奉陪"这些词语中感受到夹竹桃的韧性的。

（师在"一直""一直""无不奉陪"这些字下面加点。）

师：请大家一起来读一读。

（生齐读。）

师：同学们，大家看"无不""无……不……"这种语言表达方式比较特殊，连用了两个否定，却让我们更加强烈地感受到了夹竹桃的这种韧性。

（师出示：这一点韧性，同院子里那些花比起来，不是显得非常可贵吗？）

师：请你们读一读，将这个句子换个说法。

生：这一点韧性，同院子里那些花比起来，就显得非常可贵。

师："那些花"是指哪些花呢？

（师出示第三自然段。）

（生读。）

师：听了她们的朗读，我们仿佛看到了什么样的景象呢？

生：我仿佛看到，季先生的院子里，五彩缤纷、花团锦簇。

生：我看到院子里各种花竞相开放，争奇斗艳、美不胜收。

生：院子里鲜花盛开，万紫千红，非常漂亮。

（师引读：是呀，每年春天……到了夏天……一到秋天……）

（生反复读：夹竹桃在那里悄悄地一声不响，一朵花败了，又开出一朵，一嘟噜花黄了，又长出一嘟噜。）

（师出示：夹竹桃（　　）在那里悄悄地一声不响，一朵花败了，又开出一朵，一嘟噜花黄了，又长出一嘟噜。）

师：夹竹桃就是这样，始终如一，坚持不懈。括号里还能换上哪些词语呢？

（生填空：也、还、仍。）

师：夹竹桃就是这样……

（生齐读：从春天一直到秋天，从迎春花一直到玉簪花和菊花，无不奉陪。）

师：夹竹桃就是这样，不畏困难，坚忍不拔。这一点韧性，同院子里那些花比起来，不是显得非常可贵吗？

师：同学们，尽管庭院中的花一年三季花开花落，万紫千红，然而一墙之隔的大门内，夹竹桃却在那里一声不响，无日不迎风吐艳，一年三季常开不败。多么有韧性的花，难怪作者那样喜欢它！

师：季先生想到自己坎坷的经历，看着这坚韧的夹竹桃，喜爱之情油然而生。

（师出示："夹竹桃不是名贵的花，也不是最美丽的花，但是对我说来，它却是最值得留恋最值得回忆的花。"）

师：夹竹桃的韧性是难能可贵的，让我们大家都爱上了它，但是，夹竹桃的妙处远不止于此，月光下的夹竹桃更是别有一番情趣，让我们再去领略一下她月下扑朔迷离的风姿吧！

（生自由读第五自然段。）

师：请说说你知道了什么？

生：这段主要写了月光下夹竹桃的美丽，并引起了"我"许多幻想。

师：皎洁的月夜，当你站在它下面，（引读）这是一番怎样的景象啊？

师："叶影参差""花影迷离"的夹竹桃带给我们无穷无尽的想象，我们一起去欣赏一下吧！

（生默读，思考作者想到了哪些。）

生：作者想到了地图、荇藻、墨竹。

（生朗读。）

（师出示：这样的韧性，又能这样引起我许多的幻想，我爱上了夹竹桃。）

（生读。）

师：作者已经深深地爱上了夹竹桃的韧性以及它带来的无限幻想。

（生齐读：这样的韧性，又能引起我许多的幻想，我爱上了夹竹桃。）

师：课文学完了，请你选择自己喜欢的一两个句子背下来。

（师出示补充材料：季羡林先生一生学贯中西，被人称为“学界泰斗”，是“2006年感动中国”获奖人物之一，他为人所敬仰，不仅因为他的学识，还因为他的品格。他曾说过：“即使在最困难的时候，也没有丢掉自己的良知。”他在“文革”期间偷偷地翻译印度史诗《罗摩衍那》，又完成了《牛棚杂忆》一书，其中凝结了很多对人性的思考。他的书，不仅是自己一生的写照，也是近百年来中国知识分子生活历程的反映。1935年10月，季羡林到德国哥廷根大学留学期间说：“我梦想，……我能读一点书，读点古代有过光荣而这光荣将永远不会消灭的文字。我不知道我能不能捉住这个梦。”现在即使身居病房，仍然坚持读书写作。）

（生自主阅读。）

师：有兴趣的同学课后可以去读读季羡林的原文《夹竹桃》，想一想，夹竹桃成为作者最值得留恋最值得回忆的花还有没有其他的原因。

【教学反思】

语文课标中指出，“阅读是学生个性化的行为，不应以教师的分析来代替学生的阅读实践。”教学一开始，我通过复习紧紧抓住课文第一自然段和最后一个自然段，以作者的感情为主线，以最后一个自然段为突破口——夹竹桃的韧性是“我”爱上夹竹桃的原因之一，直奔中心学习重点段。第四自然段主要讲的就是夹竹桃可贵的韧性。这一自然段的教学，我以读为主，力求通过个性阅读，引导学生读中学文，读中生悟，由悟生情。我让他们细细品读，从”悄悄地”“一声不响”中读出，“韧性”就是默默无闻的奉献。从“在和煦的春风里，在盛夏的暴雨里，在深秋的清冷里……无日不迎风吐艳”读出夹竹桃的坚强。从“一直……一直……无不奉陪”中体会出夹竹桃顽强的生命力，从而感受到“韧性”就是坚强，就是默默地奉献，就是坚持不懈。教学到这个环节，学生对夹竹桃的韧性已有了初步的了解，但我认为，他们并没有真正领悟到作者对夹竹桃可贵韧性的那种发自内心的赞美之情。第三自然段对于第四自然段而言，所起的是对比衬托的作用。这一自然段无需过多讲解，可以通过对比朗读的方式，将春、夏、秋三季的花与夹竹桃进行对比朗读，学生就不难体会到夹竹桃默默无闻以及可贵的韧性，也就不难体会第三自然段所起的对比衬托作用。于是，我便抓住关键句“然而，在一墙之隔的大门内，夹竹桃却在那里悄悄地一声不响，一朵花败了，又开出一朵，一嘟噜花黄了，又长出一嘟噜。”一句中“却”字的替换，设计了回环朗读，让文本不断地再现，让学生走进了作者的心灵，一起去感受。

回顾这一节课，我重视了对学生语文素养的培养，注重了朗读，通过换字、说话等活动落实语言文字的训练。尊重学生，开放教学，给他们比较充分的阅读和思考的时间，给予他们自主选择的机会，让学生自主学习，自我感悟。不足之处在于在实际教学活动中对学生的实际情况了解不够，有些高估了学生的水平，虽然课堂上教师有意识地引导学生去发现、去朗读、去背诵，但学生的主动参与性不够，学习的热情不够高涨。今后要努力激发学生的学习兴趣，引导他们更加积极地投入到课堂中来，为学生张扬个性、激扬灵性服务。

课堂教学是一门遗憾的艺术，教无止境，学无止境，真正静下心来研读课文，真正实实在在走进课堂，真正以一个批判者的角度来进行教学反思，才会发现有许多精彩之处还在等着我们挖掘，才会发现还有很多遗憾留着我们在将来的课堂中去弥补。

第四节 《黄果树瀑布》教学实录与反思

【教学实录】

师：同学们，今天，我们继续学习——黄果树瀑布。

（生齐读课题。）

师：通过上堂课的学习，大家已经知道了些什么？

生：课文写了黄果树瀑布的声响、形态以及作者的感受。

（师板书：声响 形态 感受。）

生：黄果树瀑布的景色很美，是大自然的杰作。

师：黄果树瀑布给我们留下了怎样的印象？用一个字或一个词语说说。

生：黄果树瀑布非常美，非常壮观。

生：黄果树瀑布气势非凡……

师：用一句话来说呢？

生：黄果树瀑布，真是一部大自然的杰作！

（师出示：黄果树瀑布，真是一部大自然的杰作！板书：杰作。）

（生读。）

师：什么样的作品称得上杰作，这里的杰作就是什么？

生：非常优秀的，杰出的作品才称得上是“杰作”。这里就是指黄果树瀑布。

（生朗读“杰作”。）

（师出示：《黄果树瀑布》。）

师：请大家比较一下，发现有什么不同吗？

生：老师现在出示的，多了一个书名号。

师：这两者意义相同吗？

生：没有书名号的是指瀑布，有书名号的是指这篇课文。

师：如果说“黄果树瀑布，真是一部大自然的杰作！”那么《黄果树瀑布》又是谁的杰作呢？

（师出示：《黄果树瀑布》，真是谁的杰作！）

生：李有贵。

（师板书：李有贵。）

师：今天我们不仅要欣赏和感悟黄果树瀑布这部大自然的杰作，还要领悟作者李有贵是怎样写出《黄果树瀑布》这篇杰作的。

师：请同学们自读课文，合作学习。

共学单

黄果树瀑布是大自然的杰作！我的发现：____。
我的感受：____。
《黄果树瀑布》是篇杰作。理由：____。

（生小组合作学习，完成共学单。）

师：哪一组先来交流？

生：黄果树瀑布很壮观，课文中写了它的声响特别大，“刚进入黄果树风景区，我们便听到“哗哗”的声音从远处飘来，就像是微风拂过树梢，渐近渐响；最后像潮水般涌上来，盖过了人喧马嘶，天地间只存下一片喧嚣的水声了。”

师：具体说说是哪些地方让你感受到的。

生：刚进入景区便听见“哗哗”的声音，而且越来越响，盖过了人喧马嘶。

师：请你把这种感觉读出来。

（生读。）

生：我有个问题，“喧嚣”是什么意思？

生：“喧”就是喧闹、喧哗，“喧嚣”就是说水声很大。

师：是呀，这水声真大！

（师板书：大。）

师：刚才这位同学刚进入景区，就听到了喧嚣的水声，感受到了瀑布声响特别大，你又是从哪里感受到的呢？

生：那“哗哗”的水声便成了千万架织布机的大合奏。我是从“哗哗”“千万架”这些词语中感受到的。

师：请你读给大家听听。

（生读。）

师：请问这位同学，你为什么把“千万架”读得这么重？

生：因为千万架是很多很多，越多说明那声音就越响。

师：真好！让我们也像他一样来读一读。

（生读。）

师：大家还从哪里感受到了瀑布的巨大声响呢？

生：我觉得“大合奏”也能说明它的声音很大。

师：请你读读。

（生读。）

师：你听到的是大合奏。

（生齐读。）

师：我们还听到了怎样的瀑布声？

生：瀑布从岩壁上直泻下来，如雷声轰鸣，山回谷应。

师：这巨大的声响还能用哪些词语来说说？

生：响彻云霄。

生：万马奔腾。

生：震耳欲聋。

（师出示：响彻云霄、龙吟虎啸、锣鼓喧天、万马奔腾、千人击鼓、震耳欲聋。）

（生读。）

（师出示：黄果树瀑布，真是一部大自然的杰作！）

（生齐读。）

（师出示：① 刚进入黄果树风景区，我们便听到“哗哗”的声音从远处飘来，就像是微风拂过树梢，渐近渐响；最后像潮水般涌上来，盖过了人喧马嘶，天地间只存下一片喧嚣的水声了。② 那“哗哗”的水声便成了千万架织布机的大合奏。③ 瀑布从岩壁上直泻下来，如雷声轰鸣，山回谷应。）

师：请大家仔细看看这三句话，有什么新的发现呢？

生：这三句话都写了瀑布的声音。

生：这三句话都是运用比喻的手法来写瀑布的声音的。

师：说得真好，你有一双会发现的眼睛。

（生鼓掌。）

师：刚进入景区就听到“哗哗”的水声渐近渐响，一路上作者不仅听到了震耳欲聋的瀑布声，还看到了怎样的壮观景象呢？

生：透过树的缝隙，便看到一道瀑布悬挂在岩壁上，上面折为三叠，好像一匹宽幅白练正从织布机上泻下来。

师：“白练”知道吗？

生：就是白布。

师：这瀑布高近 80 米，最宽处有 100 多米，相当于 12～13 个教室那么宽。

（生发出阵阵惊叹，齐读。）

师：这真是大自然的杰作啊！

师：透过文本的字里行间，你还看到瀑布的哪些美丽的形态呢？

生：瀑布激起的水花，如雨雾般腾空而上，随风飘飞，漫天浮游，高达数百米，落在瀑布右侧的黄果树小镇上，形成了远近闻名的“银雨洒金街”的奇景。

师：这是一番怎样的景象啊！请大家闭上眼睛，想像一下，看到了一个怎样的小镇呢？

（个别学生读，大家闭上眼睛想象。）

（师补充词语：水雾蒙蒙、如梦如幻、艳阳高照、金光灿灿。）

师：瀑布激起的水花，如细雨，如浓雾，仿佛一层轻纱笼罩着的小镇，在阳光的照射下，闪耀着金色的光芒，熠熠生辉，那真是“银雨洒金街”啊！

师：黄果树瀑布虽不如庐山瀑布那样长，但远比它宽，所以显得气势非凡，雄伟壮观。

（师引读，板书：宽。）

（生读：黄果树瀑布，真是一部大自然的杰作！）

（生看视频。）

（师引读第五自然段。）

（师出示：瀑布（　　）入谷底（　　）出的水珠直（　　）到我们的脸上，凉丝丝的，舒服极了。）

（生填空：瀑布（泻）入谷底（溅）出的水珠直（洒）到我们的脸上，凉丝丝的，舒服极了。）

师：这种舒服的感觉你体会过吗？

师：看着这气吞山河的黄果树瀑布，会有怎样的感受？请快速浏览课文第6～7自然段。

（生浏览6～7自然段。）

师：有什么感受？大家交流一下。

生：坐在下面，仿佛置身于一个圆形的乐池里。四周乐声奏鸣，人就像漂浮在一片声浪之中，每个细胞都充满了活力。

生：聆听着訇然作响的瀑布声，只觉得胸膛在扩展，就像张开的山谷，让瀑布飞流直下，挟来大自然无限的生机。

生：令人心旷神怡、精神倍增。

师：坐在瀑布近旁，任水珠打湿脸庞、衣衫，听着瀑布的轰响，感受是那样的豪迈——胸膛在扩张，就像张开的山谷，让瀑布飞流直下，挟来大自然无限的生机，周身的血脉随着这訇然作响的瀑布而奔腾！真是人瀑相融了！

师：看这塑像——徐霞客，他遥对瀑布，仿佛在凝神谛听远处的瀑布声，他完全沉醉了。连徐霞客这样一位足迹几乎遍及全国名山大川的地理学家都陶醉了，可见这黄果树瀑布真是不同凡响啊！黄果树瀑布，真是一部大自然的杰作！此时此刻，我们也完全沉醉了。

（师板书：醉。）

师：我们虽然没见过黄果树瀑布，可读了这篇课文，让我们仿佛身临其境，雷鸣般的瀑布声不绝于耳，眼前白练飞泻，气势磅礴。黄果树瀑布栩栩如生地展现在我们面前，知道这是为什么吗？

生：写得生动形象，运用了许多比喻句。

（师板书：巧用比喻。）

师：如果说这些好词佳句是散落在文中闪亮的珍珠，那么写作的顺序就是将这些珍珠串成精美项链的丝线。看看本文是按怎样的顺序写的，并找出表示地点转换的词句。

（生交流。）

（师出示：刚进入黄果树风景区　透过树的缝隙　来到谷底　离开谭边）

师：作者分别是在：刚进入黄果树风景区、透过树的缝隙、来到谷底这三个地方欣赏了黄果树瀑布，最后离开谭边，在写作上这叫“移步换景”。

（师板书：移步换景。）

师：作者运用生动形象的比喻让我们感受到了，黄果树瀑布的声响很大，它的形态很宽，给我们留下了深刻的印象。黄果树瀑布，真是一部大自然的杰作！令游人赞叹不绝，许多诗人和作家都像李有贵一样留下了赞美黄果树瀑布的杰作。请看下面这首诗！

赞黄果树瀑布

初春
您是妖娆的，
如长发飘飘的少女，洁白的皮肤轻罩翡翠的裙
玉立亭亭；
仲夏
您是猛烈的，
像骠悍的壮士，在斧劈的绝壁
惊天动地，猛泄狂奔；
中秋
您是迷人的，
像满含韵味的妇人，将遍野的红枫
点燃秋水的激情；
隆冬
您是深沉的，
如须发苍白的老人，在冰雪覆盖的山顶
声声讲述——

黄果树瀑布多姿的风彩

壮美的永恒……

（生自由读。）

师：此时的你又想怎样赞美黄果树瀑布呢？

【教学反思】

《黄果树瀑布》是一篇文笔优美、构思巧妙、富有感情的散文（游记）。作者通过记述自己浏览黄果树瀑布的所见、所闻、所感，不仅写出了黄果树瀑布的雄伟壮观之美，更向我们展示了大自然的勃勃生机。展现了一幅人与自然和谐相融的美好画卷，表现了大自然的无限生机对人性情的陶冶。

苏霍姆林斯基曾这样说过："我一千次地确信，没有一条富有诗意的、感情的和审美的清泉，就不可能有学生全面的智力发展……教育，如果没有美，没有艺术，那是不可思议的。"教学这样的美文，让学生通过媒体，借助范文，进入美的境界。通过小组合作，自主学习，与文章产生共鸣，尽可能让学生充分地、最大限度地去感知、体验课文中的美——黄果树瀑布的壮美和情致的和美。

1. 比较质疑，激发兴致

第二课时伊始，紧扣"杰作"两字，不仅要让学生知道黄果树瀑布是大自然的杰作，而且要让其认识到《黄果树瀑布》这一作品也是部杰作，以此来激发学生的学习兴致，使他们急切地想了解黄果树瀑布的神奇与壮美。语文教学不仅要让学生知道写了什么，而且要学习文章是怎么写的。

2. 借助媒体，品悟壮美

新课标中强调："要让学生充分地读，读中感知，读中感悟，培养语感，进而理解课文。"遵循这样的教学理念，在教学中，充分地放手让学生去读，从读中品味瀑布的特点，感受作者的用词之精、用词之美。有些文句学生一下子难以想象画面，此时可借助媒体开启他们的想象之门。

在学生研读想象的基础上，播放瀑布渐近渐响的声音，让学生畅谈感受，各抒己见。当要求学生用朗读来表达感受时，就无需多加指导，他们已能读出瀑布渐近渐响，充分体现由轻柔到訇然作响的特点。

对于"腾空而上、随风飘飞、漫天浮游、银雨洒金街"等这几个词语，很难在一些想象力较弱的学生脑海中产生具体的画面，所以在学习这一段内容时，一张张水花飞溅、漫天飞舞的图片，一幕幕瀑布飞泻的录像画面适时出现在课堂中，学生自然而然地进入了画面创设的情境之中。情由境生，如此美妙之境怎能不让学生感受到瀑布挥洒飘扬之美？再配上悠扬的音乐，朗读也成为了一种另有风味的美。在欣赏黄果树瀑布壮美的同时，也在聆听一支唱响在孩子心中的赞歌。通过反复朗读“黄果树瀑布，真是一部大自然的杰作!”这句话后，学生的感受便得到了升华。

3. 自主学习，收获方法

在精读感悟这一环节，同学们通过小组合作学习，在完成共学单的过程中，自读自悟，发现自然的壮美，发现写作的方法。共学单的提示为学生自学指引了方向，这时再给学生充分的学习和讨论时间，可以发现学生不仅学习热情较高，且对文中描写的“所见、所闻、所感”有自己的理解和感悟，学生也能自己发现文中所运用的写作方法。通过整理和朗读比喻句，交流对比喻句的感悟，再次认识比喻之巧妙。自主发现作者采用移步换景法，分别选取了三个视点，写了在“刚进入黄果树风景区、透过树的缝隙、来到谷底”三个地方所欣赏的黄果树瀑布，最后离开谭边。一条非常清晰的线索，给同学们留下了深刻的印象。而文章线索的发现正是对写作方法的总结，同时很顺利地将文本学习回归到整体，体现了语文学习的规律。

第五节 《七颗钻石》教学实录与反思

【教学实录】

师：今天我们继续学习《七颗钻石》，通过上一节课的学习，你能说说课文讲了一个怎样的故事吗？

（师出示：很久很久以前，（　　　）发生了（　　　）。一个小姑娘为生病的母亲（　　　），她虽然自己（　　　），但还是把水（　　　），最后从水罐里跳出（　　　），涌出（　　　）。）

师：请你根据填空说说这个故事。

（生和同桌交流。）

生：很久很久以前，（地球上）发生了（大旱灾）。一个小姑娘为生病的母亲（找水），她虽然自己（又累又渴），但还是把水（给小狗、路人），最后从水罐里跳出（七颗钻石），涌出（新鲜的水流）。

师：是呀，这是一个美丽的童话，故事发生在很久很久以前，那时地球上……（师引读第一自然段）

师：整个故事围绕着水罐的变化而展开，请大家小组学习，读读课文，按共学单的提示在文中做记号。

共学单

我的发现：水罐的变化＿＿＿＿＿＿＿＿＿＿＿＿

我的疑惑：＿＿＿＿＿＿＿＿＿＿＿＿＿＿＿＿

（生速读课文，小组合作，讨论完成共学单。）

师：小姑娘的水罐发生了哪些神奇的变化？

生：水罐开始是空的，当她为妈妈找水累倒后，水就变得满满的了。

生：当她把水给小狗喝了，水罐又变成银的了。

（生继续交流。）

（师板书：空　满　银　金　钻石。）

师：一天夜里，一个小姑娘拿着水罐走出了家门……

（师出示第二自然段。）

（生读：小姑娘哪儿也找不到水，累得倒在草地上睡着了。）

师：“哪儿”也找不到，想想她会去哪些地方，怎样去找水？

（生想象。）

生：她会到河边去，到井边去找。

生：她还会到山里去找山泉。

生：她走过很多地方，到处去找水。

师：是的，小姑娘一定找过很多地方，小溪旁、大河边、山泉下，可哪儿都没有水。

（生再读。）

师：小姑娘走啊，找啊，多累啊！累得腰酸背疼，口干舌燥，小姑娘累倒了，睡着了。

（师出示：当她醒来的时候，拿起罐子一看，罐子里竟装满了清亮清亮的水。）

师：小姑娘看到了什么？是怎样的水？

（生朗读词语“清亮清亮”。）

师：这时，小姑娘的心情怎样？

生：喜出望外。

师：你什么时候也喜出望外过？

生：爸爸出差回来，给我带了变形金刚时，我喜出望外。

师：描写高兴的词还有不少。请看：

欣喜若狂　兴高采烈　笑逐颜开　喜笑颜开

喜不自胜　喜形于色　欢欣鼓舞　兴奋不已

（生读。）

师：看着这清亮清亮的水，小姑娘又惊又喜，她“真想喝个够”，因为……

生：因为她也很渴了。

师：是呀，她要润一润那干裂的嘴唇和冒火的咽喉。可她喝了吗？这是为什么？

（师出示：① 一想起病中的妈妈，她就赶紧抱着水罐往家跑去。

② 想起病中的妈妈，她抱着水罐往家去。）

师：请大家比较一下，两句话有什么不一样？

生：上面一句多了“一……就赶紧……”，更能看出小姑娘一心想着妈妈。

师：你能读出来吗？

（生读。）

师：这是一个怎样的小姑娘？

（师出示：这是一个（　　）的小姑娘。）

生：这是一个孝顺的小姑娘。

生：是一个很懂事的小姑娘。

（生读第二自然段。）

师：这是一个多么勇敢，多么懂事，多么孝顺的小姑娘，正是因为小姑娘对母亲的一片孝心，才使空水罐里装满了水。

师：咦，木水罐怎么又变成银的了呢？

（生自由读第三自然段。）

生：小姑娘把水给小狗喝了，所以水罐变银的了。

（师出示：小姑娘把水倒一点在手掌里，小狗把它都舔净了，变得欢喜起来。）

师：你读出了什么？从哪儿体会到的？

生：小狗也很渴，它把水都舔净了，而且喝到了水就变得欢喜起来。

师："都舔净了"，说明小狗多渴呀。同学们，这是一场多大的旱灾哪，小姑娘辛辛苦苦找来的水，自己没有喝一口，看到生命垂危的小狗，就把水倒给了它。

（生再读。）

师：正是小姑娘对小狗的关爱，使小水罐变成了银的。

（生闭上眼睛。）

师：小姑娘紧紧抱着这罐清水，翻山越岭，走啊，走啊，终于回到了家，可是母亲已经奄奄一息。小姑娘推开门便喊："妈妈！妈妈！我回来了！我找到水了，你快喝一口吧！"听到女儿的呼唤，母亲勉强睁开沉重的双眼，露出慈爱的笑容说："我反正就要死了，还是你自己喝吧。"她把水罐递给了小姑娘。

师：同学们，妈妈不需要水吗？可为什么又不喝呢？

生：妈妈放弃了求生的希望，把这生命之水留给了女儿。

师：说得多好啊！让我们把掌声送给他。

（生鼓掌。）

（师出示：母亲说："我反正就要死了，还是你自己喝吧。"）

（生读妈妈的话。）

师：看，她把水罐递给了小姑娘。就在这一瞬间，水罐又变成了金色的。

师：是呀，伟大的母爱使水罐变成了金的。这时，小姑娘再也忍不住了，正想凑上去喝水。

（师出示：第5自然段。）

（生自由读。）

师：请大家交流一下，并说说读懂了什么？

生：此刻的小姑娘自己又渴又累，快受不了了。

（师出示：忍不住了

再也忍不住了。）

师：比较一下，说说你的体会。

生："再也忍不住了"就是真的忍不住了。

生：实在是忍不住了。

师：是呀，当小姑娘看到水罐里装满了清亮清亮的水时，她真想喝个够，可一想起病中的妈妈，她就忍住了；当她看到可怜的小狗哀哀地叫着时，她又忍住了；此时她接过妈妈递给她的水罐，再也忍不住了；当她正想凑到水罐去喝水时，突然从门外走进来一个过路人，要讨水喝。

（师出示：小姑娘咽了一口唾沫，把水罐递给了这个过路人。）

（角色扮演，师采访小姑娘。）

师：小姑娘，此时你是什么感受？

生：我很渴，但还是忍住了，我觉得他更需要水。

生：我看到这个路人喝到水了，很舒服的样子，我也好像舒服些了。

生：也许这点水能救了这个路人的命，这样我就更高兴了。

师：小姑娘自己口渴难忍，却把自己历尽千辛万苦得来的一罐清亮清亮的水，递给了这个素不相识的过路人。她给过路人的仅仅是水吗？不，这是生命啊，这是生命之水。

（生读"小姑娘咽了一口唾沫，把水罐递给了这个过路人。"）

师：我们设想，此时如果还有人路过要水喝，小姑娘会怎么做呢？

生：小姑娘还会给别人的。

师：相信只要有人需要她都会给的，她一定会把这水献给所有需要水的人。多好的小姑娘啊！她拥有一颗孝顺、善良、美好的心灵，同学们，她的心灵就像什么？

生：像水晶，像钻石……

师：是啊，她的爱心像金子般闪亮，像钻石那样纯洁、珍贵。

（生读"这时突然从水罐里跳出了七颗很大的钻石，接着从里面涌出了一股巨大的清澈而新鲜的水流。”）

师：此时流出的仅仅是水吗？

生：不，不仅是水，还有小姑娘的爱。

（师板书：爱。）

（生读最后一段。）

师：小姑娘的“爱”伴随着那七颗钻石越升越高，最后升到了天上，变成了七颗星星，这就是人们所说的大熊星座。

师：同学们，木头水罐在爱心（孝心、爱心、同情心）的浇灌下，发生了一次又一次神奇的变化。

（师指板书。）

师：这一颗又一颗代表着爱的钻石越升越高，升到了天上，变成了星星，照耀着人类，使普天下的人都沐浴在爱的暖流中，让世界变得更加美好。

师：童话中，小姑娘的爱心就像钻石一样晶莹剔透，假如这位小姑娘来到我们身边，你想对她说些什么呢？

生：小姑娘你真了不起！你是我们学习的榜样。

生：你的爱心、孝心让所有人感动。

…………

师：是啊！爱，这种人间至真至纯的感情，在我们的生活中，无处不在。亲人、朋友、老师、同学，我爱人人，人人爱我。我们不但要沐浴爱的阳光，享受爱的温馨，更要懂得给予爱、付出爱，正如一首歌中唱的：只要人人都献出一点爱，世界将变成美好的人间。

师：课后，请大家把这个故事讲给爸爸妈妈、小弟弟、小妹妹听。

【教学反思】

《七颗钻石》是著名作家列夫·托尔斯泰所写的一篇童话故事。它以离奇生动的故事情节赞扬了小姑娘如钻石般美好的心灵。文章教育孩子们要懂得关爱别人，同情和帮助有困难的人。文章以水罐的变化为线索，让我们从中感受到小姑娘为母亲找水的孝心以及分水给小狗喝的善心，让水给女儿喝的伟大的母爱，小姑娘最后把水让给陌生的过路人喝的爱心。随着水罐变得越来越珍贵，小姑娘的那份孝心和善心最后升华为博大无私的爱心，境界也越来越高。经过反复的推敲与琢磨，最后决定抓住水罐神奇变化这条明线和是“孝心、善心、母爱、爱心”使水罐发生了神奇的变化这条情感线索，两条线索齐头并进展开教学。同时抓住重点词句进行朗读、感悟、理解和体验。

1. 整体出发，把握内容学语言

语文课需要保持工具性和人文性的结合。作为低年级的阅读教学，应引导学生抓住具体的语言文字，多元感悟、合理想象，同时关注语言形式，实现语言潜移默化地同化。因此，小学语文教学要在遵循语文学习规律“整体—部分—整体”的同时，把语言训练渗透在教学的整个过程中。

上课伊始，在学生回顾上课所学内容时，我设计了根据填空说说这个故事。

很久很久以前，(　　　　)发生了(　　　　)。一个小姑娘为生病的母亲(　　　　)，她虽然自己(　　　　)，但还是把水(　　　　)，最后从水罐里跳出(　　　　)，涌出(　　　　)。

这样的设计，旨在帮助学生学习概括课文内容的方法，培养学生的概括能力。整个故事围绕着水罐的变化而展开，看看小姑娘的水罐发生了哪些神奇的变化？通过理清水罐的变化，故事的脉络也就很清晰了。一个简单的问题，却抓住了整个故事。

授人以鱼，不如授人以渔。通过比较加深理解应该说也是一种比较有效的教学方法，如：“一想起病中的妈妈，她就赶紧抱着水罐往家跑去。”和“想起病中的妈妈，她就抱着水罐往家去。”“忍不住了”和“再也忍不住了”，通过比较，学生能很容易感受到二者程度的不同。这样就把学生对语言感悟能力的培养渗透在教学的每个环节中。

2. 展开想象，感悟变化体验爱

语文课标中强调，“让学生在主动积极的思维和情感活动中，加深理解和体验，有所感悟和思考，受到情感熏陶，获得思想启迪，享受审美乐趣。”本文是一篇童话故事，充满了神奇色彩。那么，怎样让学生真正理解和体会故事的寓意呢？只有挖掘课文的优势（即童话世界是奇妙的，充满幻想的）设置想象点，让学生展开想象的翅膀，通过想象和角色体验去理解水罐不断发生神奇变化的原因，感受人物心理，体会爱心的神奇力量，感知童话丰富的想象力，逐步提升学生的人文素养。

如在教学小姑娘哪儿也找不着水的时候，想想她会去哪些地方，怎样去找水的。出示句式“小姑娘走啊，走啊，来到________________，但是________________。”后指名学生想象说话。又如，在学到“小姑娘咽了一口唾沫，把水罐递给了这个过路人。”时让学生转换角色，现场采访小姑娘。教师问：“小姑娘，此时你是什么感受啊？看得出你也很渴，这水就你喝吧！过路人跟你没什么关系。”这时学生的思维打开了，他们完全投入在情境之中。小姑娘一心为别人着想的大爱，深深地感染着每一个孩子！此时如果还有人路过要水喝，小姑娘会怎么做呢？……相信只要有人需要她都会给的，她一定会把这水献给所有有需要的人的。

多好的小姑娘啊！她有一颗孝顺、善良、美好的心灵。感受“变”的神奇，体验“爱”的力量。

3. 合作提示，学习自主有渗透

低年级的学生并不是一张白纸，教师就是要了解他们的基础，发现他们的最近发展区，设计符合他们学习特点的方案。如果充分相信孩子，那么低年级的学生也能够自主完成适当的学习任务。

在第一课时的教学中，让学生在读通课文的基础上再次默读课文，画出令自己感动的语句，并思考是什么让学生一次又一次地感动，然后让学生在小组内进行交流，最后进行全班交流。第二课时采用小组学习的方法，阅读课文后，按共学单的提示在文中做记号。

我的发现：水罐的变化________________________________。

我的疑惑：________________________________。

交流时发现，对于水罐的变化和文章的脉络大部分孩子都能自己理清。学生提出的不少问题也很有价值，如“水罐为什么不是一下子变成金色的？”“小姑娘再也忍不住了，为什么还是没喝？”真正尊重学生，信任学生，给他们机会与舞台，我们会发现孩子的潜能是无限的。

教师是教材的使用者，是课程的建设者和创造者。使用教材不能只关注教材，要看到教材与生活的密切关系。在这堂课上为学生创设了情境，由教材走向生活，引导学生在互动中走出教材，走向生活，关注生活。通过学习引领，让孩子们的情感得到升华，让爱的种子在学生心底生根、发芽。

第六节 《诚实和信任》教学实录与反思

【教学实录】

（师出示课题）。

师：请同学们读一读课题。

（生读。）

师：请分别说出“诚实和信任”的近义词和反义词。

生：“诚实”的近义词是“老实”。

生：真诚、诚恳。

生：“诚实”的反义词是“虚伪”。

生：还有“狡猾”“虚假”。

生：“信任”的近义词是“相信”。

生：还有“确信”“信赖”。

生：“信任”的反义词是“怀疑”。

师：大家对两个词语理解得不错，那么读了这个题目后，大家有什么疑问呢？

生：“诚实和信任”之间有什么联系呢？

生：课文围绕“诚实和信任”写了什么事情？

生：为什么要用“诚实和信任”做题目？

师：请同学们带着这些问题自学课文。

（生自学。）

（师出示：“一天（　　），我驱车回家时，（　　）了停在路边的小红车的（　　），后来通过（　　）解决了问题。”）

（生填空：“一天（深夜），我驱车回家时，（撞碎）了停在路边的小红车的（反光镜），后来通过（电话交谈）解决了问题。”）

师：请你针对所填的内容提出问题，然后深入阅读课文，小组合作探究。

（生小组学习，完成《共学单》。）

共学单

我们的疑问：______________________________
____
我们的发现：______________________________
____

师：哪个小组先来交流？

生：我们讨论的问题：这是一个怎样的深夜？

生：我们发现，这是一个漆黑的深夜，课文中写的“天很黑，又有点雾，尽管有路灯，能见度仍很差。”说明当时情况很不好。

师：这是个漆黑的深夜，环境很恶劣，请大家再来读一读。

（生读。）

师：这里交代了故事发生的时间和环境。

师：有没有研究关于“撞碎”这个问题的呀？“我”是怎样撞碎小红车的反光镜的呢？

生：我是无意中把小红车的反光镜撞碎的，因为“这辆车的车头超出停车线二三十厘米。”

师：在“我”看来“责任应该在我”，依你看这个责任该怎样确定呢？

生：我觉得这责任不全在我，因为他的车头超出了停车线二三十厘米。他没停好，他也有责任。

生：但是他的车是停在那里，没有动，应该让过它。

生：天这么黑，怎么看得清呢？

师：现在看来，“我”撞碎小红车的反光镜还是有许多客观原因的，责任不一定全在我，是吗？

（生点头。）

师：面对这样的意外事故，我是怎样做的呢？

生：我环顾四周，看不见一个人，便在路灯下写了一张字条，压在小红车的雨刷下。

师：请你设想一下，“我”的字条上是怎样写的？

（生尝试写字条。）

师：说说你是怎样写的？

生：小红车主人：您好！对不起，我把您的反光镜撞碎了，责任全在我。我不知道怎么联系您，所以给您留下这字条，请您把修车的发票寄给我，我的联系号码是……

师：这位司机很真诚，还很有礼貌。

（生继续交流。）

师：你们怎么知道“我”是这样写的？

生：从下文他们电话的谈话内容里看出来的。

师：这是一个怎样的电话？为什么通过一个电话就解决了问题？

（师放电话录音。）

（生听。）

（同桌分角色朗读，模拟通话。）

师：小红车的主人为什么很感动？

生：你在无人知晓的情况下主动给我留下字条，这使我很感动。

师：“这”指的是什么？

生：“这”就是指在无人知晓的情况下主动给我留下字条。

师：“无人知晓”意味着自己不说就没人知道，这是一位多么诚实的司机啊！还有哪些地方可以让你感受到“我”的诚实呢？

生：从“我”的语言中也能感受到，“很对不起”“向你表示歉意”“这笔费用应由我来支付”。

师：我们设想一下，他那时是怎样想的？

生：他肯定想“我把他的车撞坏了，我要负责。”

生：他想“责任应该在我”，他根本没想别的什么。

师：是呀。正是我的“诚实和信任”让小红车主人十分感动。

（师出示：人与人之间还有比金钱更重要的东西，你给我留下了诚实和信任，这比金钱更重要。）

（生读。）

师：“这”指的是什么？

生："这"就是"诚实和信任"。

（师出示：比金钱更重要的是________________。）

（生填空。）

师：现在请你说说课文为什么用"诚实和信任"做题目？

生：因为"诚实和信任"是最宝贵的品质。

生：因为这篇课文就是要告诉我们一个道理，"诚实和信任，比金钱更重要"。

师：你还有其他题目吗？

生：《诚实的心灵》。

生：《比金钱更重要的》《感动》。

生：《深夜无人知晓》……

师：课文通过讲述一个普通而感人的故事，让我们从中体会到了人间真情，明白了"诚实和信任，比金钱更重要"的道理。

（师出示：

世界上最聪明的人是最老实的人，因为只有老实人才能经得起事实和历史的考验。——周恩来

千教万教教人求真，千学万学学做真人。——陶行知

骗朋友是一次，受怀疑是终生。——俄罗斯谚语

生命不可能从谎言中开出灿烂的鲜花。——海涅

（生读。）

师：同学们，还有哪些品质也同样是比金钱更重要的呢？

生：爱心。

生：自信、善良、孝顺……

师：在我们的生活中有许多类似的人和事，请你选择其中的一件写下来。

【教学反思】

信任是一种弥足珍贵的东西，金钱是买不到的。它来自于一个人的灵魂深处，是活在灵魂里的清泉，它可以拯救灵魂、滋养灵魂，让心灵充满纯洁和自信。《诚实和信任》这节课揭示的正是这样一个道理。

阅读是认识世界、发展思维，获得审美体验的重要途径。阅读教学应

该重视学生独特的感受和体验。

在教学过程中，我力求步步推进、层层深入。首先，读题解题，巧作铺垫，让学生分别说说“诚实”“信任”的近义词和反义词。结合对两个词语的初步了解，引导学生直奔文章中心，找到“人与人之间还有比金钱更重要的东西，你给我留下了诚实和信任，这比金钱更重要。”这句设置悬念，激发学生学习的兴趣和热情。

通过填空，帮助学生概括本文主要内容，从而为整体把握课文奠定基础。引导学生凭借语言文字读懂故事，初步体会到诚实和信任比金钱更重要的道理，用文本故事打动学生。在具体学习课文内容时，让学生抓住关键词质疑，引导学生关注细节，在细节处，深入体会。可喜的是，同学们对“诚实和信任”有独到的见解，有的学生谈到：“我”的诚实换来了小红车主人对我的信任，其实从“我”给小红车主人留字条也能看出“我”对小红车主人的信任，这种信任是相互的。接着，让学生联系自己的生活实际，从生活中感悟，特别是谈一谈自己身边的故事，写一写《我的故事》的安排，真正触及孩子们的灵魂。通过对课文的深入学习和理解，使学生的心灵受到一次强烈的震撼，留下深深的烙印。趁着这股激情，袒露心扉，把藏在内心的隐秘都说出来，课堂教学成为学生的一次灵魂的荡涤和人性的升华。

第七节　《姥姥的剪纸》教学评析

《姥姥的剪纸》为我们描述了一位心灵手巧、剪纸技艺高超的姥姥的形象。她手里的剪纸会说话，会传情，永远牵动着作者的心，让祖孙之间有了太多的回忆与快乐。课文既表现了姥姥精湛的剪纸技巧，又表现出了“我”对姥姥的深切怀念之情。

听了特级教师许红琴老师的《姥姥的剪纸》一课，真切地感受到了她的课堂风采：清新、自然、厚实、生动。课堂氛围亲切和谐，情意浓浓，师生间平等相处。恰当的点拨鼓励，点燃了学生学习的热情，学生们学得积极主动，并充分地展示了自我，个性得到了张扬，课堂上充满了生命活力。简简单单教语文、扎扎实实教语文，将学习目标渗透于各个环节，通过多样的方法，在教学过程中有效达成。启发学生一边读、一边思、一边想象，促进学生感悟语言、体验情感。在具体的教学过程中，教师敏锐地捕捉课文中语言训练和情感体验的节点，“神、拴、联结……”一系列的训练点，让我们随着作者读出了他的“心梦之境”。

一、抓文眼，层层深入凸显“神”

语文教学是很容易走进“零打碎敲”的胡同的，因为一篇课文中可以挖掘的“训练点”实在太多，而教师要合理地选择又实在很难。许老师的《姥姥的剪纸》一课，给了我们一个很好的范例，它从整体出发，回归整体，让一个“神”字贯穿全文，并融合整堂课。

【片段】

师：同学们，谁能用一个字来概括出姥姥剪纸技艺的高超呢？

生：神。

师：这个“神”字非常重要，今天就让我们循着这个“神”字，走近姥姥，走近姥姥的剪纸。

师：请同学们边读边思考，从哪里可以看出姥姥剪纸技艺的“神”？作者是怎样写出姥姥剪纸的“神”的？

（生自由读课文。）

（组织交流。）

（出示：我从小就听人……公鸡能打鸣。）

师：你从哪些词感受到“神”了？

生：要什么就有什么了，……

生：一把普普通通的剪刀，一张普普通通的彩纸，……无所不能。

生：你姥姥神了，剪猫像猫……剪只公鸡能打鸣。

生：我捂住姥姥的双眼，她摸黑也能剪窗花。

…………

师：姥姥剪纸技艺为什么能如此“神”呢？

生：因为姥姥经常剪，剪得多了，所以就“神”了。

生：就是熟能生巧。

师：用文中的话说就是……

生：熟能生巧，总剪，手就有准头了！

（生读句子。）

生：姥姥的手指就是眼睛，好用的剪刀就像她两根延长的手指。

师：请你说说对这句话的理解。

生：姥姥剪得多了，剪刀也用得很熟练了。

生：剪刀就像她两根延长的手指，她的手指就是剪刀了。

生：就是刀人合一了。

师：这就是"熟能生巧"啊！

师：高年级同学光会读到技艺的神还不够，我们还要会从深处广处去想，姥姥的剪纸还'神'在哪里？

生：还表现在把"我""拴住了"。

生：不仅拴住了"我"的脚，还拴住了"我"的心。

师：请具体说说是从哪里看出来的？

（生读7～12自然段。）

师：这仅仅是一幅幅简单的剪纸吗？

生：这是姥姥的一片真情、一片真心。

（师先板书"脚"，然后擦掉改写"心"。）

师：说得真好！姥姥的剪纸还"神"在它能——传情。

师：我们与其说姥姥是用手在剪纸，还不如说她是用情、用爱、用心在剪纸。

【评析】

上课伊始，教师要求同学们用课文中的一个字，概括姥姥剪纸技艺的高超，学生一下就找到了"神"。接着，老师告诉学生这个"神"字非常重要，今天就让我们循着这个"神"字，走近姥姥，走近姥姥的剪纸。

学生通过自读课文，围绕着从"哪里可以看出姥姥剪纸技艺的'神'?"，"作者是怎样写出姥姥剪纸的'神'?"而展开阅读和交流。学生首先感受到的是奶奶剪纸技艺"神"的外在表现，例如从"要什么就有什么了，……无所不能""你姥姥神了，剪猫像猫……公鸡能打鸣""无可挑剔"等语句，体会姥姥剪纸的"神"的具体表现。

接着由表及里，探讨姥姥剪纸技艺“神”的原因。引导学生理解第五自然段的那句“熟能生巧，总剪，手都有准头了!”的深刻含义时，教师先让学生读第六自然段，理解“姥姥的手指就是眼睛，好使的剪刀就像她两根延长的手指。”知道姥姥的手指就是剪刀，两者已合二为一了，最后归结为这样就叫作“熟能生巧”，一切就顺理成章了。这样循序渐进的教学，学生能很容易就明白。

“高年级同学光会读到技艺神还不够，我们还要会从深处广处去想，姥姥的剪纸还‘神’在哪里?”恰当的过渡，把学习引向深入，由此同学们读出了姥姥剪纸的“神”还表现在把“我”“拴住了”，不仅拴住了“我”的脚，还拴住了“我”的心。教师随机板书了“脚”字，又巧妙地换成了“心”字，一切应学生的学习而变，少了牵引、灌输。随着学习的深入，同学们体会到姥姥对“我”的爱还融进了一幅又一幅的剪纸中，“这仅仅是一幅剪纸吗?不是——这分明是我和姥姥之间浓浓的亲情啊!”姥姥的剪纸还“神”在它能——传情。许老师也是用情感拨动了学生心底的琴弦，“我们与其说姥姥是用手在剪纸，还不如说她是用情，用爱，用心在剪纸。”多么精辟的点评。此时出示插图，让学生想象也许在“我”的梦境里会有哪些场景?在交流的基础上，出示“事实上……变得有声有色。”学生就不难理解了，姥姥的剪纸还“神”在能让“我”的梦境也变得有声有色。

整堂课上，许老师紧紧扣住一个“神”字展开教学，从整体出发抽丝剥茧，层层深入，姥姥的剪纸何止让“我”的心境与梦境变得有声有色啊，它也让“我”的童年生活变得有声有色，还让左邻右舍的生活变得有声有色，让“我”的思乡情思乡梦变得有声有色。最后的总结，进一步深化了主题，让同学们对姥姥的剪纸的“神”有了更深刻、更全面的理解。

二、品语言，扎实训练了无痕

语言，是与生活密切相联的工具，是表达交流思想感情、传递继承科学文化的工具。学习语文不仅要知道和感悟写了什么，怎么样，更要学会使用语言，学会理解和自我表达语言，学会用语言进行交际，牢牢掌握语言这个工具，为高效率的生产和高品质的生活服务。新课标里淡化了“训练”这个词语，强化了语文学科的人文性。但并没有回避训练的话题，课标里突出了“两个注重”——“注重语言的积累、感悟和运用，注重基本技能的训练，给学生打下扎实的语文基础”。吕淑湘先生说：“语文的重点是语文的习惯培养，这种习惯的形成主要是靠实践，靠练习。”

【片段】

师：为什么不说剪只母鸡像母鸡，剪只公鸡像公鸡？你看出了什么？

生：如果说“剪猫像猫”，是说姥姥剪得形很像；那“能下蛋”“能打鸣”，就是写出了剪纸的——神像。

师：一个“像”和一个“能”，写出了不同的味道。老师送大家一个词，这就叫——（课件出示：形神兼备）

（生读“剪猫像猫，剪虎像虎，剪只母鸡能下蛋，剪只公鸡能打鸣”）

师：让我们一起来学着邻居夸夸姥姥。

[师出示：剪（　　）像（　　），剪（　　）像（　　），剪（　　）能（　　），剪（　　）能（　　）。]

师：剪树——

生：像树。

师：剪朵鲜花——

生：能开放，有香气。

师：剪只喜鹊——

生：能报喜，喜事就降临。

师：剪条鲤鱼——

生：能在水里游，能跳龙门。

师：剪盏电灯——

生：能发光，能照明。

…………

师：经同学们这么一夸，我真的觉得姥姥的剪纸是形神兼备，姥姥的剪纸技艺真的是神了。

（师出示：“数九隆冬剪，三伏盛夏剪，日光下剪，月光下剪，灯光下剪，甚至摸黑剪。”）

（生读。）

师：请同学们数一数，这里一共用了几个“剪”字？

生：五个。

师：老师把这个句子修改一下。

（师出示：一年四季白天黑夜都在剪。）

（生读句子。）

师：大家跟文中的句子比较一下，仔细读读，感觉一下有什么不一样？

生：文中句子简短，读起来琅琅上口。

生：觉得一年到头姥姥一直都在剪。

（师范读。）

师：听着听着有什么感觉？

生：我看见姥姥在灯光下剪纸。

生：我好像看见姥姥在不停地剪着。

师：真好！我们看到了画面。这样的句子读着读着就会给我们以身临其境的感觉。

【评析】

在了解姥姥的剪纸的段落里，教师通过让学生寻找并反复朗读描述姥姥剪纸的语句，坚持以读为主，恰当安排好“读、讲、练”，增加学生的积累，逐步将文中的词句内化为学生自己的语言。如当学到“剪猫像猫，剪虎像虎，剪只母鸡能下蛋，剪只公鸡能打鸣”时，老师带领大家一起学着邻居夸姥姥。

通过这样的训练，学生们真正感受到了姥姥剪纸技艺达到“炉火纯青”“出神入化”的境界。随即教师又将这两个词送给了学生，有效地帮助学生积累语言。

再如，学到“数九隆冬剪，三伏盛夏剪，日光下剪，月光下剪，灯光下剪，甚至摸黑剪。”让学生数数一共用了几个“剪”？从而说明了姥姥一年四季都在剪，她白天剪，晚上剪。接着教师出示这样一句：“一年四季白天黑夜都在剪。”让学生比较。通过比较学生自然感受到了文中的对称短语，读起来琅琅上口，而且强调姥姥一直在剪。教师范读，仿佛身临其境，仿佛看到姥姥正在剪纸。是呀，让我们如临其境，如见其人，许老师建议大家课后给这些短语画上一个框，让它变成六幅画。读词读句还要读出画面，课上不仅训练了朗读，比较了语言，还训练了学生的想象力。

在许老师的课上，这样的训练随处可见，词语的积累，朗读的训练，语言的表达，学法的指导，无处不在。整堂课目标明明白白，过程清清楚楚，效果实实在在，一股清新的课堂教学之风，吹出了厚实的语文教学之果。

第八节　《陆游诗五首》教学评析

国学经典浓缩了中华民族上下五千年的文明，凝聚着中华民族的精神与品格，蕴涵着独有的民族特征，体现了特有的文化价值和精神内涵。《国家“十一五”时期文化发展规划纲要》中明确提出：“重视中华优秀传统文化的教育和传统经典、技艺的传承。在有条件的小学开设书法、绘画、传统工艺等课程……中小学各学科课程都要结合学科特点融入中华优秀传统文化内容。”弘扬国学，能够使孩子们从小汲取优秀传统文化中的营养，继承和发扬中华民族的灿烂文明，有助于促进人的全面发展。

邵红老师以表达爱国情怀为主题，选取了诗人陆游52岁至临终前所作的五首爱国诗篇作为教学内容。围绕主题整体把握，以实现诵读“一组诗词”，认识“一位诗人”，了解“一个时代”的目标。教学中摒弃了逐字逐句、详详细细的讲解，而是充分发挥多媒体的优势，调动学生多种感官有效欣赏、品读，感悟古诗的语言、韵律和节奏美；通过富有激情的描述、古典音乐的选配、特色画面的展示……引领学生尽情体味作品的内容和诗人的情感，如春风化雨，润物无声。

一、一根主线，将诗人的爱国情怀贯穿始终

国学经典蕴涵着崇高的民族精神和民族气节。我国古代有许多“位卑未敢忘忧国”的爱国志士，他们身上表现出来的“国家兴亡，匹夫有责”的精神，一直伴随着中华民族战胜一切困难，勇往直前。“人生自古谁无死，留取丹心照汗青”“我自横刀向天笑，去留肝胆两昆仑”，这些闪耀着爱国主义思想光辉的诗文，曾经激励过一代又一代的中华儿女，为祖国独

立、民族解放而赴汤蹈火、在所不辞！说到中国古代的爱国诗人，自然而然地想到了南宋诗人陆游，想起诗人的临终遗嘱《示儿》。故把陆游的诗篇列入了“国学经典”“爱国篇”的教学，以感受古人情怀，培养爱国情操。

邵老师所选取的《示儿》《秋夜将晓出篱门迎凉有感》《书愤》《关山月》和《十一月四日风雨大作》等五首爱国诗篇中，《秋夜将晓出篱门迎凉有感》和《示儿》是语文新课标中要求小学生必背的 75 首诗作中的两首，因此教学中教师把这两首诗作为重点，并以《示儿》这首诗贯穿整堂课的教学。

学习《示儿》，在学生自主阅读后，围绕“陆游要告诉儿子什么？唯一让他悲愤的事是什么?”组织交流。为“九州未同”而悲，为“未见九州同”而悲，一个“悲”字力透纸背，诗人的爱国情怀跃然纸上。

教师结合那段历史，补充了其他几首诗，用情渲染，更让诗人悲愤的是南宋统治者居然和金人讲和，签下了“和戎诏”，说是讲和，其实就是向金人屈膝投降。“和戎诏下十五年”了，52 岁的诗人写下了《关山月》来谴责“和戎诏”。遗民忍死望恢复，诗人也一直在盼望着王师的到来，从 52 岁盼到 62 岁，十年过去了，但苦苦盼望的王师还没有到来，悲愤中，陆游写下了《书愤》；盼啊盼啊，盼到了 67 岁，陆游病倒在床，病痛中，陆游写下了诗作《十一月四日风雨大作》；秋风习习，夜不能寐，恨山河落入金人之手，68 岁，诗人写下了《秋夜将晓出篱门迎凉有感》。或听、或看、或讲，让学生们对这一段历史有了整体的印象，诗人的拳拳爱国心，悠悠爱国情，深深打动了每一个学生。了解了这一段历史，再回到《示儿》：“王师北定中原日，家祭无忘告乃翁。”可见收复中原的爱国痴心贯穿了陆游的一生，教师也让这一主线贯穿了课堂的始终。通过学习，一个忧国忧民却报国无门，壮心不已却含恨离世的诗人形象深深地印在了学生的心中。

二、一个重点，以《示儿》的诵读感悟引领突破

在陆游留下的九千多首诗词中，最脍炙人口，流传最广的莫过于这首——《示儿》。在同学们把诗读正确的基础上，要让学生知道这首诗讲了什么。教师没有多说，而是让学生欣赏视频，组织自由交流，教师根据学生的交流重点理解诗题《示儿》和“但悲不见九州同”中“但”的意思。

一个“但”字告诉我们诗人临死之前念念不忘的，唯一牵挂的是“祖国统一”；他唯一感到悲伤的事情是“没看见祖国统一”，所以诗人在临死之前叮嘱儿子“家祭无忘告乃翁”。这是多么悲壮的遗言，这是多么执着而强烈的爱国情怀呀！

《示儿》这首诗是诗人的临终遗言，是绝笔。教学以《示儿》这首诗为切入口，就如写文章以倒叙开头一样，引发学生思考：诗人为何会这样叮嘱儿子呢？随之追本溯源。这样，整堂课就有了基调，有了中心，有了灵魂。正所谓“提领而顿，百毛皆顺”。

（生读《示儿》。）

师：读了《示儿》后大家知道了什么？

生：“示儿”就是告诉儿子。

生：“但”是“只”的意思。

生：这是一份遗嘱。

（生说出诗的大概意思）。

师：诗人唯一牵挂的是什么？为什么而悲呢？

（生反复诵读：“但悲不见九州同”。）

师：“南望王师又一年”，这“又一年”是多少年呀！诗人日日盼，月月盼，年年盼，一直盼到了86岁，还是没有看到王师的到来，没有看到中原的统一。诗人死不瞑目呀，弥留之际诗人留下了千古传诵的诗篇。

（生读诗。）

师：现在我们就站在诗人的塑像前，我想对诗人最好的缅怀就是吟诵诗人的诗作，那就让我们用心来诵读这两首诗吧。

（生全体起立，朗读。）

一个“但”字让学生读出了诗人心中的牵挂。对诗人所处时代背景的了解，让学生触摸到了诗人牵挂背后的“悲愤”，而诵读诗人从52岁至86岁写的五首诗，更让学生对《示儿》中诗人那积蓄已久的“悲”有了深入的全面的理解，落实到诵读中就有了显著的变化，深深地触动着每一个人的内心。

在教学过程中，老师充分利用“读”这一教学手段，重点学习《示儿》，引领学生把握诗的节奏和韵律，充分感悟体验情感，读出诗的韵味。

在《秋夜将晓出篱门迎凉有感》中巩固，其余三首就采取了只诵读不深入理解的方式，借助多媒体及教师深情的话语对诗进行欣赏。有些内容即使不讲学生也能懂的教师坚决不讲，留出省下的时间让学生去读。只有那些虽然学生暂时不懂，但稍加点拨就能读懂的才引导学生去感悟。剩下的时间，要让学生充分地读，变化形式，读出不同语感，读出不同的理解来。当学生的情感达到了沸点，需要迸发时，教师就顺势而为，给学生一个展示的舞台。此时，教师不需要提醒学生该怎么读，学生自然而然会读得声情并茂、令人感动，学生就可以在尽情的诵读中享受到读诗的乐趣。

三、一种意识，让国学的经典文化渗透其中

优秀的古典诗文意存高远，可以培养孩子们的古典文化底蕴和优雅情怀，其中不仅有文学，还蕴涵着美学和哲学。用这些优秀的传统文化资源充实孩子的心灵，就是给了孩子们一把开启心智的钥匙。经典不仅狭义地指优秀的古诗文之类，古人传承下来的书法、绘画、音乐等都是经典。教学中，教师有意无意地把书法、绘画、音乐这些经典素材渗透并融入课堂，使学生感受到多方位的熏陶，同时为接下来的诵读展示积淀情感。

师：南宋的统治者们都在干什么呢？南宋诗人林升曾有诗为证。

（师出示《题临安邸》。）

（学生自由诵读。）

师：从这首诗中，你知道南宋的统治者们在干些什么吗？

生：吃、喝、玩、乐。

师：诗中所提到的汴州也就是汴梁，曾经是北宋的都城，是当时最发达、最繁荣的一个城市。北宋画家张择端的一幅五米多长的《清明上河图》生动地再现了当时的繁华和富裕。

（师出示《清明上河图》（局部））。

师：更让诗人悲愤的是，南宋统治者居然和金人讲和，签下了“和戎诏”，说是讲和，其实就是向金人屈膝投降。“和戎诏下十五年”了，52岁的诗人写下了《关山月》来谴责“和戎诏”。

（出示诗，播放视频。）

（生读。）

师：遗民忍死望恢复，诗人也一直在盼望着王师的到来，从52岁盼到62岁，十年过去了，但苦苦盼望的王师还没有到来，悲愤中，陆游写下了——《书愤》。

（出示诗，播放视频。）

（生读。）

师：盼啊盼啊，盼到了67岁，陆游最后病倒在床，病痛中，陆游写下了诗作《十一月四日风雨大作》

（出示诗，播放视频。）

（生读。）

师：秋风习习，夜不能寐，恨山河落入金人之手，68岁时，诗人写下了《秋夜将晓出篱门迎凉有感》，让我们一起来听一听。

（播放视频《秋夜将晓出篱门迎凉有感》。）

师：我们读了诗人的五首诗，从中体会到了什么？

生：我体会到了诗人渴望祖国统一之情非常强烈。

生：收复中原，是陆游毕生的心愿。

生：陆游一生的心愿未能实现，这些诗，让我们感受到了他的满腔悲愤。

…………

师：同学们，在历史进程中，各朝各代都有像陆游一样的爱国诗人，他们用不同的文字，表达和倾诉着同一种情感，那就是对祖国的热爱和眷恋。如果你们感兴趣，课后可以找一些爱国诗篇来读一读、记一记。

在学习陆游的五首代表诗作时，教师时而配上古典音乐，时而出示书法作品。如学到《书愤》时，教师相机出示了一幅草书作品，这些无疑都是对传统文化的渗透。通过这些环节，将课堂自然延伸到课外，将学习国学经典的意识自然渗透其中。

课堂上教师没有仅仅侧重于对知识的传授，而是注重了对学生的人文教育，让学生徜徉于国学经典之中，感受祖国的传统文化的巨大魅力。在学生心灵最纯净、记忆力最良好的时候接触独具智慧和价值的经典，可以不断丰富学生的人文精神。

经典是连接人们和历史传统之间的一座桥梁。缺乏了经典教育，我们就无法踏上回到自己精神家园的道路，只能成为文化上无家可归的流浪者。学习国学经典，实质上就是走向中华民族共有的精神家园，感受这个家园的温馨，形成对他的情感皈依。让孩子们从小接受这样的熏陶，国学经典将在他们心里埋下种子，随着他们慢慢长大，会一直与他们形影相随，对他们的一生都将产生积极的影响。

第九节　《枫桥夜泊》教学评析

《枫桥夜泊》是唐代诗人张继的作品，写的是诗人夜间停船于枫桥的所见所闻。诗中通过夜泊所见的霜天残月、江枫、渔火、古寺、客船的勾勒，伴之以所闻的乌啼、钟声的描绘，组成一副意境凄美的秋江夜泊图，表达了诗人难以言说的满腹愁情。

学习古诗对于学生来说是一个难点，而理解古诗的意境和诗人所要表达的思想感情更是难点中的难点。在教学这首古诗的过程中，可从以下几个方面人手，帮助学生突破难点。

一、创设情境，引学生“上路”

【片段】

师：今天我们来学习《古诗两首》中的第二首——

（生齐读课题。）

师：这首古诗的作者是谁？

生：张继。

师：你对他了解多少？

生：张继是唐代的大诗人。

生：他是襄州人，就是现在的湖北。

生：他敢于正视苦难，关心人民的生活。

师：诗人夜泊枫桥时，看见秋江夜景触景生情，想到自己的才华没有得到施展，感到很郁闷、很愁苦，由此写下了这首诗。

【评析】

在导入新课时，创设这样的情境，让学生谈谈对作者的了解，学生通过预习查找资料，了解到诗人很关心当时人民的愁苦生活。教师根据这一点进行补充介绍：诗人很有才华，但没有人赏识更没有人重用，因此触景生情，心里感到愁苦才写下这首诗。使学生了解到诗人写作的背景，为学生体会和感悟诗人所要表达的思想感情作铺垫，更为他们学习古诗引“路”。

二、教给方法，扶学生“走路”

【片段】

师：请大家回忆一下，在学习《山行》时采用了哪些学习方法？

生：第一步，初读古诗。

生：第二步，理解诗意。

生：第三步，体悟诗情。

生：第四步，熟读成诵。

师：同学们的记忆力都很强。那么，在第二步理解诗意时，还有哪些更具体、更细致的方法呢？

生：我是通过查字典来理解字或词语的意思的。

生：我是靠《唐诗三百首》中的解释来理解的。

生：有些实在不能理解的我就问了爸爸妈妈。

生：给这个字组一个适合的词语来作出解释。

师：在理解整行诗的意思时应该注意些什么呢？

生：可以看图。

生：有时候要把词语的顺序调整一下，使句子更通顺。

生：还要补充一些内容，使句子更完整。

【评析】

“教”与“学”的关系，具体点就是“教学策略”和“学习方法”的关系。教师要把握的就是如何使用正确、合理的教学方法教给学生适合、恰当的学习方法。掌握高效、科学的学习方法，就如同手握一把打开知识门户的钥匙，对学习能起到事半功倍的效果。在学习古诗前和学生一起复习、巩固学习的方法，能使学生有“法”可依，有“法”可循，学习起来就能得心应手。

三、感情朗读，帮学生“熟路”

【片段】

师：古诗的意思理解了，下面请你再来读读，肯定有不一样的感受。说说听了她的朗读后，在你的眼前仿佛出现了怎样的画面？

生：我仿佛看见诗人正坐在船上欣赏夜景。

生：我仿佛看见月亮在渐渐落下去，还看见了江边的枫树和渔船上的灯火。

生：我仿佛听见了远处传来的钟声。

师：谁再来读一读，把你仿佛看见的和听到的读给大家听。

（学生自己试着练习朗读，教师再指名读。）

师：通过刚才的朗读，你体会到了作者怎样的感情？

生：忧伤。

生：孤独。

生：忧愁。

师：诗人看到此情此景，想到人民的痛苦，又想到自己，所以心中愁苦不堪，你是从诗中的哪个字体会到的？

生：我是从“愁”字体会到的。

师：你能把诗人这种忧愁的感情读出来吗？

【评析】

俗话说，书读百遍，其义自见。在语文教学中，感情朗读相当重要，它有助于学生体会作者的思想感情，感受语言之精妙。更重要的是，它是落实素质教育，培养学生口头表达能力的重要途径。在指导学生有感情地朗读这首古诗时，我尽可能避免单调枯燥的指导，而是引导学生多层次、多角度、多方位地朗读，带领学生入境、入情，这样才能使学生充分体会到古诗的情感因素，并在动情的基础上，通过朗读表达出自己体会到的感情，使学生对这首古诗有更真切的理解和感受。

第十节 《蒲公英》教学实录与反思

【教学实录】

师：今天我们继续学习课文——

（师指课题《蒲公英》，生齐读。）

师：通过上节课的学习，你对蒲公英有了哪些了解？

生：蒲公英的花很漂亮。

生：蒲公英的种子像绒球，风一吹就会随风飘散。

师：是呀，秋天到了，蒲公英种子即将告别蒲公英妈妈，背着降落伞，在风伯伯的帮助下，去寻找自己的家，安家落户，等待春天的到来。

（多媒体课件：沙漠、湖泊、泥土的图片。）

师：如果你是其中的一颗蒲公英种子，你会选择降落到哪里呢？为什么要选择在那里安家落户呢？

（生自读课文，同桌讨论，师巡视指导。）

师：现在请同学们交流一下自己的学习收获。如果你是蒲公英种子，你会落到哪里？

生：我要落到泥土中。

师：能告诉大家为什么吗？

生：因为“落在泥土中的种子……金灿灿……把大地装扮得更加美丽。”

（师随机课件显示满地的蒲公英，随后出现学生的回答内容。）

师：看，你认为这个蒲公英怎么样？

生：真的好漂亮！

生：它们真美丽，铺满了大地，我好喜欢！

师：你能在这句话中找些词语来说说蒲公英是怎样的吗？

生：竞相开放的蒲公英。

生：茁壮成长的蒲公英。

（师将课件中“茁壮成长”“竞相开放”的字体变为红色，指导学生朗读词语。)

师：让我们来欣赏一下茁壮成长、竞相开放的蒲公英，然后尝试说一下你感受到了什么！

(师展示多张盛开的蒲公英图片。)

师：你感受到了什么？

生：这些蒲公英真有活力。

生：那么多的蒲公英，放眼望去，满地都是，大地变得更漂亮了。

师：它们在阳光下，你追我赶、茁壮成长、竞相开放，你能用朗读来告诉大家它们是多么有活力吗？

(生个别朗读。)

师：他读得怎么样？

生：好！

师：好在哪里？

生：我听出来它们是很有活力的，他把“茁壮成长”“竞相开放”那两个词语读得很好。

师：对他的精彩的朗读，我们怎样来表示？

(生鼓掌祝贺。)

师：谁来挑战一下他的朗读？

(生读。)

师：他读得怎么样？大家给他一点掌声。

师：让我们一起来读一读这充满活力的蒲公英，感谢它把我们的大地点缀得如此美丽。

(生齐读这句话，情绪较激动。)

师：我们班有多少小朋友选择的是大地，请举手告诉老师。

(生全部举手。)

师：有选择湖泊和沙漠的吗？

(没有学生举手。)

师：我们班没有小朋友选择湖泊和沙漠，但是有两颗种子却不同，一颗选择了湖泊，一颗选择了沙漠，让我们来看看他们分别是怎么说的。

(课件呈现沙漠图，并出示相应的文字。)

生：这黑乎乎的泥土有什么了不起，瞧那金光闪闪的……有数不清的宝贝……我能变成百万富翁。

师：对于“这黑乎乎的泥土有什么了不起”这句话你能换个说法吗？

生：这黑乎乎的泥土没有什么了不起。

师：说这句话时蒲公英种子是什么表情？

生：得意，瞧不起泥土。

师：你能把这句话读好吗？让大家知道你是看不起这泥土的蒲公英种子。

师：它为什么瞧不起黑乎乎的泥土？

生：因为他认为“那金光闪闪的……有数不清的宝贝……我能变成百万富翁。”

师：说这话时蒲公英种子是什么表情？

生：蒲公英觉得自己很了不起。

生：骄傲、得意。

（师指导朗读，及时点评。）

师：愿意扮演一下这骄傲的种子吗？谁来读一读，可以加上自己的动作。

（生站起来读。）

师：评价一下自己的朗读，把掌声送给自己。

师：这颗种子认为沙漠“金光闪闪”，有数不清的宝贝，但是事与愿违，第二年春天（引）——

生：早已干死。（生齐读）

师：让我们看看另外一颗种子的命运，这是个怎样的湖面呢？

（师出示波光粼粼的湖面。）

生：波光粼粼。

师：你还能想到用其他词来形容水面吗？

（生自由说。）

师：老师也搜集了一些。（出示：碧波荡漾　烟波浩淼　银波跳跃……）

师：种子因为什么而选择了湖面呢？说这话的时候是什么表情？

生：因为它想“这波光粼粼的湖面一定能给我带来欢乐”，这时它可高兴了，同时也很得意。

师：谁来用你的朗读告诉大家这是一颗高兴又骄傲的种子呢？

（生自由读。）

师：我们一起来试着读一读。

师：但是，第二年春天——（引）

生：早已淹死。

师：作为一同飞翔的小伙伴，你会怎么样劝说那两颗种子呢？

生：不要落到湖面上，会淹死；不要落在沙漠里，那样会干死的，还是落到泥土里好。

生：是什么就该生活在哪，就像鱼儿只能生活在水里，不能在天上或在陆地上生活，所以种子还是要生活在泥土里。

师：这位同学说得真好，而且还举例说明，给他点掌声。

师：（引读）所以说，只有落在泥土中的种子________________，把大地装扮得________________。

师：早知如此，何必当初，其实太阳公公早就提醒他们了，把太阳公公提醒他们的话用横线画出。

（生自学、交流。）

师：太阳公公说这话的时候是什么语气？

生：亲切的语气。

师：你能扮演一下太阳公公，给蒲公英种子一些提醒吗？

（生读。）

师：真是语重心长啊，谁来和他比一比？

（生再读。）

师：联系种子的不同结局和太阳公公的嘱咐，你想到了什么？这个问题有一些难度，你们敢挑战吗？

生：要听取别人善意的劝告，不要被表面的现象所吸引……

师：第二年秋天，又有许多蒲公英种子要告别妈妈，四海为家，临行前你想对他们说些什么？

（生自由说。）

师：同学们的回答都很精彩，课后你能把它写下来吗？这是一次很好的小练笔题材。

【教学反思】

这是小学语文苏教版第五册的一篇课文，课文中写了蒲公英种子准备在哪落地生根，对泥土、湖面和沙漠作出了不同的选择，揭示了太阳公公对他们的嘱咐：凡事不能被表面现象所吸引。教学中，我始终把自己定位在引导者和组织者的角色，放手让孩子们自主参与到学习中去，在本课的教学实践中取得了良好的效果。

1. 设疑激趣

“学起于思、思起于疑”，疑就是提出问题，这能引起学生认知冲突，激起学生强烈的好奇心和求知欲，为自主学习作出充分的心理与智能准备。上课伊始，便利用多媒体课件“创境”，展示遍地的蒲公英图片，让学生们说说对这个景象的感受。随后就提出问题：“假设你就是其中的一颗小种子，你想要到哪安家落户呢?”学生“不觉转入此中来”，并积极主动地在书上寻找答案。

自主、合作、探究是新课程改革所倡导的学习方式，在“以生为本”的教育理念指导下，同桌互学、小组学习等方式越来越受欢迎。引导学生自主学习就是要变“要我学”为“我要学”，充分调动学生学习的主动性与积极性。

2. 评价激情

传统的课堂教学评价的主体是教师，学生作为被评价的客体只能等待教师指点、评说，很少有自主评价的机会，教师的评价越多，给学生的思想框框也就越多。现代教学论认为：学生是学习的主体，是具有主观能动性的人。评价就应该包含学生互评和自我评价，让学生在评价中正确看待他人，正确看待自己，这样不仅有利于促进学生思维批判性的形成，而且有利于培养学生的创新意识和求异能力。在教学中，我始终把学习的权利交给学生，无论是自主阅读，还是相互评价，都努力彰显“学生是学习和发展的主体”这一理念。

当学生朗读后，让大家评一评该生读得怎么样？对他精彩的朗读，其他同学怎样表示？此时课堂上会想起热烈的掌声，掌声表示的是鼓励和赞许，掌声也能带来意想不到的教学效果。教学中，我们不要忘记对学生的回答进行评价，让学生感受到回答问题后的满足感和成就感。尤其是对于不太发言的学生，也许一次掌声就可以把一切都改变。

3. 读写结合

新课标中指出，“在阅读中积累词语”“积累自己喜欢的成语和格言警句”“积累课文中的优美词语、精彩句段，以及在课外阅读和生活中获得的语言材料”，可见重视语言资料的积累是新课标对语文教学提出的新要求。知识的积累就在这点点滴滴之间，细水长流、厚积薄发。

课上，学生对于“凡事不能被表面所吸引”这一教学重点的把握很清晰，且课后自编故事，完成想象小练笔，课堂所学延伸到了课外。对于小练笔，一些同学有惧怕情绪，因为无话可说，但是在之前的教学铺垫下，学生已经与文本之间产生了共鸣，文本想表达的道理已被理解和感悟。在明理的基础上让学生展开想象写话，学生的表达欲望很强烈，有“不吐不快”之感，因此下笔也就文思泉涌。在写作时，学生运用了联想和想象，锻炼的不仅是文笔，同时也体验到了自主学习的乐趣。

第十一节 《伊索寓言》教学实录与反思

【教学实录】

师：这节课我们继续学习《伊索寓言》中的三个故事，题目分别是——

生：《狐狸和葡萄》《牧童和狼》《蝉和狐狸》。

师：这三个故事中，有哪些主要人物呢？

生：狐狸、牧童、狐狸和蝉。

师：在寓言故事中，不但人会说话，动物也会说话。现在请快速浏览三个故事，找一找这些主要人物在故事中分别说了些什么？把他们说的话用波浪线画出来。

（生自学，做标记。）

生：这些葡萄肯定是酸的。

生：狼来了！狼来了！（第一次喊）狼来了！狼来了！快来帮忙啊，狼

在吃羊了！（第二次喊）

生：您的歌声多么美妙！您真是个天才的歌唱家！您能下来让我见识一下您那动听的歌喉吗？（狐狸）

生：朋友，要是你以为我会下来，那就大错特错了。自从看到你的粪便里掺杂着蝉的翅膀，我对你就怀有戒心了。

师：这些主人公说的话中有这么三处（出示第一则中狐狸说的话，第二则中蝉说的话，第三则中狐狸说的话），虽然它们的意思不一样，但是老师发现它们有一个共同点，下面就请大家一起来读读，看看你能不能有新的发现？

生：这些都是骗人的话。

师：对，这些都是骗人的话，我们可以称之为谎话。你为什么觉得这些话是谎话呢？我们得有理有据，让我们试着到故事中去寻找依据。

师：你从哪里看出狐狸说的"这些葡萄肯定是酸的，不好吃"这句话是谎话，请你认认真真地读一读《狐狸和葡萄》这个故事，把能说明这句话是谎话的句子或词语找出来，可以圈圈画画做一些标记。

（生阅读圈画。）

师：我们先来交流《狐狸和葡萄》。

生：我从"葡萄架上，垂下几串成熟的葡萄"这句中的"成熟"看出狐狸在说谎，成熟的葡萄甜津津的。

生：一只狐狸看到了，馋得直流口水。"馋得直流口水"说明葡萄熟了，又圆又紫，散发着诱人的光泽，狐狸馋得都直流口水了还说是酸的，肯定是在说谎。

师：从这两句话中我们看出狐狸说的"这葡萄是酸的，不好吃"是一句谎话，那狐狸为什么要说这句谎话呢？

生：他想尽了各种办法去够葡萄，但都是白费劲。他很想吃葡萄，他想了各种办法去够葡萄，只是没有吃到，所以撒谎说葡萄是酸的。

师：他会想出哪些办法呢？

生：用石子扔，没扔中。

生：用竹竿打，打不下来。

生：搬石头垫在脚下面，但石头滚走了。

师：他很想吃葡萄，什么办法都用上了，可就是够不到，他的心理会怎样？

生：难受极了。

师：狐狸一心想吃葡萄，使出了浑身解数，结果却白费劲，狐狸感到无望了，只好转身离开。可是他又不想让别人知道自己的无能，所以，他边走边回过头来说——

生：这些葡萄肯定是酸的，不好吃。

师：狐狸这是在干什么？

生：自欺欺人。

生：自我安慰。

师：同学们说得真好，伊索也这样说他——有些人无能为力，做不成事，却偏偏说时机还没有成熟。

师：刚才我们学习了《狐狸和葡萄》这个故事，是怎么学习的呢？

生：先找依据，再思原因，最后明白故事的寓意。

师：请你按照这样的方法自学《牧童和狼》《蝉和狐狸》这两则寓言。

（生自主阅读。）

师：你从哪些词句看出“狼来了！狼来了！”是谎话呢？

生：“村民们闻声赶来，哪里有什么狼！牧童看到他们惊慌失措的样子，不禁哈哈大笑起来”，从这句话中的“哈哈大笑”一词可以看出牧童没有遇到狼，而是在说谎。

师：那他喊这谎话干什么呢？

生：他想戏弄村民，看着他们惊慌失措的样子，他会哈哈大笑。

师：既然是戏弄村民，那这话应该怎么喊呢？谁来试试？

生：狼来了！狼来了！

生：狼来了！狼来了！

师：想象一下，在地里劳作的村民，忽然听到牧童这么着急惊恐的喊声，会有什么反应？

生：他们非常着急慌张，都不知道要干什么了。

师：这就叫作“惊慌失措”。闻声赶来的村民，发现只有哈哈大笑的牧童而没有狼，心里会怎么想？

生：原来是这个小孩在骗人，害得我们这么惊慌。

生：这小孩子居然骗人，下次不相信他了。

师：是啊，这小孩子太顽皮了，居然骗大人，还不止一次，你从哪里看出来的？

生：我从“好几次”看出他不止一次骗人。

师：明明没有狼，牧童却屡次大喊狼来了，借此取乐，后来，狼真的来了——

（生读：牧童吓坏了，他慌忙大叫：“狼来了！狼来了！快来帮忙啊，狼在吃羊了！”）

师：狼真的来了时，牧童的心情是怎样的？

生：着急、害怕。

师：村民们为什么没有像上次一样闻声赶来呢？

生：他老是撒谎，村民都不相信他了。

师：同学们说得真好，伊索也这样说——

生：一贯说谎的人即使说了真话，也没有人会相信。

师：在《蝉和狐狸》这则寓言里，可以从哪些词句中看出狐狸说的是谎话呢？

生：狐狸想吃蝉，便设下了一个圈套。

师：他设下了什么圈套？

生：他故意站在蝉的对面，赞叹道：“您的歌声多么美妙！您真是个天才的歌唱家！您能下来让我见识一下您那动听的歌喉吗？”

师：他的这番话中哪些词让你听了后感觉特别舒服？

生：他用“歌声美妙”“天才的歌唱家”“动听的歌喉”这些词来赞美蝉，让人听了特别舒服。

生：从两个感叹号中，我看出他说这些奉承话时语气很强烈。

师：这番话让我们想到一个词——

生：甜言蜜语。

师：他说这么多甜言蜜语，真的是想夸奖蝉吗？

生：不是，他呀，是居心不良。

师：他醉翁之意不在酒啊。这甜言蜜语的背后隐藏着圈套，还记得以前学过的《狐狸和乌鸦》吗？在甜言蜜语前，乌鸦损失惨重，好不容易找来的肉成了狐狸的美餐。如今，狐狸又用同样的招数来骗蝉了，蝉和乌鸦一样上当了吗？

生：蝉没有上当。

师：蝉为什么没有上当？

生：我从“蝉察觉其中有诈，就摘下一片树叶扔下来，狐狸以为是蝉，猛地扑了过去”这句话中读出蝉非常聪明，他摘下树叶试探了一下，就让狐狸露出了尾巴。

生：我从“蝉对狐狸说：‘朋友，要是你以为我会下来，那就大错而特错了。自从看到你的粪便里掺杂着蝉的翅膀，我对你就怀有戒心了’”这句中读出蝉非常聪明，吸取了别的蝉被狐狸吃掉的教训。

师：是的，这是一只富有智慧的蝉，伊索也这样夸奖他——

生：一个聪明的人，总能从别人的灾难中吸取教训。

师：同学们，我们通过阅读与思考，了解了谎言背后的心理。有的是自我安慰，有的是为了寻开心，有的谎言背后还隐藏着阴谋。

师：学完了这三个故事，你发现它们在写法上有什么共同点吗？

生：都是通过一个短小的故事，揭示了一个深奥的道理。

师：是的，这就是寓言的魅力。

【教学反思】

《伊索寓言》所选的三则寓言，故事情节较紧凑，意蕴丰厚，以浅显的语言把角色刻画得绘声绘色，生动传神，读后令人兴味盎然，并能从中获得深刻的启示和教益。每则寓言都以篇末的一句训诫作结，具有画龙点睛的效果。

法国17世纪著名的寓言作家拉·封丹说过，“一个寓言可以分为身体和灵魂两部分：所述的故事好比身体，所给予人们的教训好比是灵魂。”这表明，教学寓言不但要让学生感受寓言的形象，还要使他们感悟寄托的道理。这三则寓言故事语言浅显，情节简单而又完整，人物形象鲜明生动。学习寓言故事，就要引导学生走进故事，充分感受形象，让故事所蕴含、寄托的道理自然显现。为此，教学时应把三则寓言看作是一个整体来设计。

1. 聚焦谎话，层层探究

上课伊始，教师连续抛出四个问题：在这三个故事中，有哪些主要人物呢？这些主要人物在故事中分别说了些什么？这些主人公说的话有一个共同点是什么呢？根据学生阅读思考后的回答，教师小结说这些都是谎话。这样从人物的话语切入，将三个故事整合在一起。接着老师又问，你为什么觉得这些话是谎话呢？这些问题打破了课堂的平静，将“不难”的寓言引导到“难”的困惑中，引导学生去层层探究，同时利用这些疑问串起了全文教学的脉络，为细读文本搭好一个架子。将三个故事整合在一起进行学习，文本内容形成互补、互为资源，不仅使教学内容更丰富，而且让学生对文本有了“陌生”的感觉，利于打破惰性思维，激起创造的热情，培养学生自主探究的意识。

2. 自主阅读，迁移学习

新课标中说道：“阅读是学生的个性化行为，阅读教学应引导学生钻研文本，在主动积极的思维和情感活动中，加深理解和体验。教师应加强对学生阅读的指导、引领和点拨，但不应以教师的分析来代替学生的阅读实践。”因此，教学中我让学生带着问题自主阅读，找出能证明“这些葡萄肯定是酸的，不好吃”“狼来了，狼来了”“您的歌声多么美妙！您真是个天才的歌唱家！您能下来让我见识一下您那动听的歌喉吗”这些话是谎话的依据。阅读时，同学们圈圈点点，若有所思，小组内分享着各自的独特感受、体验和不同的理解。

学完第一则寓言，师生一起小结学法：找出相关词句研读，证明狐狸说的这句话是谎话，这是“找依据”。再抓住相关词句来研读，探究狐狸说谎的原因，这是“思原因”，进而理解寓言的寓意，这是“明寓意”。接着就让学生运用以上方法学习后两则寓言。俗话说“授人以鱼，不如授人以渔”，课堂上注重方法的指导，不仅可以提高课堂学习的效率，而且能为学生课后的独立学习打下基础，真正体现课标“教学生学会学习”的要求。

自主力量体现

第五章

“自主学习”就是学习主体主导自己学习的一种学习形式，它是在学习目标、学习过程及学习效果等方面进行自我设计、自我管理、自我调节、自我检测、自我评价和自我转化的一个主动建构的过程。

学习的“自主性”具体表现为“自立”“自为”“自律”。自立性是“自主学习”的基础和前提，是学习主体内在的本质的特性，是每个学习主体普遍具有的。它不仅经常体现在学习活动的各个方面，且贯穿于学习过程的始终。自立性是“自主学习”的灵魂，“自为性”是指学习主体将学习纳入自己的生活结构之中，成为生命活动中不可剥落的有机组成部分。“自律性”是学习主体对自己学习的自我约束性或规范性，主要表现为自觉地学习。学生在自我建构过程中逐渐学会求知、学会做人、学会健体、学会审美、学会生活和学会交往，学会劳动、学会生存，具备与现代社会需要相适应的学习、生活和交往以及不断促进自身发展的基本素质。

自主，就是在课堂教学中让孩子们体验学习的愉悦。践行自主学习，强化学法指导，使学生知道怎么样学习才能省时省力且效果好，使受教育者掌握多样化的学习技能和方法，改变盲目学习的状况，是实现学生自主发展的重要目标之一。教学应允许学生有选择学习内容、学习方式、学习方法的权利，并鼓励学生发展自己的爱好和特长。学生一旦养成了自主学习的习惯，习得自主学习的技能，就可以激发其学习潜能，产生强烈的学习动机，增加其学习的兴趣，从而体验学习的无限乐趣，从而表现出愿学、乐学的倾向，使其学习效率不断提高。

自主，在教育活动中，让孩子们感受成长的快乐。践行自我教育，让学生在规范中体验自由，自醒、自励、自控是学生身心健康发展、快乐成长的主要目的。随着学校主持的苏州市十二五课题“小学生行为规范与道德礼仪的养成教育研究”的不断深入，孩子们在丰富多彩的教育实践活动中感受到了成长的力量。他们学会了对自己作出客观正确的自我评价，从而对自己的行为进行自我激励、自我控制、自我调节，养成健康的心理品质，使自己的注意力、意志力和抗挫折能力不断提高。主动合作、乐于合作、善于合作是人类赖以存在与发展的社会基础，是人类的良好品质。在学校的一切教育活动中，学生都应成为主动参与者，通过参与实现主动学习、主动锻炼、主动发展能力的提高。

自主，在学校管理中，让教师享受教育的幸福。高素质的教师队伍及其可持续成长力，是学校发展的核心力量，以教师的发展构筑学校发展的核心力量，关键在于找到引领和推动教师专业发展的有思想的技术，我们把这一技术定位于推行自主管理，从而推动师生的个性发展，实现自我成长。开放的办学理念，开阔的教育视野，激发了教师自我提升的内驱力，从此教师多了一双发现的眼睛，多了一份快乐的心情，多了一股创造的激情……学校成为师生共同生活和学习的乐园，师生同心、同行、同乐，同成长，真正开始享受教育的幸福。

第一节　自主力量在课堂教学中的体现

当自主之风吹向课堂，一切都在悄然变化着，教师变了，学生也变了。课堂上，不再是教师一人唱“独角戏”，他们成了真正的引导者、合作者和服务者，处处从学生出发，营造自由、宽松的学习氛围，适时点拨、恰当引导，燃起每个学生求知的欲望，激发每个学生学习的热情。学生也不只是倾听者，他们再也不用跟着教师的指挥棒亦步亦趋，原来沉闷的课堂也变得轻松、活泼、和谐了。

师生互相交流，成了校园里最美丽的风景。学生大大的眼睛透露着对知识的渴求，他们时而四人一组，真诚交流；时而同桌合作，低头商讨，在他们的脸上写满了快乐，这一切都是自主带来的正能量，自主学习让学生成为学习的建设者。他们以极大的热情投身到整个学习过程中，有明确的目的和方向，开始在一种自觉状态下主动去学习。

著名教育家波利亚曾说：“学习任何知识的最佳途径是由自己去发现

的，因为这种发现，理解最深，也最易掌握其中的内在规律、性质和联系。”在自主学习过程中，学生或通过互助，或通过自己的摸索找到适合自己的最佳学习方法，从而养成良好的学习习惯，提高学习效率。学生在自发、主动探究知识的过程中，通过自己的内在努力和亲身实践，创造性地获取知识和技能，提高了表达和合作等多方面的能力。他们不再含羞，面对问题能从容作答；他们不再被教师牵着走，面对知识能质疑释疑；他们不再害怕，面对缺点能在同伴和教师的帮助下闪光。自主学习让学生拥有了独特的思考，发掘出其独特的个性，学生的好奇心和求知欲被大大激发，迸发出了无穷的创造力。

在享受获取知识的愉悦心情的同时，学生的自信心增强了。这份自信，让学生在课堂上变得活泼、灵动，富有朝气。这份自信，让学生由原来的被动学习转变为“要学”“乐学”“善学”的学习小主人。自主学习，是学生一生受用的法宝。

一、自主学习　准备开始

实施课程改革十多年以来，“以生为本”的教育理念已深入人心，广大教师不断尝试着自主合作探究的学习方式，试图把课堂由“教堂”转变为“学堂”，但实际情况却并不乐观，甚至有专家指出，当前课堂学习方式的变革并未取得根本性进展。怎样才能做到以师生协同的学习活动为主导呢？通过研究，我们发现，准备学习资源是转变学习方式的一个重要切入点。通过参与准备学习资源，师生牵手同行，才有可能共同建构理想的课堂。

1. 火热的思考

围绕如何准备学习资源，我们进行了一系列的思考，主要体现在以下几个方面：

（1）明确是什么

准备学习资源，其实是为新的学习做准备。准备学习资源有广义和狭义之分，广义的准备学习资源是指学科教师推荐阅读与本学段相关的经典书籍，注意观察相关日常生活现象并有意识地去体验。狭义的准备学习资源专指学生为课堂学习新内容做知识经验、生活经验、思维经验的准备，以及独立思考发现问题，准备到课堂集体学习活动中去解决。我们界定学为主导的“准备学习资源”有如下特征：其一，学生根据教师引导的方向自主回顾经验发现问题，这是学生的主体行为；其二，是每个学生独立自主的个体行为；其三，时空相对比较自由。课前准备学习资源，或课堂开始后的准备学习资源，主要是在三个经验的基础上发现与提出问题，形成“最近学习工作区”。

(2) 知道为什么

学习是一种迁移，准备学习资源就是为迁移做准备的。准备学习资源是学生独立地收集经验与发现问题的过程，准备学习资源的过程是收敛思维与发散思维的过程。如果说所有新知识都是在原有的三个经验的土壤中生长出来的，那么，准备学习资源就是培育土壤和播种，经验是土壤，质疑是播种，学习资源就是阳光雨露和营养肥料。准备学习资源能真正激活学生的思维场，并使其思维的最近发展区转变为“最近学习工作区”，进一步转化为课堂研究的主协同区。在这个协同区中，因为没有现成的模本可以参照，个体思维的本原性和群体结果的多样性会自然表露出来，这就凸显了学习的独立性与本真性。准备学习资源之后，每个学生准备的成果都是课堂教学资源，教师再根据学生准备学习资源的情况设计教学，这样就能充分体现出“以学定教”“按需施教”“学为主导”“师生协同”的要义。

(3) 明白怎么做

学生准备学习资源之前，教师要精心设计准备性引导问题。引导问题能指引学生思考的方向，激活学生三种经验，即：知识经验、生活经验与思维经验。教师通过设计引导问题，鼓励学生回忆与学习主题相关的三种经验，经验与新学习的内容产生冲突，必然会产生问题。当然，准备学习资源不是让学生从书上找答案，而是自己想问题。准备学习资源时其指导在开始时要具体细致，要有硬性要求，让学生用书面方式呈现是一种他律，有了开头的他律才会有以后的自觉。准备学习资源后的课堂，可先组织学生开展小组的准备学习资源交流，然后再进行全班的资源展示。

2. 理性的尝试

师生共同准备学习资源，是“教为主导”转变为“学为主导”的一项重要举措。准备学习资源后，教师更需要创造性地开展工作，因为学生会带来哪些学习资源，会发现哪些问题，教师都需要事先“研究”，做到心里有数，只有这样教学时才能做到以学定教、因材施教。

(1) 师生共同进行学习准备

课前，教师引导学生围绕即将学习的内容进行个性化的资源准备，让学生把瞬间思维有意识地记录下来，鼓励学生从多角度展开思考。准备学习资源变预习教材为回顾经验、提出问题，激发学生的求知欲望。

对于语文的预习，我们设计了如下的“预学单”和“共学单”，样例如下：

预学单

初读课文，试着写下自己的收获和疑惑。

我的收获：________________________。

我的疑惑：________________________。

共学单

《负荆请罪》的主要人物有________和________。

我们小组选择（　　）进行研究，

我们发现他是一个____________________的人。

具体表现是______________________________。

教师注重从读、查、思三个层次布置前置性作业：

读主要是研究生、字、词和文中的一些难读、易读错、易写错的词语。中高年级的语文教师特别重视让学生先学“字词”。如苏教版第十二册里的《三打白骨精》，教师让学生自学生字词时，主要注意了以下几点：一让学生注意检查几个字词的读音；二让学生自主研究生字，在习字册上把生字写正确、工整；三让学生研究一组形近字，进行比较并组词，如，脊梁的“梁”和高粱的“粱”。

查的作业主要是搜集与本课相关的资料，如《西游记》中还有哪些精彩的故事？四大名著中含“三”字的故事有哪些？

思的作业主要是鼓励学生对课文进行初步探究。同样，在《三打白骨精》这一课，教师让学生在读课文时分别划出描写白骨精和孙悟空的句子，好好品一品，看看在每个人的心中，这是一个怎样的白骨精？又是一个怎样的孙悟空？并至少写出四个词语。此外，让学生思考，孙悟空那么神通广大，为什么要三打才能打败妖精？最后，让学生结合课文，提出疑问。

（2）师生共同展示学习成果

把课堂还给学生，教学便会充满活力。在师生共建的课堂上，教师常能把讲台让给学生，由学生分组上台展示，大家边讨论、边总结。某个学生表述解题思路或观点时，如果他人有不同想法，也能上台发言，在热烈交流中集思广益。学生讲述时，教师能适时介入，指点迷津，发挥引而弗牵的作用，让学生在解决问题的实践中学会思考。师生共同展示学习成果时，就把以前教师平淡的知识点陈述，变为学生生动而有价值的学习体验。

例如，在《大自然的文字》这一课中，教师和学生了解了课文中大自然的文字后，让学生上台展示自己已经读懂的其他关于大自然的文字。有的学生结合树干截面的图片说："从树木的年轮，可以知道树的年龄。"有的学生一边在黑板上画简笔画一边说："从浮出水面的鱼儿，可以知道天要下雨了……"台上的同学说得绘声绘色，台下的同学听得津津有味。再如学完了《三顾茅庐》这篇课文，教师布置学生在两周内阅读完《三国演义》，并出一份小报，在班会课上交流。语文课后，师生共同展示学习成果的方式还有很多：讲故事、写感受、演讲……

（3）师生共同提出学习问题

学习始于疑问。问题主要来源于教师，还是来源于学生，这是"教为主导"与"学为主导"的分水岭。准备学习资源之后，教师要重点引导学生讨论发现的问题，变寻找答案为建构模块，这样，很多个体的问题在小组交流中就可以解决，小组合作学习解决不了的问题，就要在全班展示。教师要在课前以及与学生的交流过程中，及时发现、归纳、提炼这些问题，筛选出代表性问题，让学生集体讨论，充分展示不同的观念和见解。

例如，学习《青海高原一株柳》上课伊始，教师就让学生交流每个人在预习中的疑惑，从而使一个个值得探究的问题孕育而生。青海高原的这株柳为什么如此神奇？它怎么能巍巍然撑立在恶劣的高原上？文章题目是"青海高原一株柳"，为什么文章里还要写家乡的灞河柳？作者陈忠实为什么要写这株柳呢？随后，安排学生围绕这些问题在小组内进行学习和交流，然后是全班范围的交流。这个交流可以是由小组内推荐出的同学讲述整个组的观点，也可以代表个人意见，针对话题师生互动、生生互动，或补充交流，或质疑问难，或总结提升……在思维火花的碰撞中，学生感受到了青海高原这株柳巍巍然的外形和顽强的生命力；也明白了文中写灞河柳是为了反衬青海高原这株柳的强大生命力；更明白了作者看似在写柳树，实质上是在写人。

课堂是师生交往互动的主阵地，是智慧生成与发展的演练场。通过师生共同准备学习资源，教师的教会更贴近学生，学生的学会变得更为主动，这样的教学比起照本宣科更有挑战性与创造性，这是学与教协同的课堂，自然也是高效的课堂。

二、共建课堂　有效参与

教育的目的就在于指向人、解放人、充实人、提升人。语文教学就是要用我们民族与全人类最美好的精神食粮来滋养我们的孩子，让他们的身心得到健全的发展，为他们的终生学习与精神成长打基础。确实，作为人文学科，语文教学是一个促进人发展的过程，成为完善和完美人生的过程。学生学语文，即是构建人的精神世界，学生的精神在这个学习过程中可以不断成长；教师教语文，即是实现自身生命的价值，在服务学生的同时成就自己。可以说，语文是生命的语文，是教师和学生生命成长历程的语文。随着新课程改革的不断深入，我们的课堂的确在悄然发生着改变，民主、开放、互动、对话已成为一种常态。

师生共同建构课堂，是教学的一种理想追求。课堂上以生为本，积极引导学生自主学习，透过语言文字的理解、感悟、积累和运用，努力架构一种低耗高效的课堂：目标清清楚楚、过程简简单单、效果实实在在。

1. 和谐氛围，师生共建

美国心理学家罗杰斯认为，“成功的教学依赖于一种民主、和谐的课堂气氛。”和谐课堂就是坚持以人为本，教育的各项因素相互依存，相互促进，形成完美的教育生态，从而促进学生的自我激励、自我成长和自我完善。只有和谐相融，生命才有不竭之源，师生关系和谐，是伙伴型的关系，师生在和谐中自然地生长，教师的主体精神和学生的主体精神都能得以充分地展现。教与学的和谐，是平等、协商、和风细雨式的，而不是君临天下式的，课内与课外的和谐，也是教学目标、内容与方法、手段的和谐，教育与教学的和谐等等。把学习的主动权交给学生，把学习的时间还给学生。让课堂还孩子以自由发展的空间，还孩子真情洋溢的世界，还孩子心向自然的情愫，没有盆景工艺式的缠扎，没有驯技强化般的鞭打。教师努力从传授知识的角色向教育促进者的角色转化，真正成为学生学习活动的组织者、引导者和合作者，在课堂教学中实现教师的“教”和学生“学”的和谐统一。

2. 有效引领，自主学习

美国教育家杜威倡导“儿童中心说”，强调要把儿童作为教育的起点、中心和目的。建构主义理论认为，儿童不是简单被动地接收信息，而是主动地建构知识的意义，这种建构无法由他人来代替。2004 年，新加坡的李显龙总理在国庆群众大会上演讲时重申：“我们少教一点，学生就能多学一点。”这些年，在新加坡教育界，“少教多学”已经成为一个热门话题，学校和教师纷纷行动起来，探讨如何“少教”，而能让学生“多学”。华南师范大学郭思乐教授提出了“生本教育”理论，其核心理念是高度尊重学生，全面依靠学生，把以往教学中主要依靠教师的教，转变为主要依靠学生的学。

通过教师引领和服务，实现学生自主、自由、自能、自在地发展。师生共同建构课堂能形成一个学习与发展的共同体，在共同学习目标的指引下，学生自主获得多方面的满足和发展，教师的劳动也将闪耀创造的光辉，师生都将感觉到生命的活力。“生本教育”的核心理念就是高度尊重学生，全面依靠学生，最大程度地调动学生的内在积极性，组织学生自主学习。如教学《伊索寓言》时，教师让学生先找出主人公所说的话，在比较发现其共同点都是“谎言”之后，引导学生找依据来证实论点，在这个基础上总结学法，然后用同样的方法学习其他两则寓言。再如教学《东方之珠》时，对于文中所介绍的“迷人的沙滩”“著名的公园”“繁华的街市”三个内容，教师以其中一个为重点来指导学习，掌握方法，在此基础上，引导学生自主学习。

构建和谐课堂，实施生本教育，不仅仅是教育方法的转变，更是教育观念的深刻变革。在教学实践中，相信学生的潜力，照顾学生的差异，尊重学生的个性，赏识学生的成果……更多地思考如何使自己的“教”更好地促进学生的学。教师要有提炼与升华学生思维的本领，当学生说得琐碎时，归纳一下；当学生说得浅显时，挖掘一下；当学生忽略重点时，提醒一下；当学生表述不清时，点拨一下；当学生发言精彩时，赏析一下……生本课堂中教师的角色有了新的内涵：教师不再是知识的“容器”，仅仅把知识灌输给学生，而是教学的设计者、课堂的组织者和学习的促进者。

3. 整体把握，分散落实

语文，姓语，字、词、句、段、篇构成了其内涵丰富的文本，工具性则是其本质属性。语言，是人类自身具有的工具，是适应全民交际的工具，是与生活密切相联的工具，是表达交流思想感情、传递继承科学文化的工具。学习语文不仅仅要知道以及去感悟写了什么，怎么写，更要学会使用语言，学会理解和自我表达语言，学会用语言进行交际，牢牢掌握语言这个工具，为高效率的生产和高品质的生活服务。

首先，教师要吃透教材，把握训练点。如苏教版小学语文课本第三册（下同）《狐狸和乌鸦》一课里有“您的羽毛真漂亮”“您的嗓子真好”等句子。在教学时，让学生把这里的“真”字换个词来说，但意思保持不变。学生经过思考，有的说：“您的羽毛太漂亮了。”有的说：“您的羽毛漂亮极了。”还有的把“真”换成“特别”“十分”“非常”等词语。这样抓住一处着力训练，学生不仅正确理解了“真”的意思，体会了句子的含义，而且同时掌握了几个近义词的意思，可谓学一个牵一串，帮助学生积累语言，在正确理解的同时运用语言。在进行识字教学时，利用组词率较高的生字进行扩词练习。如“场”字可组成“农场”“广场”“场地”“商场”等，在学生练说的基础上，教师提供以上词语，帮助学生在不同语境中学会正确使用“场”字，使积累和运用进行有机结合。

又如，二年级上册《识字 3》中有一首儿歌，虽然没有直接注明量词，但量词的正确使用意图却蕴含其中。此时，教师就要善于把握教材，加强语言文字的训练，在这里可以设计以下练习：

“一（　　）画家”“一（　　）铅笔”，让学生填一填，读一读，以求达到学会正确使用的目的。

在《狐狸和乌鸦》一课中，有“一片肉”这个词组，就让学生练说“一（　　）肉”，学生会填表上“块”“斤”等量词。这样立足课本把握好训练点，并进行着力训练，使学生在正确理解、学习使用的同时真正积累词语、丰富语言。

其次，教学还应从整体出发，把握结合点。将练字与识字相结合，如低年级练习中有这样的句式："菊花开了。桂花开了。菊花开了，桂花也开了。菊花和桂花都开了。"教师在钻研整个单元教材的基础上，把这一训练渗透到识字的教学中去。在教《识字 1》时，有意识地设计了以下练习：把"柿子丰收了。苹果丰收了。"用上"也"和"都"连起来说，然后再让他们把柿子和苹果换成"棉花和稻子"进行练说，学生很容易就掌握了知识点。这样把练习中的有关训练项目有机地融入识字教学中，不但使练习中的训练项目得到了落实，而且丰富了识字课内容，让学生更加感兴趣。这样训练之后，再到练习中复习巩固，使学生悟到句式变化的方法和规律，从而使学到的词语及句式得以实现转换与迁移。

练习与学文相结合。在低年级练习认读词语的训练中出现了"鲜红鲜红"等 ABAB 式词语，为了训练好这一项目，在教学《美丽的丹顶鹤》第二自然段时作出了如下安排：先让学生轻声读课文，找出文中表示颜色的词语，当学生读到"鲜红鲜红"一词时，让他们回忆以前学过的类似的词，再照样子说几个词，如"雪白雪白""碧绿碧绿"等。这样，把练习中的训练项目与阅读课文有机地结合起来，训练更扎实。练习中还出现了"谁是什么"的句式，如"毛泽东是伟大的革命领袖。"这些句子跟前面所学的课文有着密切的联系，此时，就可以分散到有关课文中落实训练。在学了《动手试一试》一课后让学生说一说"玛丽亚是一个________的孩子。"学生联系课文内容说出了"玛丽亚是一个爱动脑筋的孩子""玛丽亚是一个聪明的孩子"等句子。通过这样的训练，在学习以后的课文时，再让学生说一说"孔繁森是________""梅兰芳是________"时，他们就不会觉得难了。教师要在了解熟悉全册教材的编排体系后，从整体出发，把握训练的结合点，使各项训练做到有的放矢，在各科教学中加以落实。帮助学生化静态的积累为积极的实践运用，真正提高学生理解运用语言文字的能力，使基础与能力并重，一举多得。

在语文教学中，我们不仅要关注学生知识的内化与生成，更要关注学生生命的成长与价值的提升。要用语文丰富生命内涵，让学生接触各种情感体验，启迪心智，形成健全人格并拥有丰富情感的内心世界。要让学生在阅读中体验，把学习当成自己生命中的一段历程；在活动中体验，通过参与活动体验生命的意义；在生活中体验，在拓展现实生活空间中体验生活的乐趣。精神建构是教育的绝对使命，让我们借助语文这一载体，通过阅读、思考、实践和体验，让语文真正进入每个人的生活中，唤醒他们的生命意识，丰富生命内涵、提升生命质量。

正如郭思乐教授所说："从师本教育到生本教育，有许多新的问题还需要处理，而这也是我们教育工作者最激动人心的挑战。"基于学生、为了学生，发展学生、成就学生，生本教育是回归教学本质的教育，它需要教师用智慧的才情去建设，用真诚的心灵去培育。师生共建的课堂是充满生命活力的课堂，也是发展的课堂；是主动、互动、生动的课堂，是预设与生成相得益彰的课堂；是语言与精神同构共筑的课堂，是对话与体验成功遥相呼应的课堂，是现实与理想逐渐逼近的课堂。

三、注重习得　提升能力

"语文课程是实践性课程，应着重培养学生的语文实践能力，而培养这种能力的主要途径也应是语文实践。语文课程是学生学习运用祖国语言文字的课程，学习资源和实践机会无处不在，无时不有。因而，应该让学生多读多写，日积月累，在大量的语文实践中体会和把握运用语文的规律。"

"语文课程应特别关注汉语言文字的特点对学生识字写字、阅读、写作、口语交际和思维发展等方面的影响，在教学中尤其要重视培养良好的语感和整体把握的能力。"

从以上阐述中可以清楚地看出，语文课标的指向重在形成语文能力，掌握和运用语文工具，并且强调学生应"初步掌握学习语文的基本方法，培养良好的学习习惯，具有适应实际生活需要的识字写字能力，阅读能力、写作能力、口语交际能力，正确运用祖国语言文字。"坚持能力为重，强化能力培养，要体现语文学科特点就要在着力提升学生的语用能力上下功夫，为其终生发展储备能量，夯实根基。

1. 把握课标，让语言训练清楚前行的方向

语文教学要自觉地以语文课标为依据，明确语文教学的总目标，把准阶段目标，达到既不越位，也不滞后。识字时，低年级要落实以识字、写

字为重点的习惯，打牢基础、教给方法、培养能力，养成良好的习惯；中年级继续培养识字写字能力，由扶到放，重视词语的理解、辨析、积累和运用；高年级培养独立识字、学词的能力，能理解词句的含义，体会表达效果。

阅读，低年级侧重理解与运用字词句，读好课文，积累语言；中年级侧重理解与运用句段，初步掌握文章的主要内容，体会表达的思想感情，揣摩写作方法；高年级侧重理解与运用段篇，能整体把握课文内容，了解文章的表达顺序，体会作者的思想感情，初步领悟文章的基本表达方法，掌握阅读不同文体作品的基本方法。对于写作，语文课标的阶段目标在不同的学段提出了不同的概念：第一学段是“写话”，低年级重点抓好词语、好句子，学习迁移、运用；第二三学段是“习作”，中年级重点体会词句段的表达效果，学习表达，力求准确、生动、有序；高年级学习有序地表达，有重点、有特点地表达。第四学段是“写作”。这些概念从语义上是不难理解的，其用意主要是进行教学梯度的区分，对不同学段有不同的要求。写话和习作的提出，降低了写作的要求：1～2 年级重在培养兴趣，使学生乐于表达；3～4 年级重在减少束缚，使学生自由表达；5～6 年级重在表达真情实感，使学生个性表达。

语文教师不仅要清楚课标的总体目标和年段目标，更要把握好每一篇教材和每一节课的具体教学目标，这是真正落实语用训练的关键。例如《烟台的海》一课的教学，有的教师把教学目标定位在“凭借课文的语言材料，了解烟台四季不同的海上奇观和烟台人丰富多彩的物质、文化生活，激发学生热爱自然、热爱生活的美好情感。”从这一目标可以看出，教师是以课文内容的理解为主要目标的，这必将导致教师会围绕课文内容的理解来组织教学。上海师范大学吴忠豪教授在《语文课须围绕本体性教学内容组织教学》一文中说，“我们可以把语文课程的教学内容大致划分成两个大类；一类是语文本体性教学内容，一类是非语文本体性教学内容。”“语文本体性教学内容就是反映这门学科本质特征的、区别于其他各门课程的教学内容，包括语文知识、语文策略和语文技能。”以上《烟台的海》的教学目标就偏离了语文的本体性目标，对语文知识、方法和语文技能的关注明显不足。如果我们调整下教学目标，定位于“抓住烟台的海四季不同的海上奇观表达的内容和形式，体会课文语言的准确、生动与精妙。”这样也许就可以突出语文学科的本质特征。语文课程的核心目标——学习祖国语言文字的运用。课标中明确指出“语文课程应特别关注汉语言文字的特点对学生识字、写字、阅读、写作、口语交际和思维发展等方面的影响。”因此，在整体确定教学的内容时，就要凸显语文教学的首要任务，理解和运用祖国的语言文字，除了落实生字、新词教学和课文朗读等基本的要求外，还必须在语文知识、方法和语文技能方面落实教什么，让理解、积累、运用整体进行推进。只有真正把握课标，才能让语言训练清楚前行的方向，而不至于将语文课上成科学课、品德与社会课等。

2. 立足文本，让语言训练找到扎根的感觉

古谚云：“积沙成塔，集腋成裘。”俗话说：“熟读唐诗三百首，不会作诗也会吟”。自古以来，有识之士都十分重视记诵，并把它作为学习语文的重要方法，我们要继承传统的行之有效的教学方法，重视识记背诵，引导学生背诵、积累，丰厚学生的文化底蕴，提高学生的语文素养。祖国语言博大精深，在语文教学中，有意识地鼓励学生读背一些文质兼美、情文并茂的篇章，是学生积累知识、提升素养的一个很重要的途径。教材中也体现出了对学生积累的重视，除了有的篇目后面有指定背诵内容外，还专门在练习中开设了“诵读与欣赏”，在教学过程中，除了要把这些有具体要求的内容落实到背诵以外，还要结合学习内容，让学生选择自己喜欢的词、句、段进行熟读背诵。

在语文教学的过程中要更注重挖掘和发现言语训练的生发点，有意训练、帮助习得、丰富积累。如教学《东方之珠》这一课，学到“香港的海洋公园举世闻名。”时，教师就可以让学生将“举世闻名”换个词来说说，学生也许会说到“驰名中外”“世界闻名”“中外闻名”等词语；同样，学到“琳琅满目”“人流如潮”这些词语时，也可以用同样的方法帮助学生学习归类。再如，学习中还可以根据学习内容归类拓展，如学习《海底世界》时，可以有意安排学生积累拟声词，在归类拓展时，有的可以按词语意思分，有的可以按构词的结构分，有的可以按词语的性质分，有的可以按描写对象分，如描写春天景色的，描写人物神态的等等。不要小看平时的点滴积累，只要坚持不懈，语文素养就会越积越丰厚，最终会发生质的变化。

由于小学生生活经验不足，实践经验有限，所以，勤记多背、积累知识，将语言材料内化为自己的言语是积累和丰富语言的重要途径。让学生在记忆力最旺盛的时期多读多背、熟读成诵，练好童子功，必将终生受益。

小学阶段是学生语文素养的初步形成期，是奠定基础的重要阶段。因此，在小学阶段，必须注重语文基本素质的训练与养成。课上可抓住关键词句，启发学生反复揣摩、深刻理解，通过感情朗读、比较词句、联系生活实际谈感受等多种生动活泼的形式，帮助学生多角度地理解词语，积累感悟语言。这种精雕细刻式的阅读和讨论，会使学生潜移默化地理解作者遣词造句的精妙，体会到把句子写具体、写生动的妙处。教学中可以紧密结合课文内容识生字、学语言，这样的训练来自文本，能回归文本，真正体现出用教材教学生学语文，让语言训练找到扎根的感觉。

3. 着眼运用，让语言训练具有生长的力量

法国哲学家笛卡尔说过："最有价值的知识是关于方法的知识。"因为方法的知识对于学生个体来说具有积淀终生发展能量的意义。语文教学应从"语文知识的教学"走向"语文功能的教学"，从"内容分析的教学"走向"策略指导的教学"，在言意兼得的基础上还要"得法""得用"，即掌握学习语言和运用语言的方法，从而实现叶老所说的"自能阅读""自能作文"。人的正确认识皆来源于实践，学生知识的掌握，能力的形成，习惯的培养，人格的塑造都离不开实践。

语文教学要强化读写结合，古人云："劳于读书，逸于作文"，一切有意义的学习必须始于模仿，其中必然包括迁移。模仿是任何学生、任何学科不可逾越的学习路径，是儿童获取知识、习得技能的一种重要方式。语文教学要在对文本内容理解和感悟的基础上，关注语言的形式，把握语言的规律，站在写作运用的角度解读文本，在读中学习精准的字词，精美的语言，精巧的段落，精妙的构思，精致的布局，精彩的笔法等，既得意更得言。读与写紧密结合，读为基础，以读学写，写中促读；突出重点，一课一得，得得关联；多读多写，学以致用，发展能力。强化学法指导，教师的"教"是为学生的"学"服务的，这种服务的真正价值就在于进行富有成效的学习指导。

低年级是练习说话写话的关键时段，有意识地渗透相关的句式是培养

学生说话、写话能力的重要方法。如教学《酸的和甜的》一课一开始时，就让学生用上“……和……”以及“……有……还有……”说说故事里有哪些小动物。通过说话练习让学生掌握，在表达好几种事物的时候，可以用上以上两种句式，潜移默化地培养学生说话的条理性；文中出现了“小猴子迫不及待地爬上葡萄架。”和“小猴子大口大口地吃起葡萄来。”等句子，要让学生感悟到如何把句子写具体是这节课的一个训练重点。在学到“小猴子听了，大口大口地吃起葡萄来”这句话时，让学生进行填空练习：（　　）大口大口地吃起葡萄来；（　　）也大口大口地吃起葡萄来；（　　）和（　　）都大口大口地吃起葡萄来。教学中抓住这两句话，通过不同形式的训练，或比较、或填空，帮助学生体会对于句子内容该如何表达具体。同时，在填空的过程中，还蕴藏着对“也”“和”“都”等字词的正确运用，可谓一举多得。这种循序渐进的句式训练，从课文中来，回到课文中去，更走到生活中去，对学生的影响是显而易见的。再如“告诉”是这个故事中的又一个关键词，小松鼠把自己听到的狐狸说的话告诉了小兔子，小兔子不仅听信了小松鼠的话，还告诉了小猴子“这葡萄是酸的不能吃!”正是因为小松鼠的“告诉”，不断推进了故事的进展。通过表演，让学生进入角色，理清对象，明白内容，真正理解“告诉”。学完故事后让孩子们以朋友的身份，以友情提醒的形式，选择自己喜欢的对象，来“告诉”他们自己明白的道理。这样的训练一方面可以让学生巩固对“告诉”的理解，进行灵活的运用；另一方面，可以避免空洞生硬的说教，把揭示文本寓意与学生想象、说话训练结合起来，借小朋友之嘴以“告诉小动物”的形式，说出学习这一童话的收获和体会，显得亲切自然，孩子们也会乐在其中。学语文就是要学语言，在教学中我们要抓准训练点，丰富训练形式，让语言训练得到落实。

“训练”是语文实践的基本形式，“多读多写多说”是提高语文能力的基本法则。语文教学应重在鼓励，引导学生参与大量多样、有序、规范、适度的，孩子们喜闻乐见的语文学习实践活动，让学生通过读一读、想一想、说一说、写一写等，感受语言文字的魅力，给学生播下“语言”的种子，通过具体的练习得法、得言、得意，让语言文字的运用具有生长的力量。

四、牵手文道 以文化人

课标中指出："培养学生高尚的道德情操和健康的审美情趣，形成正确的价值观和积极的人生态度，是语文教学的重要内容，不应把它当作外在的、附加的任务，应当注重熏陶感染，潜移默化，把这些内容贯穿在日常教学工作之中。"因此，我们的语文教学，除了要指导学生正确地理解和运用祖国的语言，丰富语言的积累，培养语感，发展思维，具有一定的语文能力和素养外，还要重视提高学生的品德修养和审美情趣，使他们逐步形成良好的个性和健全的人格，在语文学习的过程中学会做人。

1. 在欣赏内容中陶冶情操

在小学语文教材中，一篇篇精美的文章，或是对真、善、美的颂扬，或是对假、丑、恶的鞭笞，或是作者对高洁品性、高尚人格魅力的写照，或是对祖国大好河山的热情赞美……其间蕴含着丰富的思想道德内容。这是语文学科教书育人得天独厚的条件。在教学过程中，要充分发挥教材优势，让德育与智育有机结合，使学生在欣赏内容，获取知识的同时陶冶情操。

在教学《长江之歌》《让我们荡起双桨》等歌词类课文时，可以把音乐带进课堂，优美的旋律，或雄壮，或婉转，让歌声在课堂上回荡，学生的审美情感也会随之萌发。如《黄果树瀑布》一课，文中对瀑布形态之宽、声响之大的描写形象而生动，给人以身临其境的感觉，读起来令人神往。《九寨沟》雪峰插云、古木参天、平湖飞瀑，还有异兽珍禽，来到九寨沟就像到了人间仙境。教学过程中，教师要引导学生结合上下文的描述展开想象，一幅色彩斑斓的迷人画面即刻展现在学生面前，带给学生一种美的享受。作者采用了比喻、排比等修辞方法来写，把景物描写得栩栩如生，读时令人赏心悦目，心旷神怡。同学们的情绪也异常高涨，整堂课边看边学，美的景、美的情，充溢着整个课堂。通过对这些"美"的欣赏，能唤起学生对祖国、对大自然、对生活的热爱之情。

在教学这些文质兼美的文学作品时，要通过富有情感的教学，巧妙的教学手段，激发和培养学生的真挚情感，使学生能更深刻地感受文章中蕴含的真、善、美，充分利用教材的情感因素，对学生进行积极的情感教育，激发培养学生爱祖国、爱自然、爱生活的真挚情感，使学生在学习中不仅掌握一定的语文知识技能，而且得到思想品德的熏陶，不断提高自己的道德情操。

2. 在品词析句中启迪思想

语文教学中的德育渗透还要找准切入点，善于抓住关键，引导学生分析文章中最能感动自己、震撼自己的语言文字，从而加深体会，产生共鸣，在潜移默化中影响学生、成就学生。

不同体裁的文章，其语言各具特色。教学时，我们可以抓住重点词句来启发、揣摩、品味，让学生审视已有的审美形象，深化对自然美和人性美的理解。如《草原》的第一自然段生动地描写了草原如诗如画的美丽景色。教学时可引导学生抓住“那么……那么……”“一碧千里，而并不茫茫”“翠色欲流”等语句，体会草原的天“比别处的更可爱”，感受草原辽阔无垠，一片绿色，绿得实在，绿得动人等特征，充满了生命的灵动。通过诵读体会两个比喻句的准确性和鲜明性，让学生展开想象，驰骋草原，深深地感悟自然之美。《最后的姿势》讲述了5.12汶川地震中谭千秋老师张开双臂，用自己的身体守护四名学生的感人故事。文中有这样一句话，“谭老师立即将他们拉到课桌底下，双手撑在课桌上，用自己的身体护住了四个学生。”教学时，让学生找一找写谭老师动作的词，圈出“拉”“撑”“护”三个字，设身处地地想一想，此时此刻，他的内心是怎样的？然后综观全文，围绕“我读出了一个怎样的谭老师”进行深入交流。无需说教，一个忠于职守、无私大爱、临危不惧、可敬可爱的谭老师的形象深深地铭刻在人们心中。《爱如茉莉》更是揭示出爸爸妈妈之间的爱都表现在生活中极其平凡简单的小事中，一个眼神、一句问候、一声叮咛、一份牵挂……无不渗透着他们的爱。教学时，先让学生找找体现父母之间真爱的词句，然后读读、议议、交流感悟。学生都能从许多细节中体会到父母间的真爱，如“爸爸没有吃我买的饺子，也没听我花尽心思编的谎话，便直奔医院。”“我夜里睡得沉，你妈妈有事又不肯叫醒我，这样睡，她一动我就惊醒了。”“你爸爸伏在床边睡着了，我怕惊动他不敢动。不知不觉，手脚都麻木了。”读着这些语句，一幅幅温馨、美好的画面便展现在我们眼前，通过学习，大家明白了：真爱无痕，至爱无声，就如生命中流动的泉水，自然美好；

真爱就是彼此间心灵的相通，就像茉莉般平淡无奇却芳香宜人。

3. 在感悟形象中熏陶心灵

“形象大于思想”是文艺理论的重要观念。在语文课堂中，要努力创设情境，引领学生结合自己的生活体验进行大胆想象，产生真切的感受，使课文描述的人、事、景、物等在脑海中“活”起来，并显现出来，从而深刻地体味文章的内涵，达到与作者心灵上的沟通和情感上的共鸣。

如《掌声》一课中记叙了身患残疾而忧郁自卑的小英，在掌声的激励下鼓起生活的勇气变得乐观开朗的故事。教学时，要让学生在体验小英情感变化的同时，从小英这一人物形象中感悟到人人需要掌声的道理，尤其是当一个人身陷困境时；要珍惜掌声，同时也不要忘记把自己的掌声献给别人的道理，让孩子们扬起自信的风帆，进而养成积极向上的品质。这样，学生在语文的学习中，不单能掌握一定的语文学习技能，同时，在潜移默化中，能逐渐树立正确的世界观和人生观。

宋文明同志在《语文教学文道同一论》中阐述：“文是思维运动的轨迹，是思维的符号现象；道也是思维运动的轨迹，是思维的品质意义和行为的社会化意义。”“在语文教学中，文道统一是一条基本规律。文道在具体的语言环境中相互潜化，道靠文来阐发、体现；文依道来显示其价值或品质。”可见脱离了教材，谈品德和德育都是空洞的说教；反之，没有德育的教学，智育也是苍白的。在具体的教学活动中，为了更好地实现文道结合，使其互相融合，互相渗透，对于具有丰富而生动德育教材的语文学科而言，语文教师可以通过指导朗读，引导欣赏，让学生在理解课文内容，感悟人物形象的过程中熏陶心灵，获得教育。

4. 在实践体验中提升品质

随着课程改革的不断深入，对语文综合性学习重要性的认识不断提高，也越来越被教师所理解、接受和运用。通过综合性学习活动，将课内向课外延伸，让校内与校外结合，使学生在丰富的实践活动中深化道德情感体验。

如学习《三亚落日》《烟台的海》《桂花雨》等课文后，可以组织一次郊游，以“家乡的……”为题开展作文竞赛，在了解自己家乡的过程中增强对家乡的热爱之情；学习《莫高窟》《恐龙》《埃及的金字塔》等文章，可以组织主题手抄报展，让学生在收集、整理资料的过程中，深化理解人类历史的发展变化以及劳动人民的勤劳和智慧；学了《海洋二十一世纪的希望》《访问环保专家方博士》等课文后，可以组织学生开展社会调查，走进社区、工厂……了解家乡的环境情况，尤其是水污染情况等等，学写调查报告，提出合理建议，从小让学生走向社会、了解社会、关心社会，增强道德责任感。另外，还可以开展读书报告会、演讲赛、辩论会等一系列活动。通过这些活动，锻炼学生的实践能力，触动学生的道德情感，丰富学生的生活体验。

只要我们找准语文学习与道德教育的结合点、切入点和着力点，那么，在开展语文的探究活动中，在听、说、读、写的锻炼中，不仅能培养能力、开发智力、发展学生特长，而且对学生形成正确的立场观点以及正确的人生观，确实具有不可替代的重要作用。当学生动情地朗诵优美的诗文时，当学生满怀激情地游历山水名胜时，当学生充满敬意地采访先进人物时，当学生兴致勃勃地参观工厂时，他们不仅会增长见识，其思想情操也必然会受到熏陶和净化。因此，语文教学中的思想教育，应该注重熏陶感染、潜移默化，注重内外部因素相结合，把情感态度和价值观的要求渗透于教学过程之中，以提高学生的品德修养和审美情趣，使他们逐步养成良好的个性和健全的人格，促进学生德、智、体、美和谐发展。

语文教学中的德育渗透，是一个系统的工程，是一个对学生进行祖国语言文字学习的同时进行心灵净化的过程，它不如思想品德课那么直接，而是蕴含在文章的字里行间，需要教师的发现、挖掘、利用和引导，也需要学生的学习、感悟、体验与实践。要真正在语文教学中无痕地渗透德育，只有深入学习新课标，认真研究教材编排体系，正确把握文本的思想教育点，真正了解学生，走进学生的心灵，把思想教育渗透到语文教学的各个环节和各项活动中去，将品德培养与语文知识训练有机结合起来。让学生在阅读文本，欣赏内容、感悟形象、品词析句的过程中，牵手文道，以文化人。

五、一课一文　各美其美

语文新课标强调，在阅读中“注重情感体验”“发展个性丰富自己的精神世界”等要求。长期的语文教学实践让我们深刻地体会到，语文就是生活，语文教学应该充满智慧和活力。语文学习就应该让学生高高兴兴读书，端端正正写字，真真切切感悟，实实在在体验。阅读是学生个性化的一种行为，是丰富情感体验的重要途径。阅读目标强调阅读者的个性体会，语文课标中仅带有“自己”一词的表述就多达九处：“拓展自己的视野”“有自己的心得”“提出自己的看法和疑问”“说出自己的体验”“做出自己的评价”等等。因此，要真正做到把每一个在阅读中的学生都视为一个独特的自我，必须有与之相适应的阅读教学策略。

1. 感受阅读之美

读通课文是培养阅读能力的最重要最基本的要求。叶圣陶先生说，阅读一篇课文的第一步应当是“通读全文”“知道文章之大概”。学生应读通课文，读准字音，在阅读中学会生字、感知内容、培养能力。新课标中指出，阅读要“体会作者的思想感情”“说出自己的喜欢、憎恶、崇敬、向往、同情等感受”。阅读感悟是学生亲历体验的过程，需要认知的参与，需要情感的参与，需要理性的思考，需要全身心的投入。如《美丽的南沙群岛》中，介绍了南沙群岛美丽的风光和富饶的物产，字里行间饱含了对南沙群岛的赞美与热爱之情。对于南沙群岛的美丽，重在引导学生朗读、想象、欣赏和背诵，让学生陶醉在这迷人的景象中。《拉萨的天空》一课，可以让学生闭上眼睛听老师读，同学们的心仿佛真的飞到了拉萨上空，当他们再次睁开眼睛时，个个发出由衷的赞叹：“啊，拉萨的天空真蓝。”入文赏读，出文赏析，让“湛蓝”“透亮”“纯净”“明洁”等这些词语充满生命的活力和饱满的情意，深植学生心田。在教学《七颗钻石》的第四自然段时，为了渲染情境，填补空白，可以这样引说：“同学们，让我们闭上眼睛，跟随小姑娘一起赶路吧。小姑娘紧紧抱着水罐，拖着疲惫的身体，迈着沉重的脚步，走啊，走啊，翻山越岭，终于回到了家……”这时小姑娘为母亲找水，历尽千辛万苦的形象就清晰可见了。语文教学要重视读的训练，包括大声的朗读、静谧的默读、互动的引读，有选择地自主读，不同的内容以及不同的形式，都要读出意境和情韵，让学生的智慧在读中迸发，让学生的激情在读中燃烧。

2. 体验和谐之美

在阅读教学中，让学生真正获得丰富的情感，具有独特的感受和体验，就要落实学生在阅读过程中的主体地位，正确处理学生、教师与文本之间的关系。要保证课标落到实处，就要建立和形成发挥学生主体性的、多样化的学习方式，促进学生在教师指导下主动和富有个性的学习，突破原有的学科教学的封闭状态，将学生置于一种开放、主动、多元的学习环境和学习态势中。曾经在清华附小听过这样一堂课，内容是《古诗二首》（《过分水岭》和《饮湖上初晴后雨》），开始上课时教师让同学们回忆一下学习古诗的一般步骤：知诗人、解诗题、读古诗，明诗意、诵古诗，明诗情、吟古诗，入诗境。然后，学生便开始交流学习，时而小组合作，时而个别交流；或朗读、或讲解。课件非常简单，课堂十分朴素，但孩子们学习的热情却很高。一会儿小组学习，一会儿汇报交流。“你读，我讲。”“我来，我来！”小手林立，发言踊跃。知诗人，解诗题，读古诗，明诗意，几乎全是学生在介绍。小组学习那么自觉、自然、自在。在“诵古诗、悟诗情”这一环节，师生抓住诗眼，共同探讨。“溪水无情似有情，入山三日得同行。岭头便是分头处，情别潺湲一夜声。”通过抓“似”与“亦”和“却”的比较，在感悟用词精准的同时，通过想象体会诗人旅途的艰辛和有朋相伴的喜悦，这些感悟和体会，由学生自然生发，讲得头头是道。课堂上又吟又诵，书声琅琅，学生学得那么放松、自然、投入，有滋有味，也许正是这种轻松、愉悦、和谐的氛围，点燃了孩子们学习的热情，成就了真合作、真讨论的境界。

3. 领悟语言之美

“语文学科是人之生命表达的一种方式。语文需要我们用‘心’去体验。教师需要做的是：引导学生去发现、去体验，力图调动学生自己的体验，从而与他人的体验共鸣共振，与作品同悲同喜，与作者同愁同乐。通过这种体验，学生得以品尝生活的不同滋味，得以形成敏感的心灵，丰富自己的感受，发现自己生活的价值。一切通过对语言的品味得以实现。”教师作为学习的指导者和组织者、服务者，如果能把握好时机，在关键时刻恰当引领，学生的阅读理解能力就会水到渠成。

《天鹅的故事》一文中“克噜——克哩——克哩！”出现了三次，通过仔细研读和推敲我们会发现，三个词同样写天鹅的叫声，却表达了不一样的情感。第一次是天鹅到来时发出的鸣叫声——清脆婉转；第二次是它们齐心协力破冰时的动员声——坚定有力；第三次是攻破坚冰后的欢呼声——欢快热烈。三句话看似是简单的重复，事实上是同样的语言，出现在不同的时间，蕴含着不同的内涵，表达着不同的情感，因此朗读起来也应随之变化，要体现出不同读法。朗读中，应让学生自然而然地感悟到祖国语言的奇妙无穷。

《春联》一课用生动优美的语言介绍了春联的作用、种类、特点及读背春联的好处。教学时，有的老师从一副副红红的春联开始引入课堂，让学生融入春联那浓浓的文化气息中。通过诵读春联，品味春联内容之美与形式之美，再结合教材内容设计一些实践活动，对对子、补春联、理春联、写春联，化抽象为具体，让学生在自主探究中获取知识、解决问题。这样，学生不仅进一步体会了春联内容丰富、对仗工整，读起来抑扬顿挫的特点，还掌握了使用语言文字的技巧。

《印度洋上生死夜》（苏教版十二册）记叙了发生在皮埃尔船长身上的故事，讲的是他在印度洋上乘坐的游艇被撞，妻子克勒松生命危在旦夕，而他所处的位置即将发生海啸或火山喷发，他用灯语让一艘客轮安全脱险，而妻子却失去了生命的故事。文中写道“……发现她的躯体已经冰凉。此时，他反而变得分外平静，……”读到这儿，学生理解起来有一定难度，需要教师正确的引导。让学生联系前文思考，跟“平静”相反的是什么？他的“紧张”“焦急”表现在哪儿？（几乎急得要发疯了）他为什么而急？是为克勒松垂危的生命而急？还是为豪华客轮还在继续航行而急，理解了这些，对此时此刻“平静”一词的理解也就迎刃而解了。客轮已经收到信号，深爱的妻子已经牺牲，他没有什么牵挂了，由此，更加突出了皮埃尔把个人生死置之度外的高尚品质。在这种难点之处，教师作适当的点拨，引一引，实现与作者心与心的沟通和交流，学生的理解将水到渠成，并且能真正领悟语言之美。

4. 感悟人性之美

“课文蕴藏着作者生命意识的律动，燃烧着作者爱与恨的情感，交织着作者悲与喜的感受，低回着作者对人生悲欢离合的倾诉，表现着作者追求正义与真理的呐喊”。语文教学的价值在于它能引导学生沉浸于生命的海洋中吸取营养，并能从中获得生命的体验。

在语文教学中，教师要给学生足够的时间和空间，让他们尽情地遐想与表达。写一写，学生的感受会更深刻，理解会更透彻，如学习《别饿坏了那匹马》时，学到“我扭头冲了出来……”和《彭德怀和他的大黑骡子》中“枪声响了，彭德怀向着斜倒下去的大黑骡子，缓缓地摘下军帽……”等语句。教学时，让学生纵观全文，置身其中，此时此刻，他们的内心是怎样的？并根据自己的生活体验写下来。再如，《真情的回报》一课，当学到“一个鼓鼓的邮袋里装满了五颜六色的信封。”“信封里是圣诞卡，还有一个星期的报费。”学生们已情有所动。文中“我”的真情赢得了客户们对“我”的信任和关爱，他们的真情故事也深深地打动了每一位学生。此时，让学生设想写一张贺卡，那每一字、每一句都凝聚着他们的真情实意，孩子们彻底地被打动了。

再如，在教学《七颗钻石》后，设计这样一项作业——续编故事：“七颗星星在空中闪闪发光，大地披上了一层银辉。小姑娘把水罐轻轻地放在地上……”引导学生联系前文，在小姑娘爱心的感化下，水罐发生了那么多神奇的变化，此时此刻，学生展开想象，这罐神奇的水又会给大地带来怎样的变化呢？同学们写道：一股清澈的水流在大地流淌，水井满了、小河欢了。小草醒了、小树活了、花儿开了，田里庄稼里一片生机勃勃；小动物们欢天喜地叫着、追着，多开心呀！总之世间充满了和谐与美好。这是孩子们的美好心愿，是爱的种子在孩子们心中茁壮成长的结果。

生活体验、内在情感既是表达的内容，也是表达的动力，一课一文，各美其美。语文教学就是要引领学生尽情地享受语文之美，让生命焕发活力，让课堂绽放精彩。

六、点击智慧　数码生辉

教育需要智慧，课堂教学更离不开智慧。随着现代教育技术的不断发展，现代教育技术在教育中的运用已经十分普遍，如何真正发挥其作用，已成为一个值得研究的课题，这也是对教育者教学智慧的挑战。

1. 数码，需要理性的尊崇

信息技术为我们带来了方便与实惠，自从有了信息技术，课堂信息量增加了，课堂氛围活跃了，学生学习兴趣也被激发了……然而硬件选择是否恰当，课堂运用是否合理，这一切都需要我们每一位教育者进行冷静、理性的思考和探索。

（1）硬件选择

20 世纪 90 年代以来，以计算机技术、网络技术、多媒体技术、虚拟现实等为代表的现代信息技术不断发展并日趋成熟，互联网以迅雷不及掩耳之势进入教育领域。一时间，网络媒体和网络环境下的教与学显得异常时尚，使得不少教师盲目追随。似乎上好课必须要有多媒体课件，必须利用网络环境，而对传统教学媒体的应用和研究却逐渐冷落，导致教学进入了现代教育技术应用的误区。其实，不管什么技术和手段，只要用得合适，能够提高教育教学效率就好，可以不用的就不用，只要用了传统媒体的，就不一定用网络资源。正如有位专家所说："合适"的，就是"合理"的。因此，我们在选择现代教育技术的硬件时，不能喜新厌旧。

（2）应用研究

教育信息化的飞速发展，对现代教育技术在教学中的运用研究提出了更新的内容和更高的要求。要使信息技术充分发挥作用，教师不能简单地把教学媒体仅仅当作教学内容的展示工具，而应使之成为学生认知和启迪思维的工具。网络确实提供了丰富多彩的教学信息，但教育教学工作不能仅仅依赖于信息技术。为此，我们不能停留在对信息技术课的研究上，而要把信息技术与学科教学紧密结合起来。在推进信息技术运用的同时，首先应该把握好学科教学的根本，突出学科特点，讲究教学效率。做到信息技术研究与学科教学研究二者都不偏废，在运用信息技术促进教学效率的提高上下功夫。

2. 运用，需要智慧的润泽

学习在本质上是智慧的活动，智慧的学习过程也是潜能不断挖掘、释放和外显的过程。作为引导学习活动的教学也应是智慧的活动，因为教育要通过各种有效途径发现潜能、研究潜能、开发潜能，引导学生不断挑战已有的智慧极限，培养和发展新的智慧潜能，从而促进学生持续发展。

（1）学科教学应彰显本色

如今，课堂教学运用电教媒体似乎成了一种时尚。我们时常可以看到课堂上录像、录音、多媒体、网络多管齐下，课堂看似生动活泼，教学内容面广量大。然而细细分析不难发现，热热闹闹的背后却是华而不实的现象，有的教学甚至偏离了学科教学本身的目标。有位教师执教《音乐之都维也纳》时，课上播放了奥地利维也纳的风光，欣赏了新年音乐会的盛况，介绍了许多著名的音乐家，介绍了他们的生平，著名的作品，还欣赏了贝多芬的《命运交响曲》……却唯独没有好好地品味课文的语言文字。一堂课短短的 40 分钟，内容丰富，学生也没闲着。他们看得眼花缭乱，听得惊心动魄，但遗憾的是除了惊叹还是惊叹，很少有学生能够紧扣文本深入地思考，他们对“维也纳是一座用音乐装饰起来的城市。”“维也纳是欧洲古典音乐的摇篮。”“维也纳一天也离不开音乐。”似乎没有什么感受，听来总觉得有点尴尬，这是语文课吗？

华东师范大学王荣生博士认为，“语文课程与教学研究的重心，现在应该转移到语文课程与教学内容的建设上来。”王尚文、李海林等人认为语文教学的基本内容是言语形式，“言语形式是更本质、更关键、更主要的东西”。朗读、感悟、加强语言文字的训练是语文学科教学的根本。因此，课上不管采用什么方式，什么手段，都应该紧扣这一根本目标不放松。

（2）展现形式应恰当灵活

数码技术有它的优势，它更直观、更形象，可以调动学生的多种感官，用得恰当不仅有助于解决教学难点，还可以提高课堂教学效率。例如在教学《九寨沟》时，文中“由于河谷高低不平，湖泊与湖泊之间恰似一级级天然的台阶。”这句话对学生来说理解时有一定的难度，“为什么把湖泊与湖泊之间比作台阶呢?”教师必须对此作出解释。课堂上，可以出示几幅典型的瀑布画面，展示地形高低错落、瀑布层层流泻的样子，学生很清楚地看到河谷高低不平造成湖泊有高有低，“恰似一级级天然的台阶”也就不难理解了。再如有位教师教《蒲公英》时，能够找准结合点，充分利用多媒体训练学生说话、想象和语言文字的运用能力。为了使学生感受沙漠和湖泊迷人的外表，他展示了金光闪闪的沙漠和银花朵朵的湖泊的画面，并让学生填空说说对课文中一些句子的理解；在学习许多种子的结果时，就演示落在泥土里的种子茁壮成长的情景，围绕“第二年的春天到了，落在泥土里的种子们（　　）。”形象的资料为学生插上了想象的翅膀，训练了学生的思维，丰富了学生的语言。

我们不得不承认，数码技术在教学中有着极其重要的作用，可以优化教学结构，提高教学效率，促进教学方式和学习方式的改变……然而，我们也应该清醒地认识到，只有把它灵活、恰当、有机地进行运用，才能真正让我们的课堂教学熠熠生辉。

第二节　自主力量在教育活动中的体现

成长的快乐始于梦想，成长的快乐源于体验，成长的快乐在于收获……“为学生的幸福人生奠基”是我们坚守的办学理念。教育就是要让每个学生成长为具有自主发展内趋力和行动力的个体，就是要让孩子们在丰富多彩的教育活动中挖掘自我潜能，感受成长的快乐。

对于一个现代公民来说，礼仪是一种品质，是一种修养。引导学生从小掌握校园、家庭和公共场所的礼仪知识，形成良好的行为习惯，树立正确的道德观念，成为一个文明有礼的现代公民是学校义不容辞的责任。将礼仪教育作为学校教育活动的载体，从学校出发，融“礼仪”于学习生活的方方面面，通过不断的习得与强化，让学生成为“礼仪天使”；以“小手拉大手”的形式走进家庭，带动每个家庭成为“礼仪之家”；由一个个“礼仪之家”辐射社会，让礼仪之花开遍社会的每个角落，让礼仪风范成为学生最亮的人生标签。

“心有多大，舞台就有多大”。每个学生都是有尊严、有个性，有巨大发展潜能的生命个体。全面关注学生的发展需要，关注学生的精神生活，开发他们的创造潜能，不断提高他们的生命质量是教育者的永恒追求。搭建多彩的展示舞台，开展丰富的社团活动，使每位学生发挥特长、展示风采，身心得到和谐发展。让他们在形式多样的活动中体验快乐、收获成功，放飞最美的人生梦想。

我们坚信，在自主理念的引领下，幸福将谱写在学生的笑脸上，自信将展现在学生的言行中，儒雅将镌刻在学生的心灵深处……在自主发展的舞台上，师生的学习生活必将绽放异彩。

一、带一份终生伴“礼”

古人言，“不学礼，无以立”。礼仪就是律己、敬人的一种行为规范，是一种表现对他人尊重和理解的过程和手段。杜威认为：“所谓人的成长，就是在与环境相互作用的过程中更新了自己。”文明礼仪，不仅是个人素质和教养的体现，也是个人道德和社会公德的体现。教育部于2010年颁发了《中小学文明礼仪教育指导纲要》，更说明了国家对文明礼仪教育的高度重视。

学校是进行思想道德教育的基地之一，学校教育应以育人为本。为了切实加强学生文明礼仪养成教育，引导学生从小掌握校园、家庭和公共场所的礼仪基本知识，逐步养成良好的行为习惯，树立正确的道德观念，引导学生学会做人，学校高度重视学生的养成教育，并且把提高学生的文明素质和培养良好的行为习惯当作课题来研究，以礼仪教育为突破口，为学生的人生打下幸福的底色。

1. 建设多彩校园，营造尚礼氛围

以促进每一个学生发展为宗旨，以“为学生的幸福人生奠基”的办学理念为指导，加强学校文化的内涵建设，把班级和学校还给教师和学生。在充分照顾年级特点、兼顾共性与个性的基础上，发动全体师生共同参与，鼓励师生共同设计，确立体现各自风格与追求的“班级特色”展示平台，围绕文明礼仪教育主题，通过美化、净化、绿化校园，让学生置身于整洁、清新、优美又有文化氛围的环境中，受到潜移默化的熏陶，从而达到净化心灵的目的。

走进校园，首先映入眼帘的是一面面迎风招展的特色彩旗，那是专门设计的彩旗。每面彩旗上都印有精心挑选的关于礼仪教育的格言，如“礼仪是恭谦，行为要规范；礼仪是束缚，日久成习惯”，在和风中时时提醒学生做个讲礼仪的人。在各楼梯台阶上贴上了醒目的“小学生八走礼仪规范”，如“进出教室有序走，出操活动整齐走，课间午间不奔走，上下楼梯靠右走，走廊里面慢慢走”等，让学生在上楼梯时不经意间就能看见。这些无声的语言，时刻提醒着学生要文明行走、以礼待人。走进教学楼，更是充满着中华礼仪的气息：过道里悬挂着师生们共同创编的礼仪歌，精心挑选的礼仪童谣和礼仪经典故事等等。学校中央大道两侧，都是学生自己创作并书写的礼仪格言，这些格言，成了学生快乐成长的座右铭……富有育人气息的校园环境，使学生在潜移默化中受到了礼仪教育的熏陶。这样“润物细无声”的育人氛围，无时无刻不在滋养和激励着学校里的每一个成员。

2. 开辟多种渠道，搭建知礼平台

中华民族是礼仪之邦，中华传统礼仪是对青少年进行德育教育的特殊资源。然而目前有关礼仪行为规范教育的局部研究较多，整体探讨较少；目前使用的小学教材《品德与生活》《品德与社会》中的礼仪教育也存在内容零碎、分散或不全面等缺点。因此，学校将礼仪教育纳入课程体系，使之形成一套相对稳定的，科学化、系统化、规范化的操作体系。

（1）以课题研究为支撑

依托课题研究，学校以“礼仪教育”作为发展的突破口，实施“小学生礼仪教育”校本化研究，在学校课程的开发和建设上进行积极的探索，编写了校本教材《礼约》，将不同场合的礼仪要求分低、中、高三个年段分解细化，使之成为学校开展礼仪教育的有效载体，使原本零打碎敲的教育内容变得更为科学、系统、规范。“礼仪故事会”“礼仪知识屋”“礼仪童谣岛”“礼仪训练场”等，一个个精心设计的小版块，让孩子们实现了在读中学，在学中练。每个月的最后一节班队活动课，成了《礼约》教材的专用课。事实证明，这样的做法具有较强的科学性、层次性、可读性和可操作性，符合德育工作的发展趋势，能有效促进学生素质的整体提高，凸显出学校新时期的育人特色。

（2）以阵地活动为依托

学校以校本教材《礼约》为载体，通过开展丰富多彩的少先队阵地活动，让全体师生形成共识，不断提高思想道德水平，引导学生树立正确的人生观、世界观和价值观。

因为小学生爱听故事，教师便收集了大量的礼仪经典故事，一改以往繁琐、空洞的说教，利用每天的早会课，为学生讲述这些经典故事。以“讲礼仪”为主题组织绘画比赛，让学生用手中的笔描绘身边讲礼仪的画面，寻找身边学习的榜样，时刻提醒自己该怎么做。学校还绘制了礼仪墙，不仅把优秀礼仪绘画作品进行展览，还直接在墙上作画，让学生在对美的欣赏中成为一个讲礼仪的人。

在组织学生学习中外名人礼仪格言的基础上，学校发动学生创作自己的礼仪格言，作为自己的座右铭，督促自己时时讲礼仪。组织学生设计制作了精美的礼仪书签，不仅颜色漂亮，而且印有礼仪格言和“云云笑笑”卡通人物形象，每十张为一套。每当学生在有关礼仪活动或比赛中取得优异的成绩时，都会以此作为奖励，集满一套者可被评为“云云笑笑”好少年。

学校精心挑选曲子，根据《小学生礼仪规范要求》，填写歌词内容，形成富有特色的《云盘小学礼仪歌》，节奏欢快的旋律和富有内涵的歌词，深受学生的喜爱。在创编礼仪歌的基础上，学校还创编了礼仪操，把有关礼仪动作的规范融入其中，作为学生大课间活动的健身操。欢快的乐曲，优美的动作，为校园平添了生机与活力，更重要的是为扎实开展礼仪教育起到了推波助澜的作用。

围绕“礼仪教育”这一主题，学校还组织学生开展了童谣创编比赛。可以说，在一定程度上，这些都能给人以“礼”的启示，故事、童谣、歌曲、格言……在悄无声息中激发了学生讲礼仪的情感。

3. 体验多样收获，落实行礼规范

仅仅让学生明白“礼”还远远不够，关键还要训练学生的“仪”。通过学练结合，以练为主，做示范、教表演，使学生知道怎样去做，促使他们形成正确的动作定势，逐渐养成良好的习惯。

学校坚持举行校周会，总结各班开展活动的情况，表彰在活动中涌现出来的先进典型，用榜样的力量鼓舞和激励学生。利用队会课、品德与生活课对学生进行日常行为教育，结合《小学生守则》《小学生日常行为规范》，分层次、有针对性地对学生实施思想道德指导和礼仪养成教育，从日常行为规范教育入手，使学生从“要我这样做”转变为“我应该这样做”，让良好的行为习惯内化为学生的自觉行为，逐步养成良好的道德情操和行为习惯。

一是礼仪岗示范引领。学校德育处对各班推选出来的讲礼仪的典型进行礼仪形象培训，然后让他们轮流担任校门口的礼仪值岗工作，成为学校的礼仪窗口；大队部设立了红领巾志愿岗，安排志愿者利用课间等休息时间，在楼梯、走道等区域进行监督，对学生的不文明的行为予以提醒，并进行正确示范，同时把有关检查情况纳入学校“五彩云雀”的常规评比中；学校还拍摄了上学问候礼仪、课间礼仪等专题片，指导学生时时处处讲礼仪。校园内问候声此起彼伏，形成了一道道令人驻足的礼仪风景线。

二是班班争创“礼仪特色中队”。学校将礼仪规范采用循序渐进、螺旋上升的方式分解到各个年级，制订出各个年级特色礼仪中队的创建标准，一年级“队员形象礼仪”、二年级“文明用餐礼仪”、三年级“上学放学礼仪”、四年级“课堂学习礼仪”、五年级“集队集会礼仪”、六年级“爱校爱家礼仪”，内容由浅入深、由单一到综合。各班在每学年初都制订争创目标，围绕目标拟定班级公约。各年级蹲点行政、办公室主任、任课教师组成调研小组，将定期检查与随机抽查相结合，师生同习礼仪的良好氛围得到了充分的彰显。

三是人人争做“礼仪天使”。每个学期，各班都会在学生自评、互评，教师审定的基础上，评出“校园礼仪之星”，并进行隆重表彰，树立典型和榜样。每学年，德育处都会组织年度“十佳云云”“十佳笑笑”礼仪天使的大型评选活动。从自我评价到同学互评，从教师推荐到家长感言，从日常观察到专题训练，从懵懵懂懂到知书达礼，时时处处都体现出教师的指导和家长的支持。

四是举办礼仪节。2012 年，学校举办了以“礼仪，让校园更和谐”为主题的首届礼仪节，赢得了全校师生的积极响应。在“小云雀大讲坛”的礼仪知识讲座、《我与礼仪同行》的主题队会、闭幕式上的展示过程中，孩子们尽显活泼与健康、美丽与优雅。2013 年，学校举办了以“礼仪，把美丽带回家”为主题的第二届礼仪节，开展了我和爸妈比礼仪、文明公约一起订、美好心愿同见证、家庭礼仪知识问答、家庭礼仪节目征集等一系列“小手拉大手”活动，引导家长们在见证孩子成长的过程中和孩子们心手相牵学礼仪。在“心手相牵　与礼同行”主题活动中，全体一年级家长应邀到校。操场上，象征着“心手相牵，与礼同行”的主题旗在师生代表和家长代表手中一一传递。孩子们牵起爸爸妈妈的手，在“小手拉大手，文明向前走”“与美德携手，与礼仪同行”的主题横幅上按下了他们共同承诺的手印。闭幕式上，学校表彰了首批百个“礼仪家庭”，小手拉大手、大手牵小手，共同登上“我的梦，美之梦”舞台，为大家带来了合唱、快板、舞蹈等精彩的家庭礼仪节目表演，赢得了“三结合”委员和兄弟学校领导的阵阵掌声。家长代表们深表感慨地说：“要让我们的孩子做新时代最美丽的少年，我们需要齐步走。”学校围绕家庭礼仪教育内容，开展“礼仪，让梦想飞翔”德育活动，收到了良好的育人效果。

礼仪是路上相遇时的点头微笑，是同伴有难时的热情帮助，是平时与人相处时的宽容谦让，是见到师长时的轻声问候，是不小心撞到对方时的一声“对不起”，是见到地上有垃圾时的一个弯腰，是看到有人随地吐痰时的主动制止……礼仪是一种品质，一种修养，一种受人尊敬并被大家广泛推崇的行为。

礼仪教育，让孩子们如沐春风，丝丝都是暖意，给孩子们的心灵烙下了深深的印迹。崇真尚礼已经成为一种风尚，催开了学校文明之花，提升了学校的文化品位。

二、绘一片明丽天空

每个孩子都是一个生命存在，每个孩子的发展就是其生命潜能、生命价值不断积累、不断提升的过程。学校紧紧围绕《“美丽学校”建设行动计划》，坚持“为学生的幸福人生奠基”的办学理念，让教育充满阳光，赋予温度，给孩子绘一片美丽的天空，努力让他们的小学生活终身难忘，用快乐的音符谱写成长的乐章。

1. 小目标大信心，为成长积蓄力量

成功的道路是目标设计出来的。有了目标，就会有期待；有了期待，就会为期待而努力。多年来，学校坚持实施德育校本课程《伴我成长》。孩子们人手一本手册，在学标、定标、练标、达标、考标的过程中，实现着“要我学好”向“我要做好”的自主性转变。

（1）我能我行，记下童年的美好

童年的足迹一串串，童年的故事一摞摞。孩子们渐渐长大，他们的心中会要求更多的行为、道德评价与情感上的自主，那就要在“快乐大本营”里定下自己的阶段目标。在每个人的学习和生活中有欢笑、有泪水、有喜悦、有烦恼，那就应该让孩子们记下自己的“成长足迹”，也记下自己童年的多姿多彩。而在其间取得的每一项荣誉和获得的每一个奖项，则都是自己努力付出的见证；即便是教师的一次表扬，亦或是受挫后的一个小小的鼓励，都是成长路上一笔巨大的财富，记在“荣誉记载”里将令人永远回味。学校特有的“目标教育台”中则清晰地反映出了学校目标教育的实施程序和目标类别，共有一个特色目标（礼仪小天使），十个必达目标（爱国小公民、爱队小主人、诚信小使者、节俭小能手、守纪小鸿雁、环保小卫士、合作小伙伴、勤学小蜜蜂、健美小老虎、自护小精灵）和八个选达目标（声乐之星、器乐之星、舞蹈之星、英语之星、阅读之星、书法之星、演讲之星、创造之星），让每个孩子都朝着自己的目标奋进，发挥特长，记录精彩，做更优秀的自己。

（2）自信自强，记下前进的诗行

帮助每个孩子获取成功是实施该课程的宗旨。学校大队部设立了“达标考核团”，制订了“达标辅导”“达标评价与表彰”等制度，组织了以“我能我行”为主题的达标日记展示，召开了主题队会观摩活动，并将达标活动与假日小队活动相结合，为孩子们创造了一个宽松的环境，引导他们自觉做到“我要争”“我要体验”，而不是被动的“要我争”“要我体验”，使他们以“我是活动的主人”的姿态积极投入到达标活动中，不断挑战自我，战胜自我。对获得一定数量章目的孩子，学校德育处会颁发“小云雀章”，在升旗仪式上进行隆重表彰，并作为“三好学生”的评比条件之一，有效培养孩子们自我管理、自我评价与自我调整的能力，提高他们的综合素质。

小小目标，让更多的孩子有所选择，让更多的孩子能够表现，让更多的孩子陶醉在成功的喜悦中，让更多的孩子拥有了健康的心态、健全的人格和自信的人生。

2. 小社团大能量，为梦想插上翅膀

为充分挖掘每个孩子的潜能，使每个孩子都能够得到更好的个性特长的发展，学校全面整合教育资源，根据孩子们的身心特点和实际情况，开设了丰富多彩的少年宫社团活动。从自主报名到参加活动，从多样学习到收获成绩，孩子们一路成长，一路欢笑。

(1) 科普剧——开启智慧之门的新探点

学校高度重视科技教育，把科普剧项目纳入少年宫活动。在教师的精心辅导下，学校自编、自导、自演的科普剧《两小儿辩日》《呵护心灵之窗》《昆虫世界历险记》连续荣获市科普剧汇演一等奖，并分别获得江苏省第二、三届科普剧汇演创作表演一、二、三等奖的殊荣。其中，《两小儿辩日》《昆虫世界历险记》还先后受到江苏省科技馆的邀请，代表张家港市到省电视台参加了颁奖典礼的现场演出。

2012 年暑假，《两小儿辩日》应江苏省科技馆邀请，分别赴常州和南通两地参加了由省文明办、省教育厅、省科技厅等联合主办的全省获奖科普剧巡演活动。虽然天气炎热，虽然每天都要演出到很晚，虽然公共汽车有时就是孩子们的临时化妆间，但却收获满满。孩子们在活动中不仅增长了见识，锻炼了能力，积累了舞台表演的经验，更增进了相互之间的友谊，进一步培养了集体观念和合作意识。

科普剧，为孩子们打开了一个丰富多彩、奥妙无穷的世界。

(2) 管乐队——迈出个性之路的新步伐

学校小云雀管乐队成立以来，引领一批又一批孩子走进了音乐的殿堂。孩子们融入了音乐，在学习过程中互相切磋、互相帮助、互相融合，形成了一种玩中学、学中玩的愉悦氛围，不仅学习了音乐知识技能，了解了各种乐器的特性，更领略到了音乐艺术的魅力。同时，在相互协调、密切配合的训练过程中，他们也增强了集体主义观念，形成了团结协作、平等互助的团队意识，并在严格的训练过程中养成了良好的道德情操和吃苦耐劳、坚韧不拔的意志品质。孩子们在发展艺术特长，提升艺术素养的同时，也给校园增添了生机与活力。

为了满足孩子们不同的爱好和需要，学校开设了五大类五十个项目的少年宫社团。小小社团是孩子们个性发展的摇篮，在这里他们收获着成功和喜悦，更提升了意志和品质。他们那稚嫩的双脚已站上了坚实的舞台，正向着梦想迈出矫健的步伐。

美丽，谱写在孩子们欢快的小脸上；美丽，展现在孩子们自信的表现中；美丽，绽放在孩子们纯洁的心灵里……“一枝独秀不是春，百花齐放春满园”，我们的教育应该让每一个孩子都能成为博文约礼、阳光健康、学有特长的风雅学子，都能尽情展现自己的美丽！

三、拥一身阳光雨露

良好的心理素质是人的素质中的重要组成部分。小学生正处在身心发展的重要时期，随着生理、心理的发育和发展，他们在学习、生活等方面，会遇到各种各样的心理困惑或问题，因此，开展心理健康教育已逐渐成为越来越多的学校领导和教师的共识。近年来，我们从学校管理、教师培训、家校协同和学生发展以及社会参与等不同的层面，全方位地对学校心理健康教育进行了许多有益的尝试与探索。

1. 让学生共享阳光

建设一支高素质的教师队伍是实施心理健康教育的关键。教师自身的素质直接决定其教育行为，只有掌握关于儿童青少年心理发展的科学知识，按照科学的规律和方法开展教育工作，处理学生日常表现出的心理行为问题和意外事件，教师才能真正将心理健康教育落到实处，才能真正促进学生心理健康的发展。有这么一个例子：一位平时表现还不错、身心都很健康的学生，由于一时冲动拿了同学的钱，事后受到良心的遣责使他主动向老师承认了错误。但由于教师处理不当，他从此被戴上了小偷的帽子，父母的责骂、教师的不屑和同学的疏远，使他的心理背上了沉重的负担，从此郁郁寡欢、自暴自弃，不但学习成绩开始下降，也变得怕和人打交道，甚至出现幻听、幻视，总怀疑别人在背后议论他又在偷东西，最终发展到再也无法上学，同时陷入心理危机。而有同样经历的另一位学生，在承认错误的时候得到了教师的谅解，教师没有将事态扩大，而是把信任和改正的机会留给了他。在教师的不断鼓励和积极的支持下，这名学生终于摆脱了上次的错误在心灵上留下的阴影，并开始抬起头走路、堂堂正正地坦然处理关于钱的问题，其他方面的发展不但没受到消极影响，反而因老师的谅解和信任而使自尊、自信得到了增强。

可见，教师作为教育实施的主体，其自身的素质对开展心理健康教育有着举足轻重的影响。很难想象，自身心理健康水平低、对心理健康教育缺乏科学认识的教师，如何可以培养出具有良好心理素质的学生。重视教师自身素质的提高是真正深入、有效开展学校心理健康教育的前提和保障。为此，学校决定在教师中实施以“讲师德铸师魂，练内功树形象”为主题的教师素质工程，让教育拥有阳光的温度，温暖每一个孩子。

2. 让学生沐浴雨露

学校日常的教育教学活动应成为心理健康教育的主渠道，只有将心理健康教育的思想、内容渗透到教师每天大量而具体的教育教学工作中去，才能把心理健康教育真正落到实处。为了更好地实现心理健康教育的目标，就要求将心理健康教育全面渗透到学校的各项工作中，多渠道实施心理素质教育。心理咨询与心理辅导就是专门的渠道，我们不能机械、简单地将之理解为课程教育或开展一两次轰轰烈烈的活动。真正的心理健康教育和良好心理素质的培养绝不是每周一两节课或者搞几次活动就能实现的，而需要“润物细无声”的意识和观念；良好心理素质的培养仅靠有限的时间和空间是难以实现的，它同样需要在点滴的生活实践经验中积累而形成。如班主任工作、少先队工作等等，同时也应该将心理健康教育工作渗透到各科教学中去，每一个任课教师都可以根据本学科教学内容与学习活动特点渗透相应的心理健康教育内容，这样就能够形成众多的非专门渠道，辅助学校心理健康工作的开展。例如在小学语文教学中，《掌声》《校园里的画》《微笑着承受一切》《放弃射门》等很多课文都歌颂了一些具有良好的健康心理特征的人和事，教师在平时的教学中如果能适当地利用这些事迹，及时对学生进行正确的心理暗示：学习《蓝树叶》，知道同学之间要互相帮助，不要小气；学习《校园里的画》，学会克服嫉妒心理，与同学和睦相处；学习《七颗钻石》，学会关心，拥有爱心；学习《丰碑》，懂得舍己为人的高尚情操；学习《微笑着承受一切》，学会坚强乐观地面对挫折；学习《放弃射门》，学会友谊第一比赛第二的高尚体育精神等等，会起到非常好的心理健康教育的效果。

实践证明，只要充分发挥教师自身的主动性、能动性和创造性，鼓励教师开动脑筋、注意积累、重视交流，完全可以将心理健康教育与学校日常的教育教学活动融合在一起，其教育效果也将更加显著，同时会极大地促进学校日常的教育教学活动的展开。

3. 让学生守护心灵

为了体现心理健康教育工作的科学性、规范性和严肃性，学校配备专兼职人员成立心理健康指导中心，以适应心理咨询和心理健康教育的需要，保证学校心理健康教育的规范可信。“中心”的主要职责是制订学校心理健康教育的规划，培训业务骨干，直接对学生施加心理教育，开展测量、咨询，开设讲座和心理健康教育课，探索研究心理教育的规律和模式。在校内选择教学经验丰富、工作能力强，热心于此项工作，又经过专业培训的教师作为专职的学校心理教育工作者，同时对班主任进行培训，让他们成为兼职的心理教育工作者。随着心理健康教育的开展，教师队伍中也出现了一批热心心理教育的工作者，同时实践也使我们认识到，心理健康教育尤其是心理咨询是一项理论性和技术性都较强的，专业色彩较浓厚的工作。这对于小学教育工作者来讲，是一个全新的范畴和领域。

心理健康教育的目的是帮助学生排除心理障碍，预防心理疾患，开发心理潜能，培养学生的创造能力，同时，培养其健全人格，促进全面发展，使学生正确认识自我、接纳自我、发展自我、完善自我。因此，心理健康教育不能仅仅成为一门说教课，不能只停留在口头上，而应深入生活，在实践中加以训练、巩固。应注重实践，给学生机会，让学生在参与中，在“做”中真正受到心理健康的教育，其中，最主要和最直接的实现方式就是在心理健康教育中突出以活动为主的特点，寓心理健康教育于活动之中。每学期，德育处一方面会组织开展心理团队辅导研讨活动，在活动中传递有关心理健康教育的知识；另一方面会针对学生中存在的问题开展生动、直观的心理健康教育活动，如挫折拓展营、残疾体验宫、快乐伙伴行等。通过这些生动、活泼、有趣的活动，不仅让学生受到实实在在的心理健康教育，而且使师生体会到心理健康教育来源于生活、实践于生活的基本道理，从而将心理健康教育真正落到实处。

4. 让学生放飞梦想

如果心理健康教育只停留在说教或灌输理论知识，而不是让学生亲身体验和感悟上，是收不到多少实效的。学校通过开展科技节、体育节、艺术节、读书节等丰富多彩的活动，让学生在活动中学习文化、享受欢乐、接受教育、健康成长。学校以“创建和谐校园与教师发展的研究”课题为抓手，注重发挥教师在教育教学中的人格魅力和为人师表的作用，形成民主、平等、相互尊重的新型师生关系。以学生自主为原则，结合学校特色，科学规划，着力营造优雅的人文气息，厚重的文化内涵，努力营造集知识性、趣味性、艺术性、教育性于一体的育人环境。

除了学校教育，学生心理健康的发展还会受到其他社会因素的制约。其中，家长关于心理健康教育的认识、观念和各种社会现象、社会舆论、影视文化与传媒等其他社会因素都直接影响着学生心理健康的发展和学校心理健康教育的开展，可见，心理健康教育不仅仅是学校教育的任务，也是全社会的任务和职责；心理健康教育只有得到社会的支持和认可，才能得到真正的开展。也就是说，学校开展心理健康教育时应注重调动全社会的力量，获得来自社会的支持和认可，尤其要获得来自家长的支持和认可。因此我们提出，学校开展心理健康教育必须注重与家长达成共识，通过家校路路通、家长学校、学校开放日、专家讲座等各种途径，加强与家长的沟通、联系和宣传教育，打破家长那种“只要学习好就一切都好”的旧观念，帮助家长建立现代、科学的人才观，获得家长的支持和认同，鼓励家长参与，创设全体成员共同参与和支持的心理健康教育的环境与氛围。

总之，学校心理健康教育担负着培养学生健全人格和良好个性心理品质的重任，要积极探索实践，提高教育艺术，让师爱如阳光一般普照每一位学生，让教育如春雨般滋润每一颗心灵。

四、上一个多彩展台

（“小云雀大讲坛”纪实）

这是一个多元融合的舞台！

——“采他山之玉，纳百家之长。”孩子们尽情体验，开阔视野，认识世界，启迪智慧。

这是一个绽放精彩的舞台！

——“心有多大，世界就有多大”。今天，向300人侃侃而谈，传播思想；明天，对30000人挥洒自如，引领思想。

这是一个激扬生命的舞台！

——“智行千里，德行一生。”为孩子的幸福人生奠基，让童年成为他们享受精彩、一生回味的美好时光！

——“小云雀大讲坛”

学校坚持“为学生的幸福人生奠基”的办学理念，在“童真德育”上做文章，在品牌活动上求突破，积极探索新渠道，致力于为学生搭建一个自主学习、自我发展、自励成长的平台。受中央电视台第十套《百家讲坛》节目的启发，“小云雀大讲坛”在众人的智慧和热情中孕育而生。

1. 精心筹备，全新启程

(1) 多方宣传

作为学校的全新平台，如何将“小云雀大讲坛”推广到众人面前，让广大师生和家长知晓是我们的首要任务。在升旗仪式上讲话时，我们向全体师生宣布开设“小云雀大讲坛”的消息；之后，德育处利用“家校路路通”和“告家长书”让家长知晓讲坛的创办；在“小云雀网站”上，我们更是开辟了“社团活动”——“小云雀大讲坛”专栏，实时传播学校最新动态。

(2) 全员征集

“小云雀大讲坛”遵循全体性、自主性和整合性三大原则，旨在充分开发和利用校内外优质教育资源，把一批知识渊博、富有特长的学生、家长以及社会各界人士请上“讲坛”，拓宽学生的视野，丰富学生的课余生活。为了实现这一目标，我们在全体师生和家长中发放“征集通知”，诚邀学生、教师、家长通过自荐和互荐的方式把有意向、有能力的各界人士推荐给“小云雀大讲坛”。

(3) 分类汇总

每学期，德育处都要在学生、家长和“三结合”委员会成员中进行发动征集，对上交的报名表根据内容和形式进行分类汇总，充分尊重每一个报名者的自主权，包括自主选择健康向上的主讲内容，自主邀请讲坛伙伴、组建宣传及服务团队等，根据学校工作计划适时确定每学期4～5次的讲坛内容。确定之后，德育处制订好具体的学期讲坛计划，通过网站、家校路路通等形式及时公布，并提前进行筹备。

2. 多元融合，绽放精彩

（1）舒适和谐的氛围

每一个受邀而来的主讲人都来自不同的岗位，有着不同的身份。让观众提前了解他们的信息，对于提高讲坛的宣讲效应能起到一个很好的预热作用。所以，在每期开讲之前的一周，德育处都会与主讲人沟通，为其制作一张精美的宣传海报。海报包括宣讲主题、主讲人照片、简介、宣讲时间和地点等。当海报摆放在校门口的显眼位置时，总会吸引家长、学生、教师驻足观赏，对于主讲人来说，这也是一次极好的宣传。开讲前，我们精心布置现场，鲜花、话筒、音响、电子屏一应俱全，力求为主讲人营造便捷、舒适的讲演环境，提高主讲人的宣讲效应。

（2）积极昂扬的口号

作为一个自主学习、自我发展、自励成长的平台，口号是“小云雀大讲坛”的精髓所在。经过反复斟酌，“小云雀大讲坛”的口号最终确定为：激扬生命，开启智慧之门；放眼未来，奠基幸福人生。这个口号蕴含着我们创办讲坛的美好愿景，那就是：让讲坛成为学生激扬生命风采的舞台，让童年成为学生享受精彩、一生回味的美好时光！

每次开讲前，主持人都会带领所有学生齐诵口号。积极昂扬的口号响彻活动现场的每一个角落，鼓舞激励着在场的每一个观众，为每次讲演拉开了精彩的序幕！

（3）鲜明独特的主题

在学生、家长和教师的共同参与下，“小云雀大讲坛”在两年的时间内就成功举办了二十期。每一期都主题鲜明，精彩纷呈，耐人回味！

·“生命教育”系列。2012 年 5 月，第五期“小云雀大讲坛”邀请张家港市港华燃气有限公司潘家麟女士为学生和家长开展题为“我爱我家——燃气安全知多少”的讲座；2013 年 1 月，市城中派出所的两位警官走上讲坛，为学生、家长做好春节安全防范工作提供指导；2013 年 4 月，张家港港城汽运“阳光姐姐”宋琛又为师生带来了《交通安全记心上，等等红灯又何妨》为主题的精彩讲座。这些讲座，让学生深刻体会到了生命的重要性，提高了学生的生存技能和生命质量。

·“道德讲堂”系列。我们依托“小云雀大讲坛”开展了校级“道德讲堂”活动。通过唱一首歌、看一段短片、诵一段经典、讲一个故事、谈一番感想、送一份吉祥、行一个善举七个环节的内容，让同学们了解到道德模范就在我们身边，离我们很近。他们虽然没有做什么轰轰烈烈的大事，但是朴实无华的小事中依然体现了他们高尚的道德情操。通过活动，大家也明白了一名小学生要做的就是从小事做起，从自己做起，立足于自身实际，多做善行义举。

·“美丽港城我的家”系列。在教育局刚刚下发《关于开展“美丽港城 我的家”社会实践活动的实施意见》之后，在党的十八大刚刚提出“美丽中国”的全新概念之时，第十一期“小云雀大讲坛”邀请了张家港市政协委员、张家港市文化中心城市展示馆馆长、张家港市“学党史知地情”志愿者宣讲团的副团长刘向民先生为孩子们做了“知我家乡 爱我港城”的主题宣讲；在第十五期“小云雀大讲坛”，我们又请来了学生家长高飞先生作了题为《记录精彩瞬间，让美好成为永恒》的专题讲座；2013 年 10 月 22 日，学校承办了张家港市“美丽港城 我的家”社会实践活动推进会，举办了第十六期“小云雀大讲坛”，三（4）班范宇成同学的外公陈卫平——一位对家乡方言颇有研究的嘉宾为大家讲解了家乡话的小知识，让大家深深感受到了“最亲故乡人，最美家乡话。”这样的互动讲坛不仅让大家深刻感受到了家乡的实力和美丽，更提升了作为港城人的幸福感和自豪感。

（4）风格多样的讲师

对于亲历每次讲坛的学生、教师和家长来说，他们都有一个共同的感受：大讲坛的主讲人真是风格多样，且搭配和谐。

·配合默契的亲子搭档

2012 年 3 月 16 日，“小云雀大讲坛”开讲仪式暨首期讲坛在学校多功能教室举行。活动吸引了各年级的家长代表和电视台及广播台的记者们前来观摩。仪式上，校长为讲坛揭幕，并发表了热情洋溢的讲话。而后，首期主讲人：来自五（1）班担任大队部体育部长的邹函岑同学和她的爸爸——来自张家港市体育局的邹铜局长走上讲坛，为全体师生和家长带来了精彩的《魅力篮球》。

2013 年 3 月 6 日，“小云雀大讲坛”第十期之三八节特别活动——“寻找平凡中的伟大”如约在多功能教室温情上演。来自市老年公寓的一位普通护工、学校六（2）班徐子淇同学的妈妈被我们请上讲坛，向我们讲述《因为有爱，所以坚持》的故事。与母女俩十来分钟的访谈，让我们深切感受到了在平凡工作岗位上默默奉献的女性的事业心，以及为孩子成长无怨无悔付出的母亲的责任心。

2013 年 12 月 20 日，四（4）班叶林青同学和她的爸爸——张家港市网球运动协会副秘书长、CTA 网球教练员叶志明先生为我们带来题为《活力网球》的第十八期“小云雀大讲坛”。活动现场，叶爸爸从网球运动的由来和发展、场地、赛事、明星等方面一一讲述，学生和家长们听得异常认真。特别是互动环节，让大家体验到了网球的乐趣，且收获多多。

· 专业精湛的外请讲师

2012 年 4 月 13 日，中国（香港）国际礼仪研究院、时尚礼仪百大讲师团的高级讲师须美洲老师走上讲坛，为师生和家长带来了生动形象的《快乐礼仪》。活动现场，须老师邀请学生进行互动，让每一个在场的观众都受益匪浅。

2012 年 5 月 17 日，“小云雀大讲坛”特意请到了全国硬笔书法家协会会员、江苏省书法家协会会员——黄浩松老校长。黄校长带领他的孙子，来自云盘小学二（1）班的黄奕聪同学齐齐上阵，让大家懂得了学书是继承和发扬中华文化的精粹，学书更是学人品的道理！

2013 年 1 月 11 日，优漫卡通卫视的著名主持人李响哥哥和小兔姐姐出现在“小云雀大讲坛”现场，将第八期大讲坛——“喜迎十八大，幸福中国年”推向高潮！

· 各显风骚的伙伴组合

2012 年 4 月 24 日，来自六（1）班的陆子琦和茅宇峰两位同学为师生带来了《赤壁之战》，两位同学第一次自己组稿，自己制作 PPT，前期准备相当认真，相当充分，活动现场，一问一答，配合默契，各展风采。

2012 年 9 月 29 日，来自六（1）班的褚梓莹和黄天瑜两位同学精心准备的《礼仪之旅》在多功能教室开讲。讲坛现场，两位同学的妈妈亲自到场，为女儿助阵加油。两位同学不负众望，展现了云小学子习礼、用礼的优良风貌。

(5) 意义深远的颁奖

颁奖是每一次“小云雀大讲坛”的最后一个环节，学校专门制作了标志“小云雀大讲坛”字样的奖杯和奖牌。每次主讲人讲演结束，校长都会为主讲人亲手颁发具有纪念意义的奖杯和奖牌。面对明澈透明的奖杯和金灿灿的奖牌，主讲人都会惊喜万分。记得首次主讲人五（1）班邹函岑同学曾在《我人生中的首次讲座》中这样写道：“这沉甸甸的奖杯将成为我小学生涯中最珍贵的记忆……”

3. 注重反馈，且行且思

(1)“留言吧”里话真情

走进小云雀大讲坛现场，你就会发现一块布置精美的“留言吧”，每一个参与过“小云雀大讲坛”的人都知道，这块“留言吧”是专门为观众准备的。演讲结束后，观众就可以在便签上写上自己最真实的感受，贴在“留言吧”里，和大家共享。观众的留言也是对每个主讲人最好的支持！

(2)“反馈表”中见真意

为了扩大“小云雀大讲坛”的宣传力度，每次大讲坛我们都会邀请部分家长代表到校参加活动，受邀来听讲的家长会在“签到处”领一张“活动反馈表”，在活动结束的那一周，不管有什么感想都可以通过“反馈表”反馈给德育处。记得有位家长在“反馈表”中这样写道：“没想到学校有这么好的平台，让我们的孩子增长了知识，拓宽了视野，这样的活动让我们激动万分，期待小云雀大讲坛越办越好！”每每收到这样的反馈表，大家都会激动不已，同时更是对前景充满信心。

(3)“云雀网”上现精彩

学校小云雀网站上专门开辟了“社团活动”版块，每次活动结束，德育处都会精心编辑活动简讯，定期上传活动掠影，与大家一起回味、赏析。

4. 延续精彩，一路前行

学校“小云雀大讲坛”活动在《江苏教育》《张家港日报》《江苏科技报》等报刊和张家港电视台被陆续报道。“小云雀大讲坛”已经成为学校个性化发展的品牌活动之一，极大地挖掘出了学生自主学习的潜能，丰富了学生的校园生活，赢得了社会各界的一致赞赏。

小小讲坛，让孩子们尽情体验，开阔视野，认识世界，启迪智慧。今天，他们聆听世界；明天，世界聆听他们！今天，向300人侃侃而谈，传播思想；明天，对30000人挥洒自如，引领思想！我们将把“小云雀大讲坛”打造成美丽教师、美丽学生、美丽家长的平台，真正成为实现激扬生命风采，奠基幸福人生的舞台。

第三节　自主力量在学校管理中的体现

学校管理是一门学问，更是一门艺术。在我国，一度盛行精细化的学校管理，学校行政事无巨细，样样去管，久而久之，就导致教师成了一台台被动运转、不停埋怨的机器，只要哪里没顾及到，准会留下管理的空白。试想，如果学校管理能切实做到以人为本，充分发挥教师的自主性，变有形为无痕，变权力因素为人文关怀，那么管理也许能开创一种崭新的局面，被教师认可，让教师接受。因为这样的管理不再是生硬的要求和居高临下的命令，而是成为一种促进教师自主发展的磁场。在这个磁场里，教师的人生境界会达到一个新层次，工作热情会更为高涨，潜在能力也能得到淋漓尽致的发挥。

有人说：“真正的幸福是不能描写的，它只能体会，体会越深就越难以描写，因为真正的幸福不是一些事实的汇集，而是一种状态的持续。”在教师管理中怎样创设这种磁场呢？让教师享受教育的幸福，是促使教师形成职业认同感的必由之路。首先，要通过多种途径引导教师体验职业的价值，可以追寻孔子、陶行知、斯霞的身影，看一些经典的教育电影，交流教育中的幸福故事，甚至可以晒晒自己的得意门生。其次，就要引导教师享受专业成长的幸福，可以通过制订个人成长目标、营造各种激励氛围、不断传递正能量等手段引导教师去追求快乐；可以通过专家引领、拜师结对、搭建锻炼舞台等多种形式帮助教师去获得成功，享受成功的喜悦，让他们从内心深处不断萌发积极向上的激情与动力。这样的管理，是一种文化，能使教师在自我激励、自我成长的过程中享受教育的幸福。

一、向着自主出发

学校秉承“以人为本、发展个性、和谐至真”的办学宗旨，打造“崇真尚礼，自主发展”的特色品牌，正朝着创建“精致和谐的校园，优质高效的教育”这一目标而努力着。

1. 师生共植文化——构筑自主之魂

“真”文化氤氲着学校希望的热土，浸润着师生诗意的人生。全校师生在提炼“真”字校训的基础上，进一步完善学校文化建设，彰显师生的自主之魂。

建设和谐“大环境”。学校以“为学生的幸福人生奠基”为办学理念，营造良好的人文环境，努力打造“崇真、尚礼、融和”的校风，倡导“求真理、干真事、育真才”的教风，树立“学真知、练真能、做真人”的学风。确立科学发展观，努力提高民主管理和制度管理的水平，营造整洁优美的校园，让师生徜徉于和谐美好的大环境中。

雕琢精致“小环境”。学校小环境建设的设计和制作，均由师生共同参与，内容选择也广泛征求师生意见，并以师生发展需求为设计理念。对校园小环境进行精雕细刻，力争做到让每一块墙壁都会说话，让每一个立柱都能怡情，让每一寸场地都能育人。学校开辟的“自然世界”“艺术王国”“探秘之路”“科普天地”等主题展，“云之轩”阅读园，“雀之园”嬉戏地，“梦之苑”实践场等，都成为了师生探索自然、修身养性的良好场所。

丰富自育“软环境”。加强学校特色活动的建设，搭建师生自我教育的平台，激发师生成长的内驱力。学校每学年都开展师生宣誓、“十佳美丽教师”评比、“做一个幸福的教师”、读书团队交流、“十佳校园之星”评比等活动，并加强“小云雀电视台”建设，定期播放学生喜闻乐见的科普、文娱以及自编的节目；优化“小云雀网站”的建设，及时充实、更新内容，展现师生的精彩瞬间和精美作品。

2. 师生共建课堂——培育自主之能

课堂是师生交往互动的主阵地，是智慧生成与发展的演练场。学校以江苏省教研室第九期课题“自主发展理念下师生共同建构课堂的实践”的研究为契机，发挥师生的双向作用，力求体现课堂的自主之能。

课堂氛围的共同营造。师生的课前活动要体现“三性”：互动体现多样性，突出趣味性，具有针对性。课堂教学的师生对话要凸显“三和”：态度和蔼、举止和善、语言和美。

教学手段的灵活应用。倡导“三大和谐策略”——能“旧”则“旧”，不应简单摒弃传统教学手段；“新”“旧”互补，将传统教学手段与现代化教学手段结合应用；善于纳“新”，提倡充分而又恰当地应用现代化教学手段。

教法学法的共同选用。在运用教法学法时实现“三个融合”：一是教法与学法的融合；二是本学科方法的融合；三是跨学科方法的融合。课堂上，帮助学生实现“四有”“四能”“四性”。“四有”即有强烈的参与欲，有宽广的参与面，有充裕的参与时间，有灵活的参与方式；“四能”即能自主选择，能自主质疑，能自主释疑，能自主评价；“四性”即主动性、独立性、体验性、开放性。

教学过程的共同参与。教学过程要做到“三统一”：预设与生成和谐统一，形式与效果和谐统一，主导与主体和谐统一。教师教学要做到“三巧妙”，提问要巧妙，点拨要巧妙，讲解要巧妙；“三注重”，注重反馈矫正，注重激励评价，注重“二度设计”。

课程资源的共同开发。生活中存在着大量的课程资源，只有师生的合理开发，才能使之成为国家课程的有机组成部分，体现其应有的课程意义与价值。学校在开足开齐国家规定的课程的基础上，进一步加大校本课程的开发。开发课程资源时，学校更多地从学生的角度着手，力求构建“儿童化”“本土化”的课程资源。

3. 师生共同成长——享受自主之乐

学校是师生共同生活和学习的地方。师生结伴成长，同心、同行、同乐，才能真正体验到教育的幸福。

以学习推动思考：师生齐读经典。在苏州市立项课题“小学中高年段国学经典课程教学研究”的引领下，学校开展了师生共读经典的活动，进一步完善了学校、班级、家庭为主的三级书库，并开展了丰富的读书活动，如“同读一本书”“同背一首诗”“同过一个节（读书节）”。学校还定期举行了师生诵读竞赛，促使全校师生在学习和交流中共同思考。

以思考促进发展：师生共写随笔。通过书写随笔，教师能深入地反思自己的教育教学行为，追求更完美的教学艺术；而学生将牢固地掌握写作方法，养成留心观察生活、积累素材的习惯。每学期，学校鼓励教师至少读一本教育专著，并书写读书笔记，每周至少写一篇教育随笔。鼓励学生写日记，并根据年段的不同，提出不同的要求。学校每学期开展一次师生随笔评选活动，并利用校园网开展随笔交流活动。

以礼仪指引行动：师生同习礼仪。学校依托礼仪教育，培育师生儒雅的言行，逐渐形成礼仪教育的品牌。学校设计了礼仪卡通形象——“云云笑笑”，还绘制了礼仪墙，绘制了有关礼仪的格言警句，并时时提醒师生做讲礼仪的人。学校还确立了各年级段学生的礼仪目标，并形成了序列，编写成了校本教材《礼约》。学校通过开设礼仪节，开展丰富的礼仪活动，如礼仪故事会、礼仪绘画比赛、礼仪格言创作、礼仪书签制作、礼仪童谣征集、礼仪之星评比、唱响礼仪歌、创编礼仪操等活动，为师生研习礼仪提供了条件。

在“崇真尚礼，自主发展”的特色品牌引领下，学校师生在这个和谐大家园中共享、共创，并共同成长着。

二、推动个性发展

近年来，国家高度重视义务教育的均衡发展，并注重体现教育公平，争取办面向人人的平民教育。教育部《关于进一步推进义务教育均衡发展的若干意见》中强调，要求地方各级教育行政部门要把推进区域内义务教育均衡发展作为实现“两基”之后义务教育发展的一项重要任务，“把义务教育工作重心进一步落实到办好每一所学校和关注每一个孩子健康成长上来，缩小城乡之间、地区之间和学校之间的教育差距，积极改善农村学校和城镇薄弱学校的办学条件，逐步实现义务教育的均衡发展”。因此，深入实施素质教育，全面提高义务教育质量，是当前我国基础教育面临的重要课题。

现今，各级教育行政通过建立健全学校办学水平综合评价体系，开展教育现代化学校的创建和评估；实施支教活动，扩大教师的流动面，实行教师轮岗制，切实帮助并扶持薄弱学校；加大学校布局调整力度，整合教育资源，优化配置，实现优质教育资源共享；加大教育投入，改善学校办学条件，帮助农村小学完善各项教学设施的建设，为农村小学的发展提供可靠的物质基础等多项重大举措，有力地推进了教育的均衡发展。基本实现教育权利平等，即人人都有受教育的权利和义务；教育过程平等，即政府提供相对平等的接受教育的机会和条件。学生在受教育过程中受到社会、学校和教师的相对同等的对待。

义务教育的均衡发展是社会公平的基础和核心环节，然而均衡发展不是划一发展，不是限制发展，不是一种模式，不是“一刀切”“齐步走”，而是共同发展，有个性的发展。如今，我们跨上了教育均衡的平台，就要根据自己的实际，创造性地探索有自己特色的发展道路。我们开展“教育均衡环境下学生个性发展的研究”，把均衡教育与学生个性发展结合起来，更多地关注学生，把促进学生发展作为第一要义，努力让学校成为学生个性发展的乐园。

1. 确立均衡理念，承认个性发展的差异

教育均衡发展，主要是破除有违公平要求的制度设计，要求政府在教育投入、布局规划、师资培养和配置、学生入学安排等方面合乎公平的原则，保障每个学生都有均等机会享受到优质的教育资源，让自身个性得到自由、充分和健康的发展。

就像世界上没有两片完全相同的树叶一样，人的个性也是各不相同的，世界上没有完全相同的两个人。心理学家认为，个性是一个人内在的全部生理、物理结构和心理意识外在化的结果。艾克森认为：“个性是在个体由遗传和环境所决定的、实际的和潜在的行为模式的总和。”霍尔认为：“个性是特征的一种组织，它存在于自己而区别于他人。”拉扎鲁斯认为：“个性是基本和稳定的心理结构的过程，他组织着人的经验并形成人的行为和对环境的反应。”

作为教师，每天面对的是各不相同的学生，他们有的活泼好动、思维敏捷，有的反应迟钝，有的沉稳踏实，有的认真仔细，有的马虎大意；有的学生喜欢音乐，有的学生擅长美术，有的学生对数学有浓厚的兴趣，有的学生对写作情有独钟，有的学生热衷体育竞技……我们不能要求学生“全面发展”而忽视了这些个性特质。这些心理和行为上的差异，很大程度上造成了学生个性的差异，而社会对人才的需求也是多种多样的，唯有培养各具特色、个性鲜明的人才，才能满足社会各个领域和各种事业的发展需要。人的素质，由于先天条件和后天发展的差异，有着各自的特点和发展潜能，因此，我们必须承认学生个性的差异，允许学生存在个性差异，正视学生的个性差异。发展学生个性，不仅是教育本质的复归，也是社会发展的要求，也是人类文明进步的要求。开展个性教育的前提是承认差别，其目的不是改变和消除这种差别，而是使其得到必要的保护、适宜的引导和自由的发展。

基于这一点，对学生的教育也应该而且必须是具有灵活性的，要因材施教，因人而异地提出不同的要求，并在工作中落实对正在成长中的小学生的个性培养这一项极其艰巨而复杂的工程。要保护学生的主动性、创造性，要积极引导他们发展自己的特长和天赋。在教学过程中，关注学生的自我意识、主体地位、个性心理品质及个性特长的发展，减少统一性，加强针对性，提供选择性。

教育就是要开发每个学生的潜能，发展学生的个性，使每个人的个性在原有身心素质的基础上得到比较好的发展。学校也应该是尽可能地提供好的环境，让学生的潜能和个性得到充分的发展，成为有用的人才。

2. 立足课堂阵地，营造个性发展的环境

课堂教学是实施素质教育的主阵地，也是发展学生个性的主渠道。传统的课堂教学中教师是绝对的权威，学生应该做什么、什么时候做都由教师决定，学生应该怎么想、怎么说，教师都有统一的标准，学生不敢随便动、随便想、随便说。长此以往，学生的灵性逐渐被磨灭，创新精神逐渐被扼杀，何谈个性的发展？素质教育是以遵循人的身心发展为前提的。人的身心发展表现为共性和个性两个方面，我们要兼顾人的身心发展这两个方面的基本规律，在抓好基础教育的同时，重视发展学生的个性特长，不能因为他们某些学科成绩的不理想，而扼杀了其在其他方面的成功。

创新教育均衡环境下适宜学生个性发展的课堂教学模式，实现教师角色、学生地位、媒体作用、教与学方式的转变，营造和谐的课堂教学氛围，促进学生个性健康发展。这就需要教师摒弃师道尊严，勇于突破以“教师为中心”“课本为中心”“课堂为中心”的陈旧模式，建立良好的师生关系，构建和谐的课堂氛围，创造学生个性发展的良好环境，教师应该树立正确的世界观，尊重学生的个性，实现师生角色的根本性转变，建立师生合作、教学相长的现代师生关系，教师的角色要从以往知识的主宰者、传授者转变为学生学习和成长的合作者、引导者和促进者。我们要紧紧围绕素质教育的总目标，以加强学生的主体地位，培养学生的能力为中心，以启发式、开放式、多元化的教学方法为主攻方向，积极进行教学研究和教学改革。真诚地赏识，不断地激励每一个学生，竭力保护学生的求知欲望，培养学生的自尊心，使他们敢于发表独特的见解，敢于质疑问难，善于想象，勇于探索，乐于实践，使学生的角色从以往被动的知识接收者转变为主动学习的探索者，转变为积极进行实践活动的主体，使学生在良性学习环境中能动地获取知识，提高能力，生动活泼地获得发展。

处在成长中的小学生渴望关怀和呵护，希望能在充满爱心和信任的环境中成长。多一分关爱，多一分信任，也许就能引出学生内心深藏的真、善、美的优良品质，而这些品质的形成和发展就构成了少年儿童的个性特点。因此，教师的爱心和信任对学生健康成长和良好个性的形成是不可或缺的，为此学校提出了"真心真情循循善诱"的教风要求。如果教师能以发自内心的真爱和信任真诚地对待每个学生，那么学生就会把你当作知心朋友，你也会更好地了解他们的性格特点，从而寻找出最佳的教育教学方法，教师对每一个学生都应一视同仁，善于发现每个学生的长处，看到他们的闪光点，尤其是"后进生"，哪怕是一点点的进步都应及时给予表扬和肯定，帮他们树立自信心，从而促进学生个性的良好发展。

营造学生个性发展的良好氛围，还要鼓励学生创造性地使用课本，冲破"唯师""唯书""唯考"的桎梏，积极、主动、变通，努力学习教材，掌握知识。近两年，我们在课堂教学中注重创设自主探究的空间，提供自由创造的机会，在作业方面尝试提供分层作业，设计开放性作业，建立自主性作业等，让学生自我建构知识，真正成为学习的探索者和创新者，收到了良好的效果。

3. 拓宽教育途径，提供个性发展的空间

在深入推进素质教育的今天，我们清楚地认识到，素质教育就是面向全体学生，全面提高学生的思想道德、文化科学、劳动技能和身体与心理素质，促进学生生动活泼的发展的教育。教育对象的全体性和教育内容的全面性，是它的两个基本特征。而为了每个学生的发展则是新课程改革的核心理念，我们以全新的教学理念去面对学生，注重对学生的个性培养，为其个性发展提供有效空间，并以发展学生的个性促进他们健康、全面、和谐的发展。

全面发展是个性发展的基础，它并不排斥个性发展，个性发展是在全面发展基础上的更高层次的飞跃。任何教育如果离开了学生的个性发展就不能有效地发挥其功能作用。应切实加强音、体、美和科学等学科教学，落实综合实践活动。每天半小时的大课间活动内容较丰富，涉及三十多个项目，有学校安排的体艺活动，有同学们自主创编的游戏活动。学生被这些喜闻乐见的活动深深吸引，也使大课间成了发展学生个性特长的重要阵地之一。

在日常教学中，教师都有一种强烈的民主意识，努力营造和谐的课堂氛围已成为大家的自觉行动，常常通过暗示、鼓励或在作业本上写上激励性的评语等方法，使每个学生看到自己的优点和能力，确立“我能行”的信念，并经常给他们提供锻炼的机会。同时，还注意尊重学生的意愿，交给他们自己选择需要、兴趣和爱好的权利，以实现其个性发展。根据学生爱好方面的差异，积极有效地组织学生开展课外文体活动，坚持学生自愿的原则，让学生根据自己的特长、兴趣、爱好，按照自主选择的方式，参加丰富多彩的活动，发挥他们的潜能和特长，使其个性得到全面和充分的发展。确保学生每天一小时的文体活动时间，并列入课表，形成制度。学校成立了航模、七巧板、机器人、跆拳道、演讲、篮球、乒乓、合唱、器乐、绘画等五十多个团队，为学生个性的发展创造有利条件，提供发展空间，使学生的个性得到彻底解放，个人的才华禀赋得到充分发挥。

4. 实施多元评价，给予个性发展的保障

评价具有导向作用，这是毋庸置疑的。为了有效促进学生个性的发展，学校建立了灵活多元的评价体系。一是评价主体多元，强调多方参与和互动、自我评价和他人评价相结合；二是评价内容多元，既考虑学生的全面发展，又关注学生的个性差异和特长；三是评价方式多元，积极实施等级制，尝试积分式，综合描述等多种方式综合运用。

学校改变了原来只评比“三好学生”的单一方式，设立了多个奖项，变一把尺子为多把尺子，设立特长生的评比，并通过“学习之星、进步之星、劳动之星、文明之星”等的评比，让每一个学生都能找到自己的位置，相信“我能行”，奉行“你在这点行，我在那点行”，“今天若不行，明天争取行”的理念。通过评价方式的改变，让每个孩子的个性发展得到保障。

学校为每一个学生建立成长档案，学生、家长和教师可以随时把反映学生综合素质点滴进步的事迹材料放入学生的成长档案——“成长的足迹”，包括学生在社会实践活动中的表现、感悟和收获，获得的社会评价等都可以装入成长档案。评价内容包括思想品质、公民素养；学习能力、学业情感；体育锻炼、个人健康；知识技能、身体素质、特长爱好、有新意的劳动和活动成果以及同学和教师的评语等。

学期初，学生同父母一起认真制订本学期的学习目标及具体打算。平日里学生可以将自己成长过程中的喜怒哀乐记录下来，一次出色的发言、一份优秀的作品、一张获奖的证书、一段难忘的经历等都可以放入成长档案。期末时，学生回顾成长经历，然后跟教师、家长交流，一起从学习、品行、健体等多个方面进行评价。每学期，学生和家长、教师一起盘点，总结自己取得的成绩，认识自己的进步和存在的不足，分析其中的原因，研究解决问题的措施。然后，教师引导学生通过同学互评、班上交流等形式，让学生们取长补短，共同提高。成长档案也成为学生与家长沟通的又一纽带，使双方通过心灵的对话加深感情，使家庭教育水到渠成也增强了孩子的自信心，使他们不断进步。使用成长档案，记录“成长的足迹”，让每位学生看到自己的价值，找到努力的方向，并在记录自己成长足迹的过程中体味进步的快乐。

多一把尺子多一个人才。实施多元评价，能有效保障学生的个性发展，真正实现每个学生个性的快乐成长。

总之，教育的均衡化发展，体现的是一种公平与公正的理念，这不仅是当今世界教育发展的潮流，也是教育现代化的核心理念。促进学生个性发展，是构建和谐社会的基础工程，是大力开发人力资源的前提和基础。随着素质教育的不断深化，新课程改革的不断推进，人类的学习方式与教育模式正在发生历史性的变革。创新教育，能更好地促进学生健康、均衡、有个性地发展，是学校教育的一种追求。

三、共享科研成果

随着课改的不断深入，我们越来越深刻地体会到，师生共建课堂应该成为学校课堂教学改革的主旋律，应当成为全体教师的理想追求和自觉行为。我们探索着、实践着、思索着。

1. 理论研读，增加课题研究的底气

学习是教师丰富内涵、提升业务能力的必由之路；学习，也能增加教师课题研究的底气。

向书本学习。每学期，学校都要向每位教师赠书，鼓励教师阅读经典书籍，如许锡良的《追寻教育的真谛——许锡良教育思考录》、祝禧的《阅读教学的真髓——意象构建读出文学的真美》、许卫兵的《简约数学教学》等，学校还定期举行读书沙龙活动。学校还向各个办公室赠阅《人民教育》《江苏教育》《张家港日报》等报纸杂志。大多数教师都能潜心阅读教育专著。同时，学校每学期都会举行丰富多彩的读书活动，开展“课前乐吟诵”“午间好书光”等活动，鼓励师生“同读一本书”“同背一首诗”，激发师生读书的兴趣，养成博览群书的好习惯，让每一位学生爱读书、会读书，促进学生个性的和谐发展；让每一位教师率先垂范，使读书成为自身发展的需要和生活方式，从而提高自身的人文素养。

向名师学习。学校通过积极推行“聘请名家、挂钩名校、结对名师”的“三名计划”，为教师创设了很多向名师学习的时空。学校与苏州市苏苑实验小学、海安县实验小学等名校结对，多次组织语文、数学等学科骨干教师赶赴名校向名师学习。同时，也将特级教师、专家学者请进学校，传经送宝，让教师享受思想的盛宴。每学期，几乎每位教师都能参与市“名师引路”和“专家讲学”活动，这些学习活动时间虽短，但每位教师都能学有所获。

2. 多元整合，提高课题研究的效力

为了提高教学研究的实效性，学校将教研活动和教科活动有机整合，使研究与活动合二为一，收到了非常好的效果。具体做法如下：

课题组与教研组（备课组）相整合。我们将课题组与教研组（备课组）相结合，让二级子课题组长兼教研组长，三级子课题组长兼备课组长。刚刚实施整合初期，教科室就已将主课题分解到各学科，各课题组已做好了二、三级子课题的申报和立项工作。教科室还把子课题研究与微型课题研究相整合，使每位教师都能参与到课题研究中。经过一年的研究，学校的大多数微型课题都已圆满结题。

教研活动与教科活动相融合。在日常活动中，把校本教研与课题研究有机融合，将教研活动与教科活动合二为一，结合课题研究开展备课、观课、议课等活动。学校的主要课改活动如下：（1）开展“三人行”教学研讨活动。各备课组围绕课题研究内容，分别开展了说课、上课、评课活动，这种捆绑式的教学研修活动，使教师们受益匪浅。（2）开展跨区域课题研讨活动。学校与南通八一小学共同承担了南通市十二五规划课题“小学数学顺应主体发展的课堂实践与研究”。学校多次与南通八一小学开展教学联谊活动，南通市教科室领导也对课题研究给予了高度的评价。（3）开展“轻负高质”议课活动。为了促进教师在实践中反思，在反思中成长，提升公开课的示范、引领和启迪作用，各教研组围绕“轻负高质，打造美丽课堂”开展网上评课活动。每位上课教师都提前把教学资料上传到共享里，其他教师提出意见和建议，不断完善公开课的教学设计。这样的研讨活动不仅能使进行公开教学的教师能更好地反思自我，提升自我，也使公开课的效果得到了延伸，实现了全组教师的共同成长。（4）开展“国学经典课程教学研究”研讨活动。学校与白鹿小学联合承办了张家港市教育科学“十二五”规划协作课题“国学经典课程教学研究”研讨活动。多位教师展示了国学教学研讨课，江苏省教育学会副会长、《语文世界》主编叶水涛对课题研究进行了指导。

课题研讨与读书研修相结合。学校继续开展读书研修活动，学期初，学校向每位教师赠阅教育类书籍和报刊。学校读书团队（成员中包括课题组组长）能结合课题研究，有针对性地开展读书研修活动，学校主要活动如下：（1）开展“爱的教育”读书研讨，通过读书交流，教师对弗洛姆提出的“父性之爱”和“母性之爱”有了初步的了解，也明白了“黄金般的中庸，某种介于严厉和慈爱之间的和谐，永远是应该具备的”。（2）开展

“接纳自己”“接纳特殊生”读书研讨活动。学校组织全校教师观看了教育电影《叫我第一名》。课题组成员围绕电影开展了有关“接纳自己、接纳特殊生”读书研讨，教师理解了“接纳”的真正内涵，并表示愿意用一种新的眼光审视特殊孩子。(3) 开展有关“有效教学的机制探索”的读书交流，教师剖析教学中的无效行为，畅谈自己对有效教学机制的探索。通过交流共享，教师对有效教学的认识更深刻了。(4) 开展“读懂学生的方法和途径研究”的读书研讨，教师探讨了读懂学生的意义、价值，并对如何读懂学生畅谈了自己的做法。通过交流共享，全体组员更认识到了读懂学生的迫切性。(5) 开展“师生共同准备学习资源的实践研究”的读书研讨，讨论中，教师对师生共同准备学习资源的意义和价值，有了更深入的理解，同时，大家还提出了指导学生准备学习资源的具体做法。通过读书活动，广大教师意识到：要努力践行两个转变，即教育从主要依靠教转变为主要依靠学，从控制生命转变为激扬生命。

3. 教学研究，凸显课题研究的张力

课堂是师生交往互动的主阵地，是智慧生成与发展的演练场。学校以江苏省教研室第九期“自主发展理念下师生共同建构课堂的实践研究”的课题研究为契机，发挥师生的双主体作用，同心共建，使课堂教学范式初步显现。

共同准备学习资源。以往，教师都能重视单方面的备教，能认真钻研教材，仔细了解学生情况，精心设计教学环节。从 2011 年开始，学校部分班级开始尝试让学生“备学”。备学，顾名思义就是为学习做准备。备学的目的是把与新学习内容相关的已有思维模块调集到“最近发展区”备用。所以，备学要激活学生的三种经验，即知识经验、生活经验和思维经验。如果将“最近发展区”看成是塔状，那么生活经验就是塔之基，知识经验是塔之中，思维经验是塔之尖。以前，尽管教师有研读学生的意愿，但仅凭揣测或小范围的咨询，很难了解全体学生的真实情况，要体现因材施教显得困难重重。备学恰恰破解了这一难题，教师通过精心设计备学问题，鼓励学生提出三个发现、三个问题。课前，教师了解了学生备学情况后，再进行教学流程的二度设计，这样就最大可能地贴近了学生的实际。师生共同准备学习资源，是“教为主导”转变为“学为主导”的一项重要举措。

共同营造课堂氛围。课堂氛围的营造，也要体现以学生为主的教学思想。师生的课前活动能体现“三性”：互动体现多样性，突出趣味性，具有针对性，课堂教学的师生对话要凸现“三和”：态度和蔼，举止和善，语言和美。教学中，教师能积极参与学生的学习活动，以自己的学识、智慧、人格魅力去感染学生，实现师生之间的交流互动。通过师生相互沟通、相互补充，师生共同营造生态的课堂氛围，同时，也较好地实现了教学内容的改组和重建。

共同研究学习问题。课堂上，教师应对学生的疑问而展开教学，学生应对教师归纳的疑问而展开学习，哈耶克说：“在我们提出明确的问题之前，我们无从运用自己的智力；而提出问题的前提是我们已经对事件形成了某种假设或理论。”只有当陷入疑问和混沌中，学生才有可能发生新的学习，但是，问题来自教师还是教为主导，问题来自学生才是学为主导。教学中，教师应力求做到“三不讲”，即不是学生提出的问题不讲，没有经过合作学习讨论过的问题不讲，学生已经很好地解决了的问题不讲。“问题导向”是学习活动主导课堂的机制，学生自主提出疑问，师生互相启发，借助集体力量共同解疑。在思维碰撞中，可以激发学生的探究兴趣，体现学科教学的价值。

携手并进，共享科研成果，是一种追求，是一种目标，更是一种境界。只要我们以辩证唯物主义的眼光去审视课堂，以饱满的热情、严谨的态度、务实的作风去改进我们的课堂，就一定能让我们的课堂成为提升教师生命意义的理想“殿堂”，成为学生幸福成长、健康发展的快乐“学堂”。

四、精神引领成长

高素质的教师队伍是教育可持续发展的关键，也是教育改革能不断深化的前提，更是学校提升综合实力的保障，是学校打造优质品牌的决定性因素。只有一流的教师队伍才能推进教育科学发展，创造一流的教育业绩，学校才能真正办成人民满意的教育。抓好教师队伍建设应立足校本，着眼发展，注重精神引领。

1. 师德修炼——“春风化雨润无声”

教师肩负着教书和育人的双重任务，在这两大任务中，育人的任务是第一位的。我们一直把师德建设放在教育活动的首位，加强职业道德规范教育，组织开展丰富多彩的活动，倡导教师爱岗敬业，崇尚道德知识，崇尚理性、崇尚情感、崇尚奉献，提升教师的师德修养。

领导垂范。重视领导班子的思想作风建设，要求每一位班子成员“树一身正气，做师表的楷模；献一片真情，做育人的典范”。完善领导岗位责任制和责任追究制度，实行领导考核制度，不断增强做好本职工作的责任感和使命感。努力做到在思想上团结、进取、敬业；在作风上朴实、正直、廉洁；在业务上过硬、精湛、勤勉；在管理中睿智、大气、创新；在教学中求真、务实、高效，努力做教书育人的行家里手，走科研型、学者型、专家型之路。要求每个行政人员做到“五个一”，蹲点一个年级，教好一门学科，搞好一个课题，管好一个条线，带好一个徒弟。坚持“以垂范的行为提升威信”，不断提高非权力性影响力，充分发挥领导班子在政治上的定向作用，决策上的主导作用，力量上的凝聚作用和形象上的表率作用。

制度规范。机制是队伍发展的根本保障，对于学校而言，健全的长效制度，不仅可以鼓励教师积极学习和发展，而且能够从根本上促进学校健康持续地发展。为使教师的行为做到有章可循，有法可依，学校出台并完善了自身的管理制度“方圆”，制订了“教师一日常规”，每学期开始都组织教师重温“师德规范要求”“教师忌语 20 句”，人人签订“教师师德承诺书”，对教师的师德师风不仅有明确的要求，而且全面实行岗位责任制、目标质量制、常规考核制、培训学习申请制，变“伯乐相马”为“阳光赛马”制等，实施教师师德专项考核制，让教师的职业道德变得规范，让优秀成为习惯，为打造一支高素质的教师队伍奠定基础。

活动浸润。将师德师风教育融入学校整个教育活动中，邀请心理学专家到校做“教师职业心态的调适”专题讲座，在学生中开展“我心目中的好老师”评选活动，组织征集“我的教育格言”“教师誓言”，进行“铸师魂，树师表”“我与云小共成长”的演讲比赛，讲述“我与学生的故事”感悟职业的幸福，评选“美丽教师”和“校园十佳爱生教师”，开展“千名家长评师德”等活动，通过学生和家长的问卷调查，树典型、学先进、比成绩、比贡献。结合各项主题活动，开展师德讨论，撰写心得体会，鼓励教师在比较中自我反思，不断实现自我超越。丰富多彩的活动是队伍建设的有效载体，通过活动，不断修炼师德，提升人格魅力。

2. 专业引领——“远近高低各不同”

教师是学校发展最关键的因素，促进教师专业发展是学校永恒的主题。要尊重教师的个体差异，针对不同层次教师的不同需要提供不同的服务。为每个发展层次的教师量身定做，打造个性化培养目标，让每一位教师确立个人专业发展目标，千方百计地为教师开辟渠道，提供更多有针对性的学习、培训和提高的机会，让每个教师的潜能都得到较充分的发挥，为学校的可持续发展提供充足的动力。

骨干教师有新目标。“师德的表率”“育人的模范”“教学的专家”是名优教师的主要特征，学校应设法为骨干教师构筑展台，既给动力，也给压力。根据骨干教师的不同称号，对教坛新秀、教学能手、学科带头人等，在以下六个方面提出不同的具体要求：① 承担公开课；② 参与课题研究；③ 指导青年教师；④ 文章发表；⑤ 竞赛获奖；⑥ 作专题讲座等，鞭策骨干教师在业务上精益求精。通过讲座、上课、评课等，让骨干教师得到历练，学年末，学校按照《张家港市级及以上骨干教师考评方案》的标准对达到要求的骨干教师进行表彰奖励，激励骨干教师履行职责。另外，选派优秀教师赴美国、新西兰、澳大利亚等地培训，并开拓视野，增长见识。

青年教师有新进步。为了促进青年教师队伍的快速成长，学校以激发上进心和内驱力为重点，积极推行“导师制”，安排骨干教师与青年教师师徒结对，在教育科研、课堂教学、班级管理等方面进行“传”“帮”“带”，做到每周开展一次专题研讨活动，每月记录一次学习体会，一学年写两篇专题论文，上两节汇报课。此外，组织“请进来，走出去”活动，为青年教师提供外出听课和业务培训等机会。对新上岗的教师组织其以基本功、“六认真”规范等为主要内容的达标考核，每年在青年教师中开展“评优夺杯”系列竞赛活动，从上课、评课、说课，到“三字一话”基本功、特长秀、课件制作等等，建立机制，营造氛围，为教师创造条件，激励青年教师不断取得进步。

老教师有新发展。老教师是学校的宝贵财富，有着丰富的教育教学经验，不应成为学校管理中“被遗忘的角落”，要设法为老教师搭建平台。一是现身说法，传承精神。组织开设中老年教师论坛，邀请他们畅谈工作经历和生活感悟、教育体会等，将他们的精神财富传承给青年教师，并鼓励他们在师德师风上自觉成为青年教师学习的榜样。二是量体裁衣，评优激励。除了实行“‘云鹰奖’评选条例”，学年末评选、表彰一批“云鹰奖”获得者外；在学校其他的先进评比中，无论是师德师风考核，还是教学工作考核，都要适度照顾工作勤勤恳恳的老教师，从而为40周岁以上未获得市级骨干教师称号的老教师提供继续发展与展示风采的舞台。

学校以“面向全员、突出骨干、均衡发展”为宗旨，以青年教师和骨干教师为重点对象，通过“教育沙龙”“读书团队”等丰富多彩的教科研活动，为教师的成长铺路搭桥，形成了“老教师看家，中年教师当家，青年教师发家”的师资队伍建设新格局。

3. 队伍成长——“百花齐放春满园”

俗话说：“一花独放不是春，百花齐放春满园。”二十一世纪是一个充满竞争更需要合作的时代。学校以打造精品学校为奋斗目标，以培养精品教师为切入口，开发资源，优化整合。坚持“激励教师增强责任意识”“促进教师实现自身价值”和“保障教师拥有合法权益”的协调统一。以发展的眼光，宽阔的视野，负责的态度，把信任与关爱融入工作之中，让人格魅力、学识才华和管理智慧影响教师，以严格执行“学校内部分配制度改革方案”来规范激励教师。教师开始潜心于研究教材、潜心于课堂教学，潜心于教科研究，全力提高育人水平，形成了比学赶帮的良好局面，积聚了强有力的发展后劲。

学校采用“一课三评”“三课一议”以及“三人行”的教研活动模式，始终将教师绑成一个团队。一位教师上课，一个团队上阵，这在学校是一种常态，大家一起钻研教材，分析学请，设计学案……一遍一遍磨课，毫无保留地评课、议课。让一位教师的成功，成为大家共同的收获。

学校坚持不懈地加强教师队伍建设，不断优化队伍结构、提高队伍素质，激励竞争，鼓励拔尖，使教师队伍成为一池活水，充满生机与可持续发展的动力，让校园真正成为教师成长的乐园。

五、责任促进提升

花有果的责任，云有雨的责任，太阳有光明的责任，世间万事万物都有自己的责任。每个人都应该承担自己的责任，做一个有责任感的人。

教师是太阳底下最光辉的职业，教育工作是神圣的，也是艰苦的。教书育人需要感情、时间、精力，乃至全部的心血。教师不应只停留于“传道，授业，解惑”，更要倾注情感，走进学生的心灵。学生是活生生的人，我们每做一件事都要争取对学生的发展有益，对学生的未来负责。教师这个职业更应以强烈的使命感和责任感为基础，要为教育事业和学生的未来负责，我们要坚定做一名有责任感的教师的信念。

做一个有责任感的教师，首先要对自己负责。我们不能期望一个对自己不负责的人，会对学生、学校和社会负责，会把自己的命运和祖国的未来联系起来。作为一名青年教师，要对自己有责任感，最重要的行动是珍惜自己宝贵的青春年华。对自己有责任感，就要对自己的教育人生有一个清醒的认识和规划，而不是“做一天和尚撞一天钟”。那么，当青春不再时，我们可以不用悔恨，因为我们的青春是在不断履行自己的责任中消逝的。许多人直到职业生涯的尽头，也没能很好地回答“你在为谁工作”这个问题，没有意识到为他人工作的同时，其实也是在为自己工作，人生离不开工作。工作不仅仅能赚到养家糊口的薪水，同时也能不断地充实自己，困难的事务能锻炼意志，新的任务能拓展才能，与同事的合作能培养我们的人格，与学生、家长的交流能训练我们的品性……

做一个有责任感的教师，就是要做到对学生负责。一切教育工作应以促进学生的发展为出发点和归宿。教师对学生负责就应做到“心中有人”“心中有爱”，这里的人就是你面对的学生，这里的爱就是对学生心灵的关爱。多一点表扬，少一点批评，决不去讽刺、挖苦、体罚和变相体罚学生。教育无小事，我们应从细微处入手了解学生，关注学生。如何让学生体会到成长的快乐是教育工作者应该思考的问题，一个孩子就是一个家庭的希望，一群孩子就是祖国的未来，发展自己是对学生最好的负责。对学生有责任感，就是要尽快地发展自己，使自己成长为一名成熟、具有专业本领的好教师。教师应给自己立一个目标，为学生树一个榜样，正如李镇西所说，“做个最好的老师，是一种平和的心态，是一种激情的行动，是教师一辈子的追求，需要用一辈子去演绎。”

做一个有责任感的教师，就是要对学校负责。学校是个大家庭，是个团队，每一个人都是其中的一分子，其一言一行，一举一动，都是学校整体面貌的一个缩影。教师是个言传身教的职业，只有有责任感的教师，才能潜移默化地影响学生，造就一代又一代有责任感的社会公民。当我们走在校园里，站在讲台前，面对孩子们纯净如水的双眸时，我们该说什么，不该说什么，能做什么，不能做什么，不再仅仅是个人行为，而是对学生的言传身教，它时刻都会对学生产生影响。无论做任何事，都应抱着学习的态度，将每一次任务视为一个新的开始，一段新的体验，一扇通往成功的机会之门。每一项工作中都饱含着许多个人的成长机会，工作能够丰富思想，增进智慧。不断钻研，而不机械重复；不忘思考，而不人云亦云；不懈实践，而不照搬照抄，那是对学生也是对自己负责任的态度。拥有这样对己对生负责的教师，学校才能和谐稳定地快速发展，也会永远立于不败之地。

林肯说："每个人心中都存有继续往前的使命感。努力奋斗是每个人的责任，我对这样的责任怀有一份舍我其谁的信念。"责任心是晶莹的露珠，折射出人性的光芒；责任心是炙热的岩浆，喷发出无穷的潜能；责任心是凝重的法码，真实地称量出人生的价值；责任心是坚硬的磐石，为你铺好面向理想的光明大道。让我们怀揣这份责任心，做一名有责任感的教师。

六、文化铸就品牌

学校文化是一种可观的教育资源，无论是显性的还是隐性的，只要我们身在其中就能感受得到，其实质是一种价值观念和精神境界，它对人的行为具有规范作用，对人的心理具有调节作用，对人的思想、情感和生活方式具有陶冶和感染作用，对人的心灵有净化作用，学校文化建设得成功，会使学校具有强大的影响力和持久的生命力。

1. 美化环境，让理念在文化中孕育

学校文化是一个立体化、开放性的概念，它是一种环境，也是一种氛围，是一种需要长期培育、苦心经营的教育氛围。构建学校文化，从物质层面来说，要求学校的一切设备、设施和校园环境建设都要贯彻"一切为了学生"的理念，学校文化环境的设计就是对办学思想的诠释，教育理念也会孕育其中。

学校以促进每一个学生发展为宗旨，以“为学生的幸福人生奠基”的办学理念为指导，加强学校文化的内涵建设，把班级和学校还给学生和老师。在充分照顾年级特点，兼顾共性与个性的基础上，发动全体师生共同参与，鼓励师生共同设计确立体现各自风格与追求的“班级特色”展示平台，通过礼仪特色班队的创建，形成各班特色。环境布置由点到面，错落有致，纵横交错，色彩搭配高雅和谐，从形式到内容都力求体现美，着力建设美丽校园。这样“润物细无声”的育人氛围，无时无刻不在滋养和激励着学校的每一个人。

学生是学校的主人，让每一堵墙、每一块地、每一棵花草树木都为学生的发展提供更为广阔的空间，使它成为学生进行学习、探究、实践的乐园。让“七彩云霞”来校园安家，给小草小树带上“胸卡”进行自我介绍……漫步校园，欣赏“五彩云雀”“自然世界”“艺术王国”“探秘之路”“科普天地”“校园之星”“礼仪天使”“与书为伴，快乐成长”版面展等，这些稚嫩作品的价值不在于它是否完美，而在于它具有丰富的内涵，能真正体现“以人为本”“一切为了学生”的思想，践行“以博爱之心对待学生，以博学之才服务学生”的誓言。

2. 优化制度，让行为在文化中规范

科学管理、民主决策、人文关怀是学校发展的依托，建立一个能够自我激励、自行设计、自主建设、自律约束的自主发展机制，是实现学校资源配置最优化和办学效益最大化的基础。学校重大问题的决策都应通过教代会，并不断完善校务公开制度、民主监督制度，建立行政、教师值班制度，加强一日常规工作的检查，明确各室、各岗位的工作职责及要求，并全部上墙，以此来规范全体教职工的言行，全面实施教职工工作质量绩效考核制度，以考核为杠杆，激励教师立足岗位，奉献在岗位。

认真抓好教学工作的精细化管理，以“突出重点，开拓创新，求真务实，均衡发展”为原则，各年级、各学科由领导蹲点，专人负责，全程跟踪，全面落实，力求每个环节都抓到位、抓出实效。平时，采取多种形式，深入细致地做好检查和督促工作。不定期组织教师落实“六认真”工作的检查，及时总结、及时反馈，不断提高教学质量调控的效度。把加强学科组、备课组建设，强化教学基础管理作为提高教师群体素质，提高课堂教学质量的重要手段。努力抓好并落实“五化”建设，即教研活动制度化、教研主题专题化、教研内容系列化、教研形式多样化、教研科研一体化。

引导教师实现自主发展。首先是自行规划：在对于学校共同价值观的认同的基础上，通过多层次的交流与研讨，结合自身发展的特点，做出切合自身发展条件，又符合学校发展方向的发展规划，制订个人奋斗目标。学校为教师的发展提供相应的物质与制度保障；其次是自我激励：通过校本培训及搭建平台，提供机会，帮助教师不断实现目标，让每一个教师都能够体会进步、感受发展、激发热情；第三是自主建设：在价值取向一致的基础上，通过教育论坛、教研组活动、读书团队交流等途径，促进教师反思能力的提高，形成自我反思、自我发展的态势，形成百花争艳的发展格局。

师生员工既是学校文化的创造者，同时也受既成文化的约束。作为独立的个体，不论其性格或情感，还是人生理想、价值追求，都呈现出多元的特点。学校文化中共同的价值取向和群体意识具有强大的凝聚力，能使师生员工自觉调整个体观念和价值追求，逐渐融入健康向上的学校集体，促进师生员工进一步得到全面、和谐的发展。

3. 净化心灵，让精神在文化中提升

学校文化会改变教师的生存方式及精神状况，学校文化建设的过程应该成为教师生命质量得到提升的过程。杜威认为，“所谓人的成长，就是在与环境相互作用的过程中更新了自己。”教师应该能够与“境”俱进，与时俱进，在与环境的主动适应和改造中，使自己变得视野开阔，变得更加自信。

我们以新课改理念为依据，倡导“崇真、尚礼、融和”的校风。教育是科学，科学的价值在于求真。“崇真”即追求真理的科学精神，要求教师落实“求真理、干真事、育真才”的教风。“尚礼”即文明优雅的人文素养。“融和”即和而不同的文化特质，这要求教师开阔视野，勇于探索，“求真理、干真事、育真才”，不断改变旧的学习和生活方式，不断超越自我、与时俱进。

要求学生发扬“学真知、练真能、做真人”的学风，共同为实现“精致和谐的校园，优质高效的教育”而努力。从“校风、教风、学风”的提出到真正落实是一个渐进的过程，是一个需要持之以恒、不断努力的过程，更是一个艰苦的过程。

学校要用充满挑战性的事业引领教师，利用多样的活动锻炼教师，利用有效的培训发展教师，使教师的价值观的确立有充实的实践基础和丰富的知识文化背景。学校努力创造各种条件让教师参与各类培训，组织开展丰富多彩的活动，如，“我的教育格言”“树师表形象，展教师风采”演讲、青年教师评优夺杯等活动。鼓励教师不断自我实践、自我研究、自我反思、自我激励，实现自我超越，不断提高自己的人文素养和专业水平。学校还积极组织教师参与“自主发展理念下师生共同建构课堂的实践研究”“创建和谐校园与教师发展的研究”等省市级课题的研究，并以课题研究为抓手，全面提高教师素质，使教师生命的潜力得到更好的开发。

随着学校文化建设的不断深入，教职工的精神面貌随之发生了很大变化，他们越来越注重自己的文化品位以及气质与修养。教师的积极性、进取心在学校的各项活动中都得到了充分的展示，敬业精神也得到了发扬。教师主动要求参加各类培训和学习，积极参加集体活动，写论文、上公开课已成为许多教师的自觉行为。在建设学校文化环境的同时，教师也提升了自己的生命价值。

4. 丰富内涵，让品牌在文化中铸就

为了丰富内涵，打造学校品牌，一方面，我们从细微处着手，力求使走廊、墙壁等每一个小场所都充满温馨，在对细节的关注中，实现自己独特的品牌追求。另一方面，我们将人文关怀体现在营造民主、平等、和谐的氛围上。学校领导与教职工，教师与学生，只有相互尊重、民主平等，才能达到资源最大的共生共享。正如心理学家布卢姆所言，“教育中如果没有尊重和信赖，就没有激情和启示，就没有性情的陶冶和净化，也没有灵魂的飞升和投入学习的热忱。”

教师和学生是学校的主体，他们的积极性和潜在能量是巨大的能动资源。因此，在学校文化建设上，尤其值得一提的是，我们在精心设计“班风”“各处各室”教育格言的同时，充分发挥了全校师生的智慧，引导他们献计献策，共同参与设计，在一次次的反复推敲和提炼中，让“真”字的内涵根植于全校师生心中，并化为全校师生的实际行动，形成了“好学深思，快乐成长”“学真本领，做小主人”“探求真知，学做真人”的循序渐进的递进式的求真教育，积极实践“为学生的幸福人生奠基”的教育理念，让学校文化成为一部立体、多彩、富有吸引力的教科书。以建设书香校园为抓手，构建学校学习文化，营造浓厚的读书氛围。每学期开学都有校长赠书活动，学校还成立了教师读书团队“云鹰之声”，经典诵读、共度午间好书光等品牌活动，让读名著、背名诗、看名篇活动有计划、有步骤地深入实施，落实内容、保证时间、讲究实效，整个校园充盈着浓郁的学习气息。大家与大师对话，与真理同行，与文化共存。“书犹药也，善读之可以医愚”，读书，可以净化心灵，滋润生命。通过读书，可以读懂人生的价值，读出生命的力量。通过读书，可以振奋精神、健全品格、陶冶情操、提升境界、演绎精彩人生。

文化是一片土壤，学校一旦形成自己的文化，就会激发每个成员的生命活力，每一个成员都能从这片土壤中汲取营养，促进每一个生命的发展和成长。哪怕一拨又一拨的人从这里离开，他们带走的仅是个人的智慧，却带不走学校特有的文化，只要这片土壤存在，就会有更多的人从这里成长起来。

总之，学校文化的建设过程是个体智慧和集体智慧综合开发的过程，文化渗透是凸显教师生命流动和精神价值的有效途径。学校文化是一种活生生的文化，它反映了教职工待人处事的态度和生活的境界，只有追求高格调的学校文化，才能引领教师传播和创造高品位的文化产品，才能塑造积极、富有生命活力的学校精神，才能提升学校的文明水平。一个有精神追求的学校才是最具生命潜力和发展价值的学校。

七、每个都是风景

在学校教育中，教师处于主导性地位，是决定教育质量的关键性因素。教师是学校的一面镜子，他们代表着学校的形象和魅力，更是学校的形象代言人，教师队伍素质的优劣直接关系着学校的发展前景。因此，加强教师队伍建设，是教育的发展之基和竞争之本。

1. 培育骨干名师，落实专业引领

要办名校，必须要打造名师，这是学校发展的一般规律。学校应将培育名师当作学校发展的首要任务，学校可以在各个学科中挑选研究水平和课堂实践能力相对较高，有一定教育教学理论基础，并在评优课、课题研究等方面都取得了一定成绩的教师作为名师培养对象。量身定做制订好每个人的发展规划，要求教师逐步形成自己的教育教学风格，形成以关注学生发展为宗旨的教育理论观，不断提升专业素养并丰厚自己的文化底蕴，逐步由研究型教师向专家型教师迈进。通过对学校骨干名师的管理，组织丰富多彩的教研活动，充分发挥他们的示范带动作用，将名师效应向所有学科渗透，促进整个学校教育教学质量的提高。

2. 打造强势学科，实施组团发展

课堂是课程改革的主阵地，也是教师实现自我发展的一个主要平台。学校要充分利用各个学科中的骨干资源，加强专业引领，实行同伴互助，提出组团发展的明确目标。

优化集体备课，实施“一课多研”。推广“集体备课凝聚智慧＋个体备课凸显特色＋反思生成优化教案”的备课模式，每个学科争取在教师个人备课的基础上，进行集体备课，其间每位教师都可以交流自己的备课思路和设计意图，共同探讨如何将备课中的新理念和良好的设计意图真正落实到课堂教学实践中。然后，派出一位教师执教该课，课后，执教者谈谈自己课上的亲身感受，全体听课领导和教师则趁热打铁将这节课作为对象，集体分析执教者在教学中的优势与不足，并制订相应的改进策略和措施。而后，第二位教师吸取其精华再次执教该课，课毕及时点评，及时反馈。每位教师都参与“一课多研”活动，并学会在这项活动中受益。

同伴互助，共同发展。学校每个学科组都有非常好的研究氛围，无论哪位教师外出赛课或者上公开课，全组教师都全力以赴。惠花老师在参加苏州市和省评优课的过程中，科学组的老师，或出谋划策，或制作教具，或制作课件——全员参与，甚至帮助联系校外名师，一起加入听课磨课活动。最后，她获得了省评优课一等奖。为了陶红老师参加苏州市的评优课，数学组每位老师都坚持听她每一次试讲，每位老师都能提出有效的意见和建议。这种团体研习是一个整体备课、纵横联系、共享智慧、共同成长的历程。老教师丰厚沉稳的人生积淀，中年教师游刃有余的教学艺术，青年教师锐意进取、驾驭现代教学技术的娴熟技巧，使得大家在集体备课中优势互补，在思想碰撞中揣摩彼此的教法拿捏是否准确，进一步体会自己的教法是否精妙得当，在汇精集粹的过程中，共同成长。

学校英语学科组一直是全市的领头羊，经过这几年的努力，现在的语文学科组、数学学科组、体育学科组等也都成为了强势学科。

3. 关注每位教师，实行分层发展

教师的均衡发展，并不是用一杆尺子来衡量每位教师，而应根据每位教师的自身特点和具体情况，实施分层发展，为此，学校专门修订了《教师个人三年发展目标》。为了使优秀教师能尽快脱颖而出，采取教师个人申报与学校考察相结合的方法，并为其建立“教师专业成长袋”。个人做到学期初有目标，学期末有总结分析并进行定期交流展示，其内容包括：个人简历、政治思想、德育工作、班主任工作、教学工作、学习反思记录、典型案例评析、课题研究记录、主要工作成绩等各个方面。学校还通过行政小组与教师交流，进一步引导教师思考自己在学校中的位置，将学校的要求转化为教师个人的需求。每学期结束时，都要求教师对照自己的发展计划进行修订，从而不断促进自身发展。“教师专业成长袋”记录着教师的成长过程，展示着教师各阶段的成果，使之成为教师的个人资源库，有利于促进教师开展自我反思，使自己的教育教学能力不断提高。教师在整体框架下针对个体的现实状况设计不同的发展细目，这样的个体发展目标，比较贴近教师工作实际，不会让教师感到困难，且能更好地调动教师工作的自觉性。

4. 夯实校本教研，实现内涵发展

主动参与式校本教研是指学校作为引领教师专业发展的重要抓手。所谓“主动参与式”校本教研是指在行政引领、制度规约、氛围创设、活动搭台的主导下，所有教师积极主动参与其中，通过这个过程，使校本教研由点到面、由小变大、由弱变强、由下而上，最终走向师本教研，引导教师把工作当学问来做，促进学校与师生的共同发展。

话题引入。话题即教学研究的问题，所谓“话题引入”，即由学校提出有关教育教学的主题，作为某一阶段教学研究的方向，引领全校教师思考讨论。这个话题要具备前瞻性，要捕捉住教学改革的动态，预示教学发展的方向；要具有普适性，对各学科教学有启发指导意义；具有理论色彩，指明研究方向，但不设条条框框，不束缚教师手脚。话题应与时俱进，不断演变，不断深化，让教师在实践、思考、研讨的良性循环中，提升教研水平，具备深厚的可持续发展力。

教师投入。由于选择研讨主题贴近教师教学实际，具有“切口小、好上手”的特点，教师都非常积极地参与，从而使教师的教育研究从消极走向了自觉。比如，针对期末复习阶段普遍存在的“高耗低效”问题，提出了“复习课如何低消耗高增长”的话题，各学科教师自编自演地重现了复习教学中存在的种种弊端，教师们在感慨之余不断反思，受到真实情景的触动，教师们纷纷发表看法，研讨不断深入。“主动参与式”校本教研就是沿着“问题情境（思）—研究情境（做）—反思解读（升）”的思路进行的。

专家介入。学校定期和不定期邀请省内外教育专家到校指导教师开展研究，曾经邀请江苏省特级教师许卫兵到校做了关于“简约数学”的学术报告，邀请《江苏教育研究》主编金连平到校做了关于“教师专业成长”的讲座。学校教师在不断的研究过程中，在专家的指导下，在思维的碰撞中，逐渐由稚嫩走向成长、成熟和成功。

“长风破浪终有时，直挂云帆济沧海”。校本教研的有效开展，推动着学校教师教学水平的整体提升，提高了教师的专业能力，促进了教师的专业成长。务实高效的校本教研，让学校每一位教师的成长历程都成为学校发展的一道道亮丽的风景。

附：自主教育的课题研究

小学生自主性学习研究

学校围绕“小学生自主性学习的研究”的课题开展了四年的持续研究，对自主性学习的课堂教学模式、自主性学习的基本特征及实施策略等提出了相关的经验，最后正式汇编出版了《向着自主进发——自主教育的创新实施智慧》一书。该课题荣获张家港市“十五”优秀课题成果评比一等奖，课题研究报告获苏州市课题研究报告评比一等奖。

一、课题研究背景

1. “九五”课题的延续。“九五”期间，我校参与了南京师范大学教科院刁培萼和吴也显两位教授主持的省级课题“走向自主创新性学习之路”的课题研究，我们把课题研究的重点定位于《发挥教育场效应，引导学生自主性学习的研究》。通过研究实践，该课题取得了一些预期效果，研究报告及有关成果被编辑入《走向自主创新性学习之路——对新世纪挑战的应答》一书。

2. 时代发展的需要。联合国教科文组织成员埃德加·富尔在《学会生存》中指出：未来的文盲不再是目不识丁的人，而是没有学会怎样学习的人。在科学技术突飞猛进、社会经济日新月异的时代，要跟上千变万化的形势，我们必须做到终身学习，而自主性学习可为终身学习打下良好的基础。因此，培养学生学会学习，树立“终身学习”的观念，已成为现代社会发展的趋势。

3. 新课程改革的需要。新课标指出，转变学生的学习方式在当前推进素质教育的形势下具有特别重要的意义。单一、被动、陈旧的学习方式，已经成为影响素质教育在课堂教学中推进的一大障碍。转变学习方式就是要转变这种他主性、被动性的学习状态，把学习变成人的主体性、能动性、独立性不断生成、张扬、发展、提升的过程，使学习过程更多地成为学生发现问题、提出问题、分析问题、解决问题的过程。自主性学习正是对传统学习方式的否定。

二、课题研究思路

（一）课题研究目标

1. 构建有助于学生自主性学习的课堂教学一般模式。

2. 提炼自主性学习的基本特征及实施策略。

3. 探索自主性学习效果的检测与评价方法。

4. 寻求学生自主性学习心理障碍的对策。

5. 探索指导学生课外自主学习的方法与途径。

（二）课题研究策略

该课题研究与课堂教学息息相关，与学生的成长息息相关。因此，我们在开展课题研究时采用了以下研究策略：

策略之一——面向全体。改变以往选取实验班及确定实验老师开展研究的形式，将全校学生作为研究的对象，把全校教师作为研究者，边实践、边研究、边总结。

策略之二——立足课堂。课堂是开展自主性学习的主阵地，开展该项课题研究时，要利用好课堂，把平时的每一堂课都作为研究的案例，进行分析、思考、提炼。

策略之三——增强体验。在该项课题研究中，研究的主体是学生，要充分发挥学生的主动性，增强其个人感受和体验。

（三）课题研究方法

本课题主要采用个案法、行动研究法、问卷调查法等。

1. 个案法：在研究过程中积累个案，从个案中发现问题，寻找经验。

2. 行动研究法：在本课题研究中，以行动研究法为主，围绕课题研究方案中制订的目标及内容开展实践研究，及时反馈研究结果，进一步加强或及时调整研究的方式和内容。

3. 问卷调查法：通过设计问卷对学生的学习情况进行调查摸底，经过一段时间的课题研究后再对学生的学习情况进行检测。

（四）课题研究过程

1. 准备阶段：2001年2月～2001年6月

组织全体课题组成员进行课题内容的相关学习，对学生自主性学习的情况做前期调查，在此基础上制订出切实可行的研究计划。

2. 实施阶段：2001年9月～2004年6月

组织全体教师围绕课题研究目标，以课堂为主阵地进行自主性课堂教学模式的研究、自主性学习基本特征及实施策略的研究、学生自主性学习心理障碍的研究、学生课外自主学习的途径及方法的研究等，为提炼课题研究积累第一手资料。

3. 总结阶段：2004年9月～2004年11月

组织课题中心组成员对课题资料进行全面的整理和汇总，正式编辑出版《向着自主进发——自主教育的创新实施智慧》一书。

三、课题研究成果

1. 构建了“自主性学习”课堂教学的一般模式

联合国教科文组织国际21世纪教育委员会在向联合国教科文组织提交的报告中指出：教师和学生要建立一种新的关系，从“独奏者”的角色过渡到“伴奏者”的角色，从此不再主要是传授知识，而是帮助学生去发现、组织、管理知识，引导他们而非塑造他们。因而，师生之间的关系发生了重大变革，一种自主创新型课堂教学模式应运而生。学校通过一段时间的研究，在语文、数学、自然、英语等学科形成了自主性学习的一般模式。

举例如下：

语文：循纲自读生疑⟹缘疑研读解惑⟹因文练读感悟⟹练习运用巩固⟹总结归纳延伸

数学：提出课题→引导探究→建立概念→练习运用→反馈矫正

自然：“四步教学法”——发现问题→提出假设→实验探究→得出结论

附：《了解空气》教学案例

设计思路

“魔术游戏”是学生比较感兴趣的活动，而兴趣又是科学探究的开始。教学设计以“小魔术”引入课堂，引起学生与原有认知经验的冲突，使学生产生强烈的好奇心和积极的探究欲。这样，可以促使学生作进一步深入细致的观察、思考和探索，从而提出探究性问题。

教学过程

师：今天，老师要给大家表演一个“小魔术”。

(80%的学生开始集中注意力。)

(师出示一只小鸭。)

师：如果我把它放在水槽中，它会怎样？

生：浮在水面上。

师：现在这三只小鸭子被分别放入这三个水槽中，大家看到了什么？

生：水最多的那个水槽中小鸭子浮得最高，水最少的那个水槽中小鸭子浮得最低。(有95%的学生开始集中注意力)

(师反复把小鸭子往水底按，然后松手。)

师：小鸭子怎么样？

生：一直浮在水面上。

师：好，如果我现在用这个塑料杯垂直罩住小鸭子，并将杯子往下按，当我把杯子压到水槽底部后，请你猜一猜，小鸭子会在杯子的哪个部位。(此时，所有学生都兴趣盎然，注意力非常集中)

生：在杯子的底部，就是最上面。

师：你说的是这种情况吗？(出示图1)

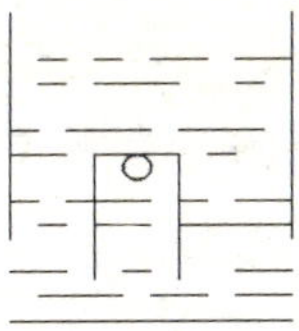

图1

生：是的。

师：你能说说原因吗？

生：因为小鸭子是一直浮在水面上的。

师：好，和这位同学意见一致的同学请举手？（统计人数记录在图1旁边，并请几位学生说明原因）有和他想法不同的吗？

生：我觉得可能在杯子的中间。

师：是这样吗？（出示图2）

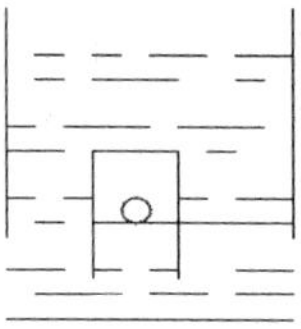

图2

生：是的。

师：也请你说说你这样想的原因。

生：（摸摸头）我就是觉得在中间，说不出什么原因。

师：好，有谁和他意见一样吗？（统计人数并记录）还有有其他想法的同学吗？

生：我认为在杯子的最下面，就是水槽的底部。

师：哦，是这样的情况吗？（出示图3）说说看为什么？

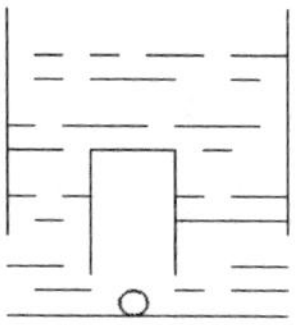

图3

生：因为水有压力，会把小鸭子压到水的底部。

师：意见同他一致的同学举手，你们也能说说这样想的理由吗？（统计人数，记录）刚才几位同学讲得好像都很有道理，那到底谁的意见是正确的呢，真是这些原因吗？想不想找到答案？

生：非常想。

师：好，你们就用这个黄色的乒乓球来代替小鸭子做刚才的实验，有几个需要注意的地方：一是杯子要直立着倒扣到水中；二是要一直按到水槽的底部；三是保持桌面的干净整洁，实验开始。

生：是第三种情况，老师，我们发现乒乓球在水槽底部。（学生都激动地喊起来，为自己的正确判断而感到高兴）

师：每组的结果都一样吗？

生：一样。

师：那是什么原因呢？是不是真像你们刚才所说的是水把球压下去的？再仔细看一看。

生：老师，杯子里没有水，是空的。

师：真的什么也没有吗？（一名学生喊起来，“老师，里面有空气，我知道了，里面有空气。”）

师：杯子里真的有空气吗？你们能不能想个办法来证明呢？

（学生合作讨论，设计实验方法寻找证据。）

案例分析

“空气”这个名词对学生来说并不陌生，学生曾经玩过气球、拍过皮球，也曾经看到过水中的气泡，（在前一课《研究土壤》中学生就看到过这个现象，把干土块放在水中有气泡冒出来，知道土壤里有空气）对“空气”有简单的认识，但学生还没有有意识地去观察、研究过空气。考虑到三年级学生好奇心强、想象力丰富、思维活跃等特点，本课的教学设计力图使探究活动生动、有趣、有悬念，以此引发学生的学习兴趣，引导学生自主探究。而一个巧妙的导入，将会是学生能否全身心参与的基础。所以本课教学时我选择了以“魔术游戏”活动来引入课堂，加上可爱的小鸭子，在出乎预料的结果中，引起学生与原有认识经验的矛盾冲突，从而引发学生的深入探究，对于教材的处理也作了进一步的改进和拓展。整个导入活动使学生产生了强烈的好奇心和积极的探究欲望。

学习对科学情景、过程、结果的描述是小学科学教学的基本目标之一，教师在让学生猜测小鸭子会浮在杯子的什么位置时，先让学生描述猜测的理由，再相应地出示三幅图，这样，学生就经历了一次对科学猜测结果的描述的锻炼机会，效果比较好，同时，也不影响后面用数据作猜测分布状态的统计。猜测是原有认识和生活经验基础上的思维活动，我在学生汇报猜测结果的同时，让他们简要描述一下猜测的理由，不仅给了学生一次表达自己见解的机会，也拓宽了学生的思维，使猜测更具科学性，而不是纯粹的乱猜。在这样的教学导入下，学生的思维是极其活跃的，他们以高度的热情投入到后面的科学探究活动中，为整堂课带来了意想不到的精彩效果。

2. 探求了“自主性学习”课堂教学的基本特征

(1) 具有“四有”：即有强烈的参与欲、宽广的参与面、充分的参与时、灵活的参与式。

(2) 具有“四能”：即能自主选择、能自主质疑、能自主释疑，能自主评价。

(3) 具有“四性”：即主动性、独立性、体验性、开放性。

3. 实施了“自主性学习”课堂教学的基本策略

(1) 情感交融策略。情感是师生关系的粘合剂，自主性学习提倡和谐民主的师生关系、宽松开放的课堂教学环境，在这样的课堂教学环境中，学生学习的自主性才能充分发挥出来。我们应努力创设“我爱学、我要学、我能学”的自主学习氛围。

(2) 学法指导策略。掌握学习方法是开展自主性学习的关键所在，因此，在课堂上，我们常常会引导学生思考用怎样的方法解决怎样的问题，以及有没有更好的方法来解决同样的问题。上课结束后，我们关注的也往往是学生在今天的课上又学到了什么好的学习方法。

(3) 合作探究策略。师生合作、生生合作已成为学生自主探究的有效方式，学生在合作中学会了取长补短，学会了与人沟通，学会了把学习的成果与他人共享。

4. 探求了“自主性学习”的检测与评价方法

(1) 评价对象从单一走向多元。改变传统的以教师评价为主的评价方式，让学生、家长、社会共同来参与评价。

(2) 评价结果从量化走向质化。从以分数为唯一标准去评定学生的学习情况到从多角度去评价学生。

(3) 评价标准从统一走向多维。学生是活生生的个体，每个学生在自主性学习中的能力都会表现出差异性，教师要尊重学生的差异，以发展的眼光来看待学生。

5. 寻找了“自主性学习”心理障碍的对策

由于每一位学生在自主性学习中的能力和收获都是不同的，因此出现了有的学生对自主性学习存在着浓厚的兴趣，但也有的学生存在着畏难心理或根本不感兴趣的现象，因此我们在自主性学习中应努力寻求相应的对策。

对策之一：循序渐进

教师应依据学生的实际情况制订相应的自主学习要求，并逐步提高要求，让部分学困生也能不断体会到自主性学习的快乐，并逐渐消除畏难情绪。

对策之二：纵向比较

我们提倡教师引导学生进行纵向比较，让学生看到自己在自主性学习中的点滴进步。

对策之三：关爱帮扶

为那些在自主性学习中存在一定困难的学生安排帮扶小组，利用集体的力量去影响他们，使其掌握自主性学习的一些方法，推动其自主性学习的开展。

6. 探索了指导学生课外自主学习的方法

从课内走向课外是自主性学习中不可或缺的一个方面。我们充分挖掘校外教育的资源，发挥家庭、社会、学校三方面的教育场效应，指导并促进学生的课外自主学习。

方法之一：预习复习法。

方法之二：资料搜集法。

方法之三：专题学习法。

四、课题研究启示

启示之一：课题研究的延续性逐渐彰显了学校的办学特色。学校围绕“自主性学习的研究”这个课题先后开展了七年多的持续研究，学校办学的理念逐步清晰，办学思路逐步成熟，办学特色逐步形成。学校先后承办了省课题协作组活动、苏州市课题协作组活动等活动，在每年的张家港市课堂教学展示活动中均体现出了我校教师的风采。学校语文、数学、体育、英语等教研组都曾先后交流过经验，展示过自主性学习的研究成果。

启示之二：课题研究的扎实性有效地提高了学校的办学效益。回顾这些年学校开展的自主性学习研究，我们深切体会到只有把学校教科研究与教育教学工作紧密结合起来，让课题研究深入课堂、深入到教师和学生中间，课题研究才能真正取得实效。在开展自主性学习的课题研究中，教师的300多篇文章发表于市级以上报刊杂志。同时，学校教育教学质量稳步提高，连年获得市教育质量综合评估一等奖。通过课题研究，学生的综合素质也得到了提高，学校涌现出了一大批个性和能力都得到充分发展的学生，他们在学校举行的各项比赛中各尽其能，在校外举行的各项比赛中频频获奖。在全国中小学生“金钥匙科技竞赛”、省中小学信息学奥林匹克竞赛、省数学奥林匹克竞赛等比赛中，多人获奖。

启示之三：课题研究的时代性有力地促进了学校的良性发展。时代的发展告诉我们：在科学技术突飞猛进、社会经济日新月异的时代，要跟上千变万化的形势，我们必须学会终身学习，而自主性学习能为终身学习打下良好的基础。实施该课题研究，可以切实提高学生的综合素质，增强学生学习的积极性和主动性，对开发学生潜能有着积极的意义，也有效地促进了学校的良性发展。

“自主发展理念下师生共同建构课堂的实践研究”课题方案

一、研究背景

随着我国素质教育的逐步推进，课程改革的逐步深入，新课程也显示出了它强大的生命力，但从总体上讲，课堂教学的改革尚未取得实质性和根本性的进展。随着时间的推移，广大教师逐渐由激情转而变得理性，从最初的积极实践到如今的客观反思，大家开始关注一些深层次的问题：怎样的改革才能让教育焕发出生命的活力？在各类教育改革中，我们是否真正做到了“以生为本”？学生是否真正参与到了课堂建构中？如何落实和培养学生的实践能力和创新精神？如何让每个学生体验到自主学习的尊严和主体发展的快乐？……显然，一系列问题都直指儿童本位这一特质。仔细分析当前教育，便不难发现，教师依旧处于教育的中心地位，学生在多数情况下只是被动地配合与服从。种种迹象表明，儿童的本体地位正逐渐被削弱和异化。

作为生命个体的儿童，天然拥有“语言的、思维的、学习的、创造的本能”。教育的职责在于成全、调动和发挥这种本能。那么，怎样建构一个良好的教育生态呢？如何真正实现师生共同建构的课堂呢？带着这些问题，我们又走上了漫漫求索之路。我校先后于2005年12月、2009年12月完成了苏州市重点规划课题“小学生自主性学习的研究”及省中小学教学研究2007年度第7期立项课题“新课程背景下课堂教学中问题与解决策略的研究”，并取得了一定的阶段性研究成果。2010年3月，我校成功申报了全国教育科学“十一五”规划2009年度教育部规划课题“新课程背景下生态课堂案例研究”子课题“新课程背景下和谐课堂的案例研究”。面对新的形势，如何以更先进的理念、更科学的操作、在更宽广的平台推进学校更优的发展？如何寻找一个衔接点作为原有课题研究闪光点的升华、空白点的发展、不足点的深化？我们确立了“十二五”期间的研究课题“自主发展理念下师生共同建构课堂的实践研究”，并以此作为原有课题基础上进行的滚动式和发展性研究。

二、概念界定

本课题的核心概念主要有三个：自主发展、师生共同建构课堂、实践研究。

1. 自主发展。从一般意义上讲，自主发展是指学生自觉主动地实现全方位的发展。自主发展与被动发展显然是对立的，我们认为，自主发展是指学生自己确定学习目标，自己选择学习内容，自己确定学习方式，实现学生自主、自由、自能、自在地发展。学生的自主发展不是一般自然意义上的发展，而是在教师科学的引领下和热忱的服务下，学生与教师展开对话交流中实现的发展，是学生认识和能力提升的一种必然选择。

2. 师生共同建构课堂。当前的课堂上，教师是绝对的权威，这导致教师的“教”被过度发挥，而学生的“学”严重缺失。学生总是处于被动和从属位置，其聪明才智受到限制，潜力得不到应有的开发，学生各方面的发展也都受到了束缚。师生共同建构课堂是针对传统的教师主宰课堂而言的，它强调教师和学生共同参与教学活动设计，共同开发课堂教学资源，共同探索教与学的规律和方法。教师在实践过程中，应根据实际情况不断调整变化，真正实现学生自主发展，这种课堂不仅强调课前预设，还注重课堂生成，以及根据学生课堂表现引发的即时建构。在师生共同建构课堂的过程中，教师起着主导作用，但这种主导作用建立在充分研究和理解学生的基础之上，强调教师要根据学生的需要来指导学生的学习，落实以学生学习为主的课堂。“实践出真知”，本研究重在以课堂教学实践为取向，立足师生共同参与教学过程，全体、全面、全程、全身心投入教学实践，亲身体验和历练，在合作互助的实践中探求教学规律以及学生的身心发展规律。

3. 实践研究。指本课题在研究内容方面以课堂教学实践为主，深入探究教学的基本规律和学生身心发展的基本规律。在研究方式上重在行动研究和案例研究，是贴近地面飞行的“草根研究”，是适应学校发展的基础研究。

4. 自主发展理念下师生共同建构课堂的实践研究。本课题体现出了素质教育理念，是一种学生本位的校本研究，也是凸显课堂变革核心价值的行动研究。

三、研究现状、研究价值与创新之处

1. 研究现状。纵观国内外同一类研究领域，有关学生自主发展、学生本位的教育，众多专家都进行了相关的理论建构和实践研究。美国教育家杜威倡导“儿童中心说”，强调要将儿童作为教育的起点、中心和目的。建构主义理论主张，儿童不是简单被动地接收信息，而是主动地建构知识的意义，这种建构无法由他人来代替。陶行知提出“六大解放”，强调教育与生活的密切结合，在生活过程中进行教育，通过教育促进人和社会的发展。这些年，在国外教育界，“少教多学”已经成为一个热门话题，学校和教师纷纷开始行动，探讨教师如何“少教”，而能让学生“多学”。华南师范大学郭思乐教授提出了“生本教育”理论，其核心理念是高度尊重学生，全面依靠学生，把以往教学中主要依靠教师的教，转变为主要依靠学生的学。

自1999年开始，郭教授就致力于“生本教育”的实验，在十几年的研究过程中，生本教育共同体越来越壮大，已由最初的15所实验学校发展到200余所，遍及广东、北京、辽宁、湖北、贵州等地，并取得了一定的实践成果。

2. 研究的价值。本课题以自主发展为价值取向，强调在师生共同建构课堂的过程中，通过教师引导，实现学生自主、自由、自能、自在地发展。本课题强调师生共同的合力作用，不似一般的研究仅偏向于学生而忽略教师的引领作用。在师生共同建构课堂的过程中，教师起到的是主导作用，但这种主导作用是建立在充分尊重、研究、理解和发展学生的基础之上。师生共同建构课堂能形成一个学习与发展的共同体，在共同学习目标的指引下，学生自主获得多方面的满足和发展，教师的劳动也将闪耀出创造的光辉，师生都将感觉到生命活力的涌动。本课题能丰富自主发展的理论，诠释学生自主发展课堂的内涵，提供学生自主发展课堂的实践范式，进一步深度探究学生自主发展的样本。

3. 创新之处。

（1）研究重点的创新之处：一般学校的教学研究都围绕学生的自主发展展开，最终的目标也指向自主发展，本课题以自主发展为价值取向，强调在师生共同建构课堂的过程中，通过教师的引领和服务，实现学生自主、自由、自能、自在地发展。本课题的研究路径和重点与一般课题有着明显不同，本课题更加注重追求师生合力下的发展效益。

（2）思路上的创新之处：本课题研究注重师生共同建构课堂，教师的作用是引领和服务，其立足点是学生，突破点是学生，归宿点还是学生，强调学生的主体参与作用，最终指向是形成一个课堂学习共同体，促进师生协同发展。

四、理论依据

1. 杜威的儿童中心教育思想。杜威所倡导的“儿童中心说”，强调要把儿童作为教育的起点、中心和目的，这一学说引发了教学改革的浪潮。杜威提出“儿童是教育行动的中心，他的个体性、人格可能性应受到尊重和培养”“教育的天然的基础是儿童的本能，而本能又是一切学习和训练的依据。利用儿童的自动能力发展他们原有的天性，才是新教育的宗旨”等教育理念。在杜威看来，教育不是强迫儿童去吸收外面的东西，而是使人类与生俱来的能力得以生长。

2. 建构主义教育理论。当代建构主义者主张，世界是客观存在的，但如何理解世界并赋予意义却是由每个人自己决定的。儿童是以自己的经验为基础来建构现实的，由于儿童的经验以及对经验的信念不同，于是他们对外部世界的理解便也迥异。因此，学习不是由教师把知识简单地传递给儿童，而是由儿童自己建构知识的过程。儿童不是简单、被动地接收信息，而是主动地建构知识的意义，这种建构是无法由他人来代替的。

3. 陶行知儿童教育思想。儿童教育思想的根本点在于正确地看待儿童。儿童的发展潜力是巨大的，他们“不但有力量而且有创造性”，陶行知先生疾呼对儿童实行“六大解放”，强调教育与生活的密切结合，在生活过程中进行教育，通过教育促进人和社会的发展，倡导“教的法子要根据学的法子，学的法子要根据做的法子”。

4. 郭思乐的生本教育思想。华南师范大学郭思乐教授在《教育走向生本》一书中写道：“我们面对的是自己生长的生命……，学习的发生之处是学生。任何时候，都要坚定地相信学生、依靠学生。”“良好的教学生态的一个显著特征，是儿童的自主性，而儿童的自主性，本质上构筑他们自由奔放的思维空间，以利于不断创造。”这些话凸显了师生共同建构课堂的本质内涵。

5. 新课程纲要的基本理念。《基础教育课程改革指导纲要》把“以人为本，促进个体的和谐发展”作为新课程的基本理念，提出要“改变过于强调接受学习、死记硬背、机械训练的现状，倡导学生主动参与、乐于研究、勤于动手”。在“学为主导”的课堂中，教师便能真正做到：以学生为主体，以课标为主线，以学习为主导。显然，新课程改革纲要也充分体现了师生共同建构课堂的理念。

五、研究目标

1. 通过课题研究，共同建构课堂的教学模式，探究学生自主发展的基本策略、路径和规律，凸显学校的发展特色，形成适合师生自主发展的课堂氛围。

2. 通过课题研究，改变教师苦教的现状，使他们不再是燃尽光明的蜡烛，而是和学生一起成长，内心洋溢着幸福感的人。培植尊重信任学生、引领学生幸福成长的教师群体，让教师真正成为学生自主发展的服务者、帮助者和引领者。

3. 通过课题研究，改变学生苦学的现状，使学生不再是分数的奴隶，而是积极向上、自信大方、知识丰富、能力强劲、思维活跃的学习的主人。在研究中，要培植学生共同建构课堂的情趣和能力，让学生真正成为课堂的主人，最大限度地促使其生命自由、自主、自能地生长。

六、研究内容

1. 我校学生自主学习情况的现状调查。

2. 有关“主体发展”相关理论的比较研究。

3. 师生共同准备学习资源的实践研究。主要包括以下内容：学生备学方式与途径的研究，学生备学后课堂教学现状的研究等。

4. 师生共同开发课程资源的实践研究。主要包括以下内容：师生共同开发课程资源的方式和途径的研究，影响课程资源开发的不利因素的分析研究。

5. 不同学科不同课型师生共同建构课堂的案例研究。其中，重点在语、数、英三个学科，目的在于探索师生共同建构课堂的规律。

七、研究思路、过程与方法

1. 启动阶段（2011. 2～2012. 2）

明确研究方向，做好课题的前期准备。确定研究课题，撰写“自主发展理念下师生共同建构课堂的实践研究”课题方案，做好课题申报工作。本阶段主要采用文献研究法和问卷调查法，对以往的研究进行梳理，开展有关我校学生自主学习能力的现状研究，通过设计调查表和师生座谈的方式，了解本校学生自主发展的样态。开展有关学生自主发展的文献研究，搜集相关理论和成功经验，并组织全校教师学习课题方案和相关理论。组建课题研究的管理网络，邀请专家对课题进行前期论证，并举行课题的开题论证会。

2. 实施阶段（2012.3～2013.12）

寻找课题研究的实践点，开展深入的研究。本阶段主要采用行动研究法和个案分析法，研究的内容主要有：师生共同准备学习资源的实践研究（学生备学方式与途径的研究，学生备学后课堂教学现状的研究等）。师生共同开发课程资源的实践研究（影响课程资源开发的不利因素的分析研究，师生共同开发课程资源的方式和途径的研究）。开展课题的阶段总结和调整，撰写有关“自主发展理念下师生共同建构课堂的实践研究”中期报告，召开中期汇报会，展示“师生共同建构课堂”的示范课，并开展有关“师生共同建构课堂”的经验交流。

3. 总结阶段（2014.2～2014.12）

汇总课题研究成果，形成“师生共同建构课堂”的特色。本阶段主要采用行动研究法和个案分析法。研究内容主要有：自主发展理念下师生共同构建课堂的理性思考，不同学科不同课型师生共同建构课堂的案例研究。最终，课题组总结研究经验，撰写有关“自主发展理念下师生共同建构课堂的实践研究”结题报告。整理课题研究过程性资料，出刊有关“学生自主发展理念下师生共同建构课堂的理性思考”的专著，编印有关“不同学科不同课型师生共同建构课堂的案例研究”的案例集。召开有关“自主发展理念下师生共同建构课堂的实践研究”课题结题会，展示不同学科不同课型“师生共同建构课堂”的示范课，请专家对课题成果进行论证，提出可持续发展的建议。

八、预期研究成果

成果名称	成果形式	完成时间	负责人
“自主发展理念下师生共同建构课堂的实践研究”课题方案	课题方案	2011年7月	朱亚红　赵红婷
我校学生自主学习情况的现状调查	调查报告	2012年3月	陈惠芬　赵庆军
有关“主体发展”相关理论的文献研究	资料汇编	2012年6月	苏秋晓　沈　玲

续表

成果名称	成果形式	完成时间	负责人
“自主发展理念下师生共同建构课堂的实践研究”专题网站	主题网站	2012 年 2 月	陶　红　陈乐乐
“自主发展理念下师生共同建构课堂的实践研究”中期报告	课题报告	2013 年 6 月	赵红婷　陶　红
自主发展理念下师生共同建构课堂的理性思考	论文汇编	2013 年 12 月	郭　红　施敏燕
不同学科不同课型师生共同建构课堂的案例研究	案例汇编	2014 年 3 月	季丽琴　惠　花
“自主发展理念下师生共同建构课堂的实践研究”研究报告	课题报告	2014 年 3 月	朱亚红　赵红婷

九、课题研究可行性分析

1. 本课题主持人朱亚红校长为中学高级教师、苏州市名教师、苏州市学科带头人，曾获“江苏省优秀教育工作者”荣誉称号。她先后主持了苏州市级立项课题“结合办学特色建构，发展学生创新能力的研究”；中国中小学幼儿园教师奖励基金会课题“创建和谐校园与教师发展的研究”的探究。近年来，她共编著了 25 万字的教师文集《芬芳足迹》，由中国戏剧出版社正式出版；在《小学语文教学》《江苏教育研究》《小学教学参考》《小学教学研究》《教学与管理》等省级及以上刊物发表文章 50 多篇。除此之外，课题组核心成员中有市学科带头人 6 名。她们在“九五”“十五”“十一五”期间分别主持或承担了省级课题、市级课题的研究，取得了较为丰硕的研究成果，积累了丰富的科研经验，有较强的科研管理能力。

2. 学校有一批专业素质较高、有志于教育研究的师资队伍，有着较浓郁的课题研究氛围和课题研究所需要的研究力量。“十五”期间学校承担的主课题“小学生自主性学习的研究”（苏州市级）中期成果获张家港市中期报告一等奖、苏州市三等奖，结题报告获苏州市二等奖并发表于《教师怎样做课题研究》一书，课题获市“十五”课题研究成果评比一等奖，并正式出版研究成果集《向着自主进发——自主教育的创新实施智慧》。

3. 学校与一些科研院所建立了较为稳定的科研协作关系，经常邀请教育专家和有经验的教师到校指导；积极向市内外有关学校辐射，争取成为协作研究组，取人之长，补己之短。

4. 利用学校“教学沙龙”，及时收集整理教师研究过程中的典型个案，定期编撰《云雀园》，总结推广研究经验和成果。

5. 落实相关经费，建立科研专项基金，保证研究活动的开展及教师培训和成果总结推广所需费用。

6. 建立总课题研究和子课题研究台帐资料。采用文字、图片、声像等多种形式收集过程性资料。设立课题管理小组，定期检查研究进展情况。明确各项规章制度和奖惩制度，保证课题研究顺利开展。

江苏教育出版社
《行知工程》系列丛书目录

系列	序号	书　名	主编	定价
创新教学探索系列	1	《向着自主进发——自主教育的创新实施智慧》	朱亚红	30.00
	2	《写中学——让学习更有效的学科写作教学》	钟传祎	30.00
	3	《小学科学实验总动员 ——大科学课堂有效提升学生创新力》	江美华	30.00
	4	《小学语文单元整体课程实施与评价》	李怀源	30.00
	5	《小学英语单元整体课程实施与评价》	李怀源	30.00
	6	《小学数学单元整体课程实施与评价》	李怀源	30.00
教育探索者系列	7	《让每个学生都幸福——最能润泽生命的学校文化建设》	谢建伟　张新喜	30.00
高效能教学系列	8	《让作文落地生根——提高写作实效的教学策略》	黄桂林	30.00
	9	《高效能作文教学 5 项修炼》	陈步华	30.00
	10	《高效能校长的 10 个好习惯》	张　勤	30.00
	11	《高效能教师的 10 个好习惯》	谢　英	30.00
	12	《高效能语文教学 5 项修炼》	王其华	30.00
教师必读系列	13	《成为好教师的 7 项修炼》	王福强　李维华	30.00
	14	《如何让学生会学习》	龙　冰	30.00
	15	《如何让学生爱学习》	周震宇　许小燕	30.00
	16	《教师不可不知的教育心理效应》	孙　媛	30.00
	17	《校长不可不知的管理效应》	谢申刚　张金豹	30.00
幼师成长系列	18	《幼儿行为背后——教师如何读懂幼儿的心思》	吴亚英	30.00
	19	《最具教育力的 22 种幼儿教育思想》	杨　达	30.00
	20	《幼儿教师必知的安全应急措施》	杨　达	30.00
	21	《幼儿教师必备的教育技能》	李　玲	30.00
	22	《卓越园长 21 条幼儿园管理策略》	周　丹　江东秋	30.00
中国教育变革之路丛书	23	《百年树人师何为——教师队伍建设困顿与出路》	将丽珠　李玉向	30.00
	24	《入园何时不再难——学前教育困惑与抉择》	曾晓东 范　昕　周　慧	30.00
	25	《三尺书桌何处寻——流动人口子女教育困难与破解》	范先佐	30.00
	26	《苦旅何以得纾解——高考改革困境与突破》	郑若玲	30.00
	27	《择校纠结何时了——择校问题困局与治理》	曾晓东　周文海 曾娅琴	30.00

系列	序号	书　　名	主编	定价
教学全手册系列	28	《小学习作教学全手册》	郭家海	30.00
	29	《中学写作教学全手册》	郭家海	30.00
	30	《情境教学操作全手册》	冯卫东	35.00
	31	《合作教学操作全手册》	李春华	35.00
	32	《探究教学操作全手册》	周新桂	35.00
	33	《自主教学操作全手册》	诸葛彪	35.00
	34	《创新教学操作全手册》	王　玮	35.00
	35	《班主任工作全手册》	刘沛华	35.00
	36	《新教师工作全手册》	周震宇	35.00
	37	《学生心里健康教育全手册》	刘海莉　刘春杰	35.00
	38	《高效教学操作全手册》	马友平	35.00
核心教学主张系列	39	《新生代语文名师核心教学主张》	许友兰	30.00
教育求索系列	40	《思政教学的人文力量》	戴晓华	30.00
	41	《师道新说——给教育者的30条箴言》	徐　卫	30.00
行思讲坛系列	42	《成为高度自觉的教育者——写给后课标时代的数学教师》	许卫兵	30.00
	43	《哲思数学课》	刘全祥	30.00
	44	《把学生教聪明》	严育洪	30.00
	45	《教师最应该规避的教育误区》	杨坤道	30.00
	46	《用语文的方式教语文——潘文彬教学主张与实践智慧》	潘文彬	30.00
	47	《跨越式实现高效课堂——信息技术与课程整合高效教学方案评析》	陈　玲　刘　禹	30.00
	48	《怎样让阅读教学更有效——提升教学能力的十种读诵模式》	汪秀梅	28.00
	49	《让生命在润泽中起舞——当代小学生最需要的主题班会》	吴联星　罗　琳　冯卫东	30.00
	50	《让生命欢快拔节——当代中学生最需要的主题班会》	冯卫东　吴联星	30.00
	51	《课堂因生成而精彩——高效教学的生成智慧》	张文质	30.00
	52	《回到每一个人的生命化教育——张文质二甲中学教育行动录》	张文质	30.00
	53	《智慧数学课——黄爱华教学思维的实践策略》	黄爱华	30.00
创新教学思想系列	54	《“大问题”教学的形与神》	黄爱华　张文质	30.00
新思维系列	55	《教育中的“不一定”——打破教育的19种思维惯式》	严育洪	30.00

系列	序号	书　　名	主编	定价
教育漫笔系列	56	《课堂，诗意地栖居》	吴书华	30.00
校长领导力系列	57	《高品质学校生长要素》	王益民	30.00
	58	《校长高校教学领导力提升策略》	徐世贵　郭文奇	30.00
校本研修系列	59	《特色校本课程开发范例解读》	刘永平　李秀伟　张雪梅	30.00
	60	《高效校本研修模型构建艺术》	刘素雁	30.00
教学提升系列	61	《有思想地教阅读——让学生学会品读文字真意》	王学东	30.00
教育艺术提升系列	62	《藏在师生体态语言里的教学智慧》	张　宇　廖生波	30.00
创新人才培养系列	63	《创新人才培养校园科普精品课程开发与指导——人大附中创新人才培养》	罗　滨	30.00
	64	《创新人才培养特色校本课程开发与创新人才培养——清华附中“国际安全下的科学技术”课程构建与实施》	王殿军　方　研　赵宏雁	30.00
	65	《创新人才培养：学校实验室建设与管理》	刘克文　杨发丽　杨　平	30.00
	66	《创新人才培养：数学探究活动开发与指导》	马云朋　韩继伟	30.00
	67	《创新人才培养：化学研究活动开发与指导》	王　磊	30.00
	68	《创新人才培养：物理探究活动开发与指导》	廖伯琴	30.00
	69	《创新人才培养：地理探究活动开发与指导》	张建珍　陈　澄	30.00
	70	《创新人才培养：生物探究活动开发与指导》	张迎春	30.00
	71	《创新人才培养：理念探索与思维突破》	王晶莹	30.00
教育思想者系列	72	《教育，一切从孩子出发》	黄　俭	30.00
名师感悟系列	73	《让心灵伴着歌声成长——22位音乐名师的教育智慧》	陈　璞	30.00
	74	《超越自我的教师——32位名师的成长感悟》	李卫东　李秀伟	35.00
	75	《心灵的守护者——19位名班主任的教育智慧》	王晓松　曲文弘	30.00
	76	《名师感悟班主任有效工作艺术90例》	符礼科	30.00
	77	《名师感悟有效教学90例》	林高明　徐玉烟	30.00

系列	序号	书　　名	主编	定价
新生代通派名师系列	78	《简约数学教学》	许卫兵	30.00
	79	《语文教学的本真——情意课堂展现母语之美》	吴建英	30.00
	80	《语文课堂的理想追求——欢快达成三维目标》	董一红	30.00
	81	《阅读教学的真髓——意象构建读出文学的真美》	祝　禧	30.00
	82	《美术教育的真谛——审美人生教育让生命绚丽成长》	陈铁梅	30.00
	83	《语文教学的理想境界——无痕教学润泽生命》	李　凤	30.00
	84	《儿童作文的本义——嬉乐作文让儿童乐并成长着》	王笑梅	30.00
	85	《名师是怎样炼成的》	王建明　王笑君	35.00